高校新文科建设理论与实践研究

孟翊　编

人民日报出版社

北　京

图书在版编目（CIP）数据

高校新文科建设理论与实践研究 / 孟翊编 . -- 北京：
人民日报出版社，2024. 11. -- ISBN 978-7-5115-8178
-5

Ⅰ.G642.4-53

中国国家版本馆 CIP 数据核字第 20243F4S27 号

书　　名：高校新文科建设理论与实践研究
　　　　　GAOXIAO XINWENKE JIANSHE LILUN YU SHIJIAN YANJIU

作　　者：孟翊　编

出 版 人：刘华新
责任编辑：寇　诏
封面设计：人文在线

出版发行：人民日报出版社
社　　址：北京金台西路 2 号
邮政编码：100733
发行热线：（010）65369527　65369512　65369509　65369510
邮购热线：（010）65369530
编辑热线：（010）65363105
网　　址：www.peopledailypress.com
经　　销：新华书店
印　　刷：北京市海天舜日印刷有限公司

开　　本：710mm×1000mm　　　1/16
字　　数：303 千字
印　　张：18.5
印　　次：2025 年 1 月第 1 版　　2025 年 1 月第 1 次印刷

书　　号：ISBN 978-7-5115-8178-5
定　　价：98.00 元

编委会

目 录 CONTENTS

下　篇

上

篇

跨学科教育在新文科人才
培养中的调节效应研究

人文与传播学院助教　倪小小

一、引言

当前，以云计算、区块链、人工智能和量子计算等为代表的前沿技术正在重塑人们的生产生活与交往方式，这为师生具备相应的素养和能力提出要求。其中，人工智能素养是指人们能够批判性理解、评估和使用人工智能系统工具，以安全有效地参与到日益数字化世界中的知识技能，它不仅包括利用人工智能解决问题、创新思维的实践能力，还涵盖对人工智能发展的批判性思考和伦理评判。

以人工智能为代表的前沿技术的突破，使机器从过去替代体力劳动向替代脑力劳动转变，对学生未来应当拥有怎样的基本素质和核心能力，教育如何培养出这样的基本素质和核心能力等提出了全新要求，需要在教学和评价上从注重知识传授转向能力素质培养，让学生有更全面的发展，更强的综合素质和数字素养，更具有批判性和创造性思维，以及更具有发现和解决问题的能力。

作为一种跨学科的教育模式，新文科教育旨在培养既具备人文底蕴又掌握现代科技的复合型人才。在这一背景下，人工智能素养的培养成为新文科教育的重要内容之一。通过跨学科学习，学生可以将人工智能知识与人文思维相融合，在解决复杂问题的过程中展示技术应用能力和人文关怀精神。

目前，关于新文科教育跨学科学习在人工智能素养培育中的作用机制，特别是其对认知吸收与人工智能素养关系的调节效应，仍缺乏实证研究。不同学科背景的学习者，其知识储备和学习方式存在差异，可能导致他们在人工智能学习过程中展现出不同的认知吸收状态，进而影响人工智能素养的习得效果。理清跨学科学习如何影响认知吸收与人工智能素养的关系，对于优化新文科人才培养模式具有一定意义。

本文以新文科方向的大学生群体为研究对象，从认知吸收的理论视角出发，探讨跨学科学习是否会影响认知吸收与人工智能素养的关系。笔者构建包含调节变量跨学科学习、自变量认知吸收以及因变量人工智能素养在内的调节效应模型，并使用问卷调查数据进行实证检验。

研究结果表明，认知吸收始终是影响人工智能素养习得的关键因素之一，无论跨学科学习处于何种水平，高水平的认知吸收都能显著促进人工智能素养的提升。相比之下，跨学科学习对认知吸收与人工智能素养关系的调节作用较为有限。这提示我们，跨学科教育经历促进人工智能素养提升可能有赖于更为复杂和多元的作用机制，未来还需要从知识整合、实践应用等视角进一步探究其内在路径。

研究结果虽然没有支持跨学科学习的调节作用假设，但仍然深化了新文科环境中人工智能素养形成机制的认识，凸显了发展学生认知吸收在人工智能教育中的关键地位。在新文科人才培养中，我们应更加重视提升学生的认知吸收水平，激发其在人工智能学习中的兴趣、投入和主动性，而不能简单地依赖于跨学科教学形式的变革。同时，不同跨学科学习形式在促进人工智能教育方面可能存在差异，项目实践相比课程和活动，似乎能够为学生提供更加有利于能力提升的学习体验，值得在教学设计中予以侧重。

二、理论框架

(一) 人工智能素养

人工智能是计算机学科的一个分支，旨在开发能够模拟和扩展人类智能的技术工具，是作为一个包含机器学习、自然语言处理、深度学习等多个子领域的综合性概念。现如今，人工智能已经广泛嵌入我们日常使用的技术硬件和软件中，如语法检查、导航应用、社交平台、聊天机器人和清洁机器人等。

科技在渗透生活与生产的同时不断拓展素养的内涵。在信息通信技术飞速发展的今天，素养的概念已延伸到包括人工智能素养在内的新兴领域。

随着人工智能技术的快速发展和广泛应用，培养公众的人工智能素养变得越来越重要。在这一背景下，有学者提出一个较为全面的人工智能素养框架。他们将人工智能素养定义为在考虑伦理道德原则的前提下，适当地识别、使用和评估基于人工智能的技术的能力。这个框架包含四个关键维度：意识、使用、评估和道德。

意识维度强调的是识别和理解人工智能的能力，这是在实际使用人工智能之前的一个重要认知过程。使用维度则聚焦于熟练操作人工智能工具并在日常生活中与之互动的能力。评估维度尤为重要，因为它涉及选择合适的人工智能工具并批判性地审视其决策结果的能力。研究者认为，由于人工智能决策过程往往复杂且不透明，用户不应盲目接受结果，而是需要主动评估。道德维度强调认识到使用人工智能所带来的责任和风险，确保其被正确和适当使用的重要性。

这个框架的价值在于它涵盖从认知到实践、从技术到伦理的多个方面，旨在培养人们的人工智能素养。其实，人工智能素养是信息技术时代一种集认知、技能、态度于一体的综合素养，既包括用户与人工智能系统交互的实践能力，又涵盖对人工智能应用中道德问题的反思与判断。跨学科学习为人工智能素养的培育提供重要路径，它所倡导的知识融合、批判思考、多元探究等，有望显著促进学习者在人工智能领域的认知发展和能力提升。

（二）认知吸收

认知吸收理论是心理学领域的一个理论框架，旨在解释个人在使用某项特定技术时的参与状态。该理论由 Agarwal 和 Karahanna 提出，他们将个体使用技术时的认知状态概括为五个核心维度：时间失去感、专注沉浸、高度享受、控制感和好奇心[①]。

时间失去感指个体在使用技术时难以估计时间流逝，完全沉浸于当下的交互体验中。专注沉浸则表现为个体对技术的专注集中，能够忽视其他外界刺激，

---

① Agarwal R. , Karahanna E. Time flies when you're having fun: cognitive absorption and beliefs about information technology usage [J]. Mis Quarterly, 2000, 24 (4): 665-694.

达到心流状态。高度享受反映了个体在使用技术过程中获得的乐趣和满足感，是一种积极的情感体验。控制感指个体对技术互动过程的掌控能力，能够根据自己的意愿自如地操作和探索技术。好奇心则反映了个体对新事物的探索欲望，是驱动其主动学习和使用新技术的内在动机。这五个维度共同构成认知吸收的高度参与心理状态，反映了个体在使用新技术时的最佳认知体验。

近年来，认知吸收理论在不同领域得到广泛的实证检验和应用研究，展现出其良好的解释力和指导意义。在使用多媒体培训和交互式体验时，学习者认知吸收水平越高，他们的学习动机和投入度就越高。同样，认知吸收理论也被用于解释个体对新技术的接纳和持续使用意愿：个体的认知吸收水平越高，其持续使用新技术（比如在线学习技术）的意愿就越强[①]。

在人工智能素养的培养过程中，认知吸收理论为理解学生如何有效学习和运用人工智能技术提供理论视角。高水平的认知吸收能够帮助学生更好地理解和应用人工智能技术，提高他们在数字环境中的综合素养。尤其在使用人工智能工具时，认知吸收的五个核心维度（时间失去感、专注沉浸、高度享受、控制感和好奇心）对于强化学生的学习效果和技能掌握至关重要。

值得注意的是，认知吸收的形成需要一定的情境支持。相关研究发现，打造有利于认知吸收的情境条件，如设计有趣的任务、优化技术交互、营造创新氛围等，是提升用户对新技术投入程度的重要途径[②]。这对于理解跨学科学习如何为人工智能素养培育创造良好情境具有一定的启示。跨学科学习所提供的多元化知识、实践机会、探索空间等，恰恰为认知吸收的发生创造理想条件。跨学科环境中的知识融合和协同创新，能够充分激发学习者的好奇心和掌控感；而真实问题驱动的项目实践，则为学习者提供了沉浸式的体验和高度享受的机会。由此可见，跨学科学习有望在多个维度上促进学习者对人工智能技术的认知吸收，提升其在人工智能领域的学习动机和投入程度。

---

① Saadé R, Bahli, B. The impact of cognitive absorption on perceived usefulness and perceived ease of use in on-line learning: An extension of the technology acceptance model [J]. Information & Management, 2005, 42 (2): 317-327.

② Chiu W, Cho H. The role of technology readiness in individuals' intention to use health and fitness applications: A comparison between users and non-users [J]. Asia Pacific Journal of Marketing and Logistics, 2021, 33 (3): 807-825.

（三）跨学科学习的调节作用

跨学科学习是一种打破传统学科边界，促进不同领域知识交叉融合的学习模式。相关研究从课程修读、项目参与、活动参与三个维度对跨学科学习进行了测量①。课程修读是指学生选修不同学科领域的课程，接触多样化的知识和视角。项目参与强调学生参与跨学科的研究项目或实践活动，综合运用不同学科知识解决问题。活动参与包括学生参加跨学科的讲座、研讨会、学术会议等活动，与不同背景的人交流思想。这三类学习形式虽有不同侧重，但都体现跨学科教育的核心理念，即通过学科交叉融合来培养学生的综合素质和应对复杂问题的能力。在人工智能素养的培育过程中，这三类跨学科学习形式都可能通过影响认知吸收的不同维度，发挥不同的调节作用。

跨学科课程修读为学生提供系统性的知识融合机会。通过修读计算机科学、数学、哲学、社会学等不同学科的课程，学生能够从技术、认知、社会、伦理等多元视角理解人工智能的复杂性。这种多学科知识的融合有助于学生建构起更加丰富和均衡的人工智能认知图式，为其在人工智能领域的学习奠定扎实的知识基础。同时，跨学科课程所倡导的批判性思维和比较性思考，也能够提升学生对人工智能社会影响的深度认识，培养其独立思考和理性判断的能力。在认知吸收的五个维度中，跨学科课程修读主要通过激发学生的好奇心和增强其掌控感，来促进其在人工智能学习中的认知投入。广博的知识视野能够引发学生对人工智能问题的多角度思考和探究欲望，而融会贯通的能力则赋予学生一种对知识的掌控感。由此，跨学科课程修读可能进一步调节认知吸收中的好奇心和掌控感维度，正向影响学生的人工智能素养习得效果。

跨学科项目参与为学生提供真实情境下知识运用和问题解决的机会。通过参与综合性的人工智能项目，学生将不同学科领域的知识融会贯通，创造性地解决现实问题。这一过程不仅能够锻炼学生在复杂任务情境下的认知灵活性，也能够让他们体会到人工智能技术应用的社会价值，由此获得更加积极和持久的认知投入。在认知吸收的五个维度中，跨学科项目参与主要通过

---

① Lattuca L R，Voigt L J，Fath K Q. Does interdisciplinarity promote learning? Theoretical support and researchable questions［J］. The Review of Higher Education，2004，28（1）：23-48.

营造沉浸式体验和促进高度享受，来提升学生在人工智能学习中的投入程度。项目情境能够带给学生身临其境的专注体验，让其全身心地投入到人工智能问题的探索中；而成功解决问题所带来的成就感，则能够激发学生高度的学习乐趣和满足感。由此，跨学科项目参与可以进一步调节认知吸收中的专注沉浸和高度享受维度，正向影响学生的人工智能素养习得效果。

跨学科活动参与为学生提供探索性学习和同伴交流的机会。通过参加人工智能领域的讲座、研讨会、竞赛等活动，学生能够接触到不同学科背景的思想观点，启发思维的多元性和批判性。这种跨学科视野的拓展有助于学生反思自身对人工智能的认知局限，进而产生更加综合和均衡的理解。同时，活动中的同伴互动和头脑风暴也能够激发学生对人工智能问题的好奇心和探究欲，使其在协作交流中获得更加深入和持久的认知吸收体验。在认知吸收的五个维度中，跨学科活动主要通过营造愉悦的情感体验和彻底的时间沉浸，来促进学生对人工智能学习的全情投入。有趣的活动内容和形式能够带给学生一种学习的快乐和满足，而频繁的互动交流则使其忽略时间的流逝，彻底沉浸在人工智能问题的探究中。由此，跨学科活动参与可以进一步调节认知吸收中的高度享受和时间失去感维度，从而正向影响学生的人工智能素养习得效果。

跨学科课程修读、项目参与、活动参与作为跨学科学习的三种主要形式，可以通过影响认知吸收的不同维度，调节学生在人工智能领域的学习效果。其中，跨学科课程修读主要通过激发好奇心和增强掌控感来发挥作用；跨学科项目参与主要通过营造沉浸式体验和高度享受来发挥作用；而跨学科活动参与则主要通过营造愉悦体验和时间沉浸来发挥作用。这三种形式所提供的独特体验，共同构成跨学科学习的调节机制，为学生在人工智能领域的认知吸收和素养提升提供多样化的情境支持。

三、研究假设

研究提出的三个假设分别聚焦跨学科学习的三种主要形式（课程修读、项目参与、活动参与）对认知吸收不同维度的影响，以及由此产生的对人工智能素养习得的调节作用。这些假设的提出，一方面基于前文对人工智能素养内涵、认知吸收理论、跨学科学习特征的系统梳理；另一方面也呼应跨学科学习的多维测量，体现对其调节机制的细致分析，具有较强的逻辑一致性。

H1：跨学科课程修读正向调节大学生认知吸收水平与人工智能素养习得效果之间的关系。

H2：跨学科项目参与正向调节大学生认知吸收水平与人工智能素养习得效果之间的关系。

H3：跨学科活动参与正向调节大学生认知吸收水平与人工智能素养习得效果之间的关系。

通过对这三个假设的实证检验，笔者有望揭示跨学科学习在人工智能素养培育中的作用路径，为相关教育实践提供有针对性的启示。具体而言，假设验证的结果将为教育工作者设计跨学科人工智能课程、组织跨学科人工智能项目、开展跨学科人工智能活动提供理论依据和实践指导，帮助其创设有利于学生认知吸收和人工智能素养提升的学习情境。

本研究的假设验证也将丰富跨学科学习和人工智能教育的理论认识。通过细致探讨跨学科学习的不同形式如何调节认知吸收与人工智能素养的关系，本研究能够深化学界对跨学科教育在人工智能时代人才培养中价值的理解，为跨学科人工智能教育模式的构建提供实证支撑和理论阐释。

四、研究方法与设计

（一）研究对象

本研究的目标群体为高校新文科方向在校本科生，采用随机抽样的方法。根据 G * Power 3.1.9.6 软件计算，在中等效应量（$f^2 = 0.15$）、显著性水平 $\alpha = 0.05$、统计效力（$1 - \beta$）$= 0.8$、预测变量数为 3 的条件下，多元回归分析所需的最小样本量为 77。考虑到可能的无效问卷和样本流失，本研究共发放问卷 300 份，最终回收有效问卷 136 份。样本量超过最低要求，增强调查研究变量之间复杂相互作用的能力。

（二）数据收集工具

数据收集将考虑人工智能素养量表、认知吸收量表和跨学科学习经历量表，这三者形成一个整体的测量工具体系。其中，人工智能素养量表直接对应研究的因变量，是整个研究的落脚点；认知吸收量表对应研究的自变量，是理解人工智能素养形成机制的关键；跨学科学习经历量表则对应研究的调节变量。三个工具相互支撑、紧密关联，共同服务于揭示跨学科学习如何影响大学生人工智能素养发展的研究目标。

1. 人工智能素养量表

本研究采用 Wang 等人开发的人工智能素养量表。该量表基于文献综述和理论分析，从意识、使用、评估和道德四个维度概念化人工智能素养的内涵，并通过多阶段的实证检验确定 12 个测量题项。该量表所测量的人工智能素养内容与本研究的核心变量之一高度契合，使用该量表能够准确、有效地获取所需数据。量表经过了扎实的理论论证和严谨的实证开发过程，具有较高的信度和效度。尽管 Wang 等人的研究已经证实该量表的良好心理测量学特性，但本研究仍将在正式施测前对调适后的量表进行预测试，并在正式施测后使用本研究的数据对量表的信度、效度进行再次验证，以确保测量结果的稳健性和可解释性。通智能素养量表直接测量因变量，旨在评估学生在人工智能领域的知识、技能和态度，揭示学生在数字环境中的综合素养水平。

2. 认知吸收量表

研究采用 Agarwal 和 Karahanna 开发的认知吸收量表。该量表基于心流理论和认知参与理论，从时间失去感、专注沉浸、高度享受、控制感和好奇心五个维度测量个体使用信息技术时的最佳体验状态。认知吸收量表将采用 Likert 5 点计分（1＝完全不同意，5＝完全同意），总分越高表明个体在人工智能学习中的认知吸收水平越高。在正式施测后，研究者使用收集到的数据对量表的信度、效度、因子结构等进行检验，以验证其心理测量学特性是否符合理论预期和研究需要。认知吸收量表测量自变量，旨在评估学生在学习和使用人工智能技术过程中的专注程度和情感体验，为理解人工智能素养的形成机制提供关键数据。

3. 跨学科学习量表

为测量跨学科学习经历这一调节变量，本研究改编了 Lattuca 等人的跨学科学习调查问卷。考虑到原问卷针对工程专业学生设计，可能与文科学生的学习背景不完全契合，本研究对原问卷进行了必要的调整。在保留核心内容和基本框架的基础上，删减部分针对性不强或工科特色明显的题项，增加一些反映人文社科背景与人工智能技术交叉的内容，并对个别题项表述进行微调，以更好地契合文科学生的实际学习情况。

改编后的跨学科学习经历量表依然保留包括跨学科课程修读、项目参与、活动参与三个维度，采用 Likert 5 点计分 （1 = 完全不同意，5 = 完全同意）。这一量表旨在评估学生参与跨学科学习的广度、深度以及主观感受，以探讨跨学科学习对认知吸收与人工智能素养关系的调节作用，体现研究视角的创新性。

（三） 量表信度效度检验

本研究采用 SPSS 26.0 和 AMOS 22.0 软件对收集的数据进行分析。对人工智能素养量表、认知吸收量表和跨学科学习经历量表进行探索性因子分析（EFA），以考察量表的结构效度。根据 EFA 的结果，对三个量表的因子结构进行验证性因子分析 （CFA），并通过多个拟合度指标评估测量模型的拟合优度。接着，计算各量表及分维度的信度系数 （Cronbach's α）、组合信度（CR） 和平均提取方差 （AVE），以检验量表的信度和收敛效度。最后，通过比较潜变量的 AVE 平方根与其相关系数，考察了各量表的区分效度。

1. 探索性因子分析

在进行探索性因子分析前，本研究首先对数据进行了 KMO 和 Bartlett 球形度检验，以确保数据的适用性 （表 1）。结果显示，KMO 值为 0.908，远高于 0.6 的标准，表明变量间存在较强的相关性；Bartlett 球形度检验的卡方值为 2846.972，自由度为 378，p 值为 0.000，表明相关矩阵显著不同于单位矩阵。这两个检验结果共同表明，本研究的数据非常适合进行探索性因子分析。

表 1　KMO 和 Bartlett 球形检验

KMO 和 Bartlett 的检验		
KMO 值		0.908
Bartlett 球形度检验	近似卡方	2846.972
	df	378
	p 值	0.000

探索性因子分析结果表明，人工智能素养量表可提取出四个因子，分别

命名为"人工智能道德伦理""人工智能技术理解""人工智能工具评估"和"人工智能技术应用";认知吸收量表可提取出五个因子,分别命名为"时间失去感""专注沉浸""高度享受""控制感"和"好奇心";跨学科学习经历量表则提取出三个因子,分别命名为"跨学科课程修读""跨学科项目参与"和"跨学科活动参与"。各题项在相应因子上的载荷均在0.6以上,因子结构清晰。

2. 验证性因子分析

验证性因子分析结果进一步支持了三个量表的因子结构(表2~表4)。人工智能素养量表的四因子模型拟合度良好($X^2/df = 2.733$,CFI = 0.920,NFI = 0.881,RMSEA = 0.122),认知吸收量表的五因子模型拟合度良好($X^2/df = 3.501$,CFI = 0.927,NFI = 0.903,RMSEA = 0.147),跨学科学习经历量表的三因子模型拟合度也较好($X^2/df = 2.363$,CFI = 0.981,NFI = 0.969,RMSEA = 0.108)。虽然部分拟合指标略低于常用判断标准,如人工智能素养量表2所示的 GFI(0.852)、RMSEA(0.122)和 NFI(0.881),认知吸收量表3所示的 GFI(0.874)和 RMSEA(0.147),以及跨学科学习经历量表4所示的RMSEA(0.108),但总体而言,三个量表的测量模型都获得了较为理想的拟合,且大部分指标符合判断标准。虽然人工智能素养量表的 GFI(0.852)和RMSEA(0.122)略低于理想值,但综合考虑各项指标,这一模型的拟合度仍是可以接受的。但是各题项在相应潜变量上的因子载荷均在0.7以上且达到统计显著水平($p<0.001$),表明测量模型与数据拟合良好。

表2 人工智能素养量表模型

模型拟合指标							
常用指标	X^2/df	GFI	RMSEA	RMR	CFI	NFI	SRMR
判断标准	<3	>0.9	<0.10	<0.05	>0.9	>0.9	<0.1
值	2.733	0.852	0.122	0.057	0.92	0.881	0.06
Default Model: X^2 (66) = 1107.003, $p = 1.000$							

表 3　认知吸收量表模型

模型拟合指标							
常用指标	卡方自由度比 χ^2/df	GFI	RMSEA	RMR	CFI	NFI	SRMR
判断标准	<3	>0.9	<0.10	<0.05	>0.9	>0.9	<0.1
值	3.501	0.874	0.147	0.038	0.927	0.903	0.045
Default Model：χ^2（45）= 902.486，$p = 1.000$							

表 4　跨学科学习经历量表

模型拟合指标							
常用指标	卡方自由度比 χ^2/df	GFI	RMSEA	RMR	CFI	NFI	SRMR
判断标准	<3	>0.9	<0.10	<0.05	>0.9	>0.9	<0.1
值	2.363	0.96	0.108	0.031	0.981	0.969	0.027
Default Model：χ^2（15）= 454.544，$p = 1.000$							

3. 信度和效度分析

信度分析结果表明，三个量表及其分维度的内部一致性信度都很高，Cronbach's α 系数均在 0.8 以上。组合信度（CR）分析发现，各潜变量的 CR 值均大于 0.7，表明量表具有良好的构念信度。平均提取方差（AVE）分析发现，各潜变量的 AVE 值均大于 0.5，表明量表具有良好的收敛效度。

区分效度检验结果表明，各潜变量的 AVE 平方根都大于其与其他潜变量的相关系数，表明各量表及其分维度之间具有良好的区分效度。同时，三个量表总分的 AVE 平方根也大于其相互间的相关系数，表明三个量表之间测量的是不同的构念，具有良好的区分效度。

本研究采用的人工智能素养量表、认知吸收量表和跨学科学习经历量表具有良好的信度和效度，为后续的假设检验奠定基础。尽管个别拟合指标略低于理想值，但综合各项指标来看，三个量表的测量模型都获得较为理想的拟合，体现了较高的结构效度。同时，各量表在信度、收敛效度和区分效度等方面也表现良好。这为开展以人工智能素养为核心变量的实证研究提供了必要的测量前提。

五、假设检验

在确认了三个量表具有良好的信度效度后，本研究采用结构方程模型（SEM）来检验跨学科学习经历对认知吸收与人工智能素养关系的调节效应。首先在 AMOS 19 中构建以认知吸收的五个因子为外生潜变量，人工智能素养的四个因子为内生潜变量的结构模型，考察认知吸收对人工智能素养的直接效应。然后，将跨学科学习经历的三个因子（跨学科课程修读、跨学科项目参与、跨学科活动参与）分别与认知吸收的五个因子进行乘积运算，得到 15 个交互项，并将这些交互项作为外生潜变量纳入模型，考察三种跨学科学习经历在认知吸收和人工智能素养关系中的调节效应。

H1：跨学科课程修读正向调节大学生认知吸收水平与人工智能素养习得效果之间的关系见表 5。

表 5　跨学科课程修读对认知吸收与人工智能素养关系的调节效应分析结果

因变量	自变量	Estimate	S. E.	Est. /S. E.	P-Value	Lower 2. 5%	Upper2. 5%
人工智能素养	认知吸收	0.902	0.2	4.508	0.000	0.47	1.268
人工智能素养	认知吸收＊修读	-0.023	0.034	-0.68	0.497	-0.086	0.056
人工智能素养	修读	0.107	0.07	1.54	0.124	-0.014	0.255

SEM 分析结果显示，认知吸收对人工智能素养具有显著正向影响（$\beta = 0.902$，$p < 0.001$），但认知吸收与修读的交互项对人工智能素养的影响不显著（$\beta = -0.023$，$p = 0.497$）。此外，修读对人工智能素养的直接影响也不显著（$\beta = 0.107$，$p = 0.124$）。这表明跨学科课程修读并没有显著调节认知吸收与人工智能素养之间的关系，H1 没有得到数据支持。

H2：跨学科项目参与正向调节大学生认知吸收水平与人工智能素养习得效果之间的关系。

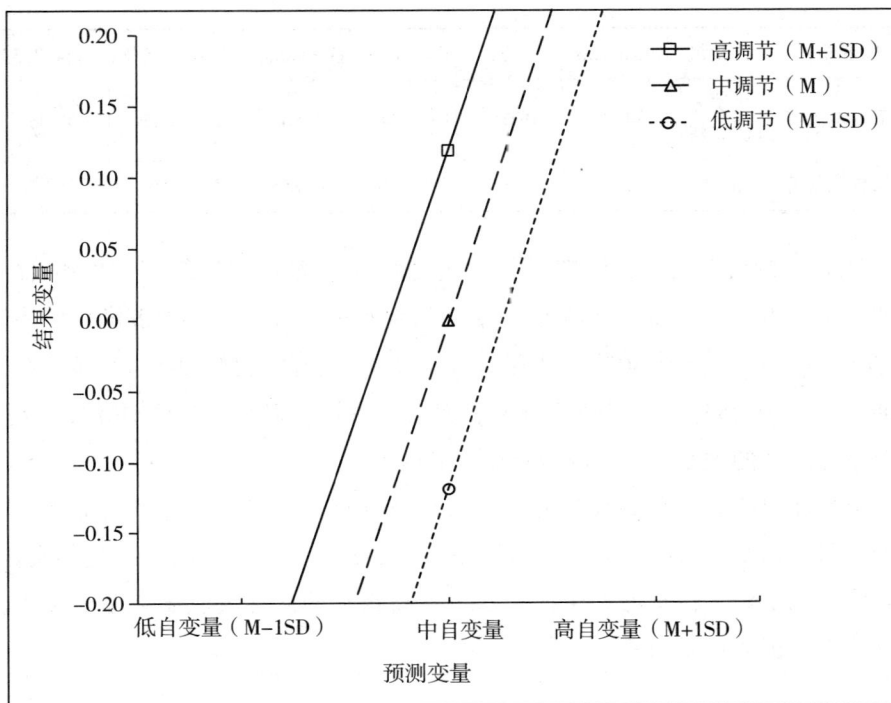

图 1 跨学科项目参与对认知吸收与人工智能素养关系的调节效应

SEM 分析结果显示，认知吸收对人工智能素养具有显著正向影响（估计值为 0.873，$p < 0.001$）。虽然认知吸收与跨学科项目参与的交互作用项对人工智能素养的影响不显著（估计值为 −0.02，p 值为 0.598），但跨学科项目参与对人工智能素养的直接效应显著（估计值为 0.119，p 值为 0.025）。在高调节水平下，认知吸收对人工智能素养的影响显著（估计值为 0.854，p 值为 0.000）。因此，H2 假设部分成立，跨学科项目参与对认知吸收与人工智能素养的关系有部分正向调节作用。

H3：跨学科活动参与正向调节大学生认知吸收水平与人工智能素养习得效果之间的关系见表 6。

表 6 跨学科活动参与对认知吸收与人工智能素养关系的调节效应分析结果

因变量	自变量	Estimate	S. E.	Est. /S. E.	P−Value	Lower 2.5%	Upper2.5%
人工智能素养	认知吸收	0.93	0.138	6.725	0	0.539	1.264

续表

因变量	自变量	Estimate	S. E.	Est./S. E.	P–Value	Lower 2.5%	Upper2.5%
人工智能素养	活动 * 认知吸收	−0.01	0.041	−0.247	0.805	−0.085	0.066
人工智能素养	活动	0.089	0.078	1.139	0.255	−0.039	0.158

SEM 分析结果显示，认知吸收对人工智能素养具有显著正向影响（$\beta =$ 0.93，$p < 0.001$），但认知吸收与活动的交互项对人工智能素养的影响不显著（$\beta = -0.01$，$p = 0.805$）。活动对人工智能素养的直接影响也不显著（$\beta =$ 0.089，$p = 0.255$）。这表明跨学科活动参与并没有显著调节认知吸收与人工智能素养之间的关系，H3 没有得到数据支持。

值得注意的是，在所有模型中，认知吸收对人工智能素养都有显著正向影响，且在高水平的跨学科学习情境下（M+1SD），这种正向影响更加突出。这表明，无论跨学科学习处于何种水平，高水平的认知吸收始终是促进人工智能素养习得的重要因素。

六、讨论

（一）跨学科学习调节作用

研究结果表明，跨学科学习的三个维度（课程修读、项目参与、活动参与）对大学生认知吸收与人工智能素养的关系具有不同的影响方式。其中，跨学科项目参与虽然没有显著调节认知吸收与人工智能素养的关系，但其本身对人工智能素养有直接的正向影响。这提示我们，跨学科项目可能通过其他路径来促进人工智能素养，如提供更多实践机会，提升学生对人工智能的应用能力；或通过项目合作，激发学生在人工智能问题解决中的创造力等。这凸显了跨学科项目在培养学生人工智能素养方面的独特价值。

相比之下，跨学科课程修读和活动参与既没有显著调节认知吸收与人工智能素养的关系，也没有对人工智能素养产生直接影响。这表明，仅仅通过修读跨学科课程或参与跨学科活动，可能难以显著改变学生在人工智能学习中的投入程度和体验质量，也难以直接提升其人工智能素养。

这些发现表明跨学科学习促进人工智能素养的作用机制可能更为复杂和多元化。除了认知吸收，跨学科学习还可能通过其他中介变量（如元认知、创新自我效能等）来影响人工智能素养。同时，不同形式的跨学科学习可能具有不同的作用路径和效果，需在教育实践中加以区别对待。

（二）认知吸收与人工智能素养习得

研究的另一个重要发现是，无论跨学科学习处于何种水平，认知吸收始终是影响人工智能素养习得的关键因素。尽管这一结果与 Celik 基于土耳其高等教育学生所得出的认知吸收与人工智能素养无关的结论相违背，但这可能与两项研究在样本、测量等方面的差异有关。尽管如此，本研究的结果仍然支持认知吸收理论的核心观点，即个体在学习新技术时的最佳体验状态能够显著促进其知识和技能的掌握。

研究发现提示我们在人工智能教育实践中，教师应该重点关注如何提升学生的认知吸收水平。这需要从课程内容、教学方式、学习环境等多方面入手，为学生创设内在动机导向、愉悦感知导向、沉浸体验导向的学习情境，激发其在人工智能学习中的好奇心、掌控感和成就感。唯有学生真正投入到人工智能知识和实践的探究中，才能建构起基于深度理解的人工智能素养，并将其内化为未来发展的内生动力。

（三）研究局限

本研究虽然在理论和实践上都有一定突破，但仍存在一些局限性。首先，本研究采用的是横断数据，难以考察跨学科学习和认知吸收对人工智能素养的长期影响。未来研究可以采用追踪设计，探讨不同时间点上变量间的动态关系。其次，本研究主要关注跨学科学习的调节效应，没有深入剖析其影响人工智能素养的具体路径。后续研究可以探索跨学科学习通过知识整合、实践应用等因素影响人工智能素养的中介机制。本研究的被试为新文科专业大学生，研究结论的适用性有待在其他群体中检验。未来可以扩大被试范围，纳入不同专业、不同层次的学生，以增强研究的外部效度。未来研究还可以纳入更多情境因素（如学生的学习风格、教师的教学方式等），探讨其与跨学科学习的交互效应以及通过干预研究，探索如何优化跨学科学习的内容和形式，以更好地促进学生的人工智能素养。

七、结论

本研究聚焦新文科建设背景下人工智能素养的培养，探讨跨学科教育经历如何影响大学生的认知吸收与人工智能素养。研究表明，认知吸收是影响人工智能素养习得的核心因素，而跨学科学习的作用则较为复杂，特别是跨学科项目的参与对人工智能素养有直接的促进作用，这为高校设计更有效的人工智能教育项目提供一定启示。

尽管跨学科课程修读和活动参与的影响不如预期显著，但这并不意味着它们在人工智能教育中无足轻重。相反，这提示我们需要更深入地优化跨学科学习的内容和形式，重视课程内容的整合性和活动的互动性，以提高学生的学习体验和积极性。

本研究的意义不仅在于揭示认知吸收与人工智能素养之间的紧密联系，还为新文科背景下的人工智能教育实践提供参考。研究提醒我们，在追求学科交叉的同时，更要关注提升学生的学习体验质量，激发他们对人工智能的持久兴趣和深度思考。通过持续的研究和创新，我们将形成一套能够有效培养适应人工智能时代需求的复合型人才的教育模式。

参考文献

[1] 陈永涌, 甄宸."新文科"背景下课程思政的积极育人体系建构 [J]. 青海民族大学学报（社会科学版），2024，50（1）：160-168.

[2] 程升威, 刘隽颖. 何以"人文"：人工智能时代新文科建设之价值反思 [J]. 齐鲁师范学院学报，2024（2）：6-13.

[3] 李光, 刘芳芳. 生成式人工智能赋能历史跨学科主题学习研究 [J]. 教学与管理，2024（16）：49-53.

[4] 周琼, 徐亚苹, 蔡迎春. 高校学生人工智能素养能力现状及影响因素多维分析 [J]. 图书情报知识，2024（3）：39-49.

[5] 赵曼, 邢怡青. 人工智能赋能的居家社区养老服务发展及其生态系统优化策略研究 [J]. 社会保障研究，2024（2）：17-26.

［6］Celik I. Exploring the determinants of artificial intelligence（AI）literacy: Digital divide, computational thinking, cognitive absorption ［J］. Telematics and Informatics, 2023（83）: Article 102026.

［7］Faul F, Erdfelder E, Lang A－G, et al. G ＊ Power 3: A flexible statistical power analysis program for the social, behavioral, and biomedical sciences ［J］. Behavior Research Methods, 2007, 39（2）: 175-191.

［8］Güngören Ö C, Erdoğan D G, Uyanik G K, et al. The relationship between cognitive absorption and digital literacy skills among secondary school students ［J］. Participatory Educational Research, 2022, 9（6）: 113-129.

［9］Hermann E. Artificial intelligence and mass personalization of communication content—An ethical and literacy perspective ［J］. New Media ＆ Society, 2022, 24（5）: 1258-1277.

［10］Ivanitskaya L, Clark D, Montgomery G, et al. Interdisciplinary learning: Process and outcomes ［J］. Innovative Higher Education, 2002, 27（2）: 95-111.

［11］Kong S C, Cheung W M Y, Zhang G. Evaluation of an artificial intelligence literacy course for university students with diverse study backgrounds ［J］. Computers and Education: Artificial Intelligence, 2021（2）: 1-12.

［12］Lattuca L R, Voigt L J, Fath K Q. Does interdisciplinarity promote learning? Theoretical support and researchable questions ［J］. Review of Higher Education, 2004, 28（1）: 23-48.

［13］Lattuca L R, Knight D B, Ro H K, et al. Supporting the development of engineers' interdisciplinary competence ［J］. Journal of Engineering Education, 2017, 106（1）: 71-97.

［14］Léger P M, Davis F D, Cronan T P, et al. Neurophysiological correlates of cognitive absorption in an enactive training context ［J］. Computers in Human Behavior, 2014（34）: 273-385.

［15］McCarthy J. From here to human－level AI ［J］. Artificial Intelligence, 2007, 171（18）: 1174-1182.

［16］Menken S, Keestra M. An introduction to interdisciplinary research: Theory and practice ［M］. Amsterdam University Press, 2016: 88-94.

［17］Obenza B, Go L, Francisco J A, et al. The nexus between cognitive absorption and AI literacy of college students as moderated by sex ［J］. American Journal of Smart Technology and Solutions, 2024, 3 (1): 32-39.

［18］Reychav I, Wu D. Are your users actively involved? A cognitive absorption perspective in mobile training ［J］. Computers in Human Behavior, 2015 (44): 335-346.

［19］Stone P, Brooks R, Brynjolfsson E, et al. Artificial intelligence and life in 2030: The one hundred year study on artificial intelligence ［M］. arXiv, 2022.

［20］Wang B, Rau P L P, Yuan T. Measuring user competence in using artificial intelligence: Validity and reliability of artificial intelligence literacy scale ［J］. Behaviour & Information Technology, 2023, 42 (9): 1324-1337.

［21］Zawacki-Richter O, Marín V I, Bond M, et al. Systematic review of research on artificial intelligence applications in higher education-where are the educators? ［J］. International Journal of Educational Technology in Higher Education, 2019, 16 (1): 1-27.

新文科建设对教师队伍结构
和管理模式的影响研究

人文与传播学院助教　刘美辰

一、引言

近年来，新文科建设在我国高等教育领域引起广泛关注。新文科是相对于传统文科而言的，它强调学科交叉、融合创新，注重培养学生的综合素质和创新能力。新文科建设的持续推进，对高校教师队伍结构和管理模式提出了新的挑战和要求。如何优化教师队伍结构，创新教师管理模式，以适应新文科发展的需要，成为当前高校面临的重要课题之一。

二、高校新文科发展的背景和特点

（一）背景

1. 社会发展的需求

随着世界多极化、经济全球化、文化多元化、社会信息化的深入发展，社会对高素质、复合型人才的需求日益增加。传统文科教育培养的人才在知识结构、能力素质等方面难以满足社会发展的需求，因此，推动文科教育的改革与创新成为必然趋势。

2. 高等教育改革的要求

我国高等教育正处于深化改革、提高质量的关键时期。新文科建设作为高等教育改革的重要组成部分，旨在打破学科壁垒，促进学科交叉融合，培养具有创新精神和实践能力的高素质人才。

（二）特点

1. 学科交叉融合

新文科建设强调不同学科之间的交叉融合，以期打破传统文科的学科界限，形成新的学科教学方式。比如，文学与计算机科学相结合，产生数字人文；经济学与社会学相结合，形成经济社会学等。

2. 创新驱动

新文科建设以创新为驱动力，鼓励教师和学生在教学、科研和实践中勇于创新，探索新的教学方法、研究领域和实践模式。

3. 国际化视野

新文科建设注重培养学生的国际化视野和跨文化交流能力，加强与国际高校和学术机构的合作与交流，引进国外先进的教育理念和教学方法。

4. 实践导向

新文科建设强调理论与实践相结合，注重培养学生的实践能力和解决实际问题的能力，通过实践教学、实习实训等环节，提高学生的综合素质和就业竞争力。

三、新文科发展对教师队伍结构的影响

（一）教师队伍结构多元化

1. 学科背景多元化

新文科建设要求教师具备跨学科的知识背景和教学能力。高校在招聘教师时，应注重从不同学科领域选拔人才，使教师队伍的学科背景更加多元化。比如，高校可以引进具有理工科背景的教师从事数字人文、计算语言学等领域的教学和科研工作。

2. 专业技能多元化

新文科建设需要教师具备多种专业技能，如信息技术应用能力、跨文化交流能力、创新思维能力等。高校应鼓励教师参加各种培训和科研活动，以提高自身的专业技能水平。

3. 来源渠道多元化

除了传统的高校毕业生招聘渠道外，高校还可以通过引进企业高管、行业专家等方式，拓宽教师队伍的来源渠道。这些来自不同领域的教师可以为学生带来丰富的实践经验和行业视角。

（二）教师队伍结构复合化

1. 教学与科研复合

新文科建设要求教师既要有扎实的教学能力，又要有较强的科研水平。高校应鼓励教师积极开展教学研究和科学研究，将教学与科研有机结合起来，提高教学质量和科研水平。

2. 理论与实践复合

新文科强调理论与实践相结合，要求教师既要有深厚的理论功底，又要有丰富的实践经验。高校可以通过选派教师到企业、政府等单位挂职锻炼、参与社会实践等方式，提高教师的实践能力。

3. 校内与校外复合

新文科建设需要加强高校与企业、政府等单位的合作与交流。高校可以聘请校外专家、企业高管等担任兼职教师，也可以选派教师到校外单位担任顾问、专家等职务，实现校内与校外教师队伍的有机结合。

（三）对教师专业素养和教学能力的要求提高

1. 跨学科知识素养

教师需要具备跨学科的知识素养，能够将不同学科的知识有机融合起来，为学生提供全面、系统的知识体系。

2. 创新思维能力

教师要具有创新思维能力，能够在教学和科研中不断探索新的方法、新的领域，培养学生的创新精神和实践能力。

3. 信息技术应用能力

随着信息技术的飞速发展，教师需要掌握一定的信息技术应用能力，能够运用现代教育技术手段开展教学活动，提高教学效果。

4. 教学方法创新能力

新文科建设要求教师不断创新教学方法，采用启发式、探究式、讨论式等教学方法，激发学生的学习兴趣和主动性。

四、新文科发展对教师管理模式的影响

（一）教师评价体系创新

1. 评价体系多元化

传统的教师评价体系主要以教学工作量、科研成果等为评价指标，难以全面反映教师在新文科建设中的贡献。新文科建设要求教师评价体系更加多元化，除了教学工作量和科研成果外，还应考虑教师的跨学科教学能力、实践教学能力、创新能力等因素。

2. 评价方式多样化

传统的教师评价方式主要以定量评价为主，缺乏对教师教学过程和教学效果的全面评价。新文科建设要求教师评价方式更加多样化，采用定量评价与定性评价相结合、过程评价与结果评价相结合的方式，全面、客观地评价教师的工作业绩。

（二）教师培训机制完善

1. 培训内容针对性强

新文科发展对教师的专业素养和教学能力提出较高的要求，因此，教师培训内容应更加具有针对性。高校可以根据教师的不同需求和学科特点，开展跨学科知识培训、信息技术应用培训、教学方法创新培训等。

2. 培训方式多样化

教师培训方式应更加多样化，可以采用集中培训、在线培训、实践培训等多种方式，满足教师不同的学习需求；同时，还可以通过开展教学观摩、教学研讨等活动，提高教师的教学水平。

（三）教师团队合作加强

1. 组建跨学科教学团队

新文科建设需要打破学科壁垒，组建跨学科教学团队。跨学科教学团队可以由不同学科的教师组成，共同开展教学和科研活动，实现优势互补、资源共享。

2. 加强教师团队合作交流

高校应鼓励教师团队之间加强合作交流，通过开展学术研讨会、教学经验交流会等活动，促进教师之间的相互学习和共同进步；同时，还可以通过建立教师合作平台，为教师团队合作提供便利条件。

五、优化教师队伍结构和创新教师管理模式的策略

（一）优化教师队伍结构的策略

1. 制订科学的教师引进计划

高校应根据新文科发展的需求，制订科学的教师引进计划。在引进教师时，高校要注重教师的学科背景、专业技能和实践经验，确保引进的教师能够满足新文科建设的要求。

2. 加强教师培训和发展

高校应加大对教师培训和发展的投入，为教师提供各种培训和学习机会；可以通过举办学术讲座、研讨会、培训班等方式，提高教师的专业素养和教学能力。

3. 建立教师流动机制

高校可以建立一套运行高效的教师流动保障机制，包括动力机制、支持机制、补偿机制与监督机制等，鼓励教师在不同学科、不同专业之间流动，促进学科交叉融合。

（二）创新教师管理模式的策略

1. 建立科学的教师评价体系

高校应建立科学的教师评价体系，以适应新文科发展的要求。评价体系

应更加多元化、多样化，注重对教师教学过程和教学效果的评价，同时要考虑教师的创新能力和团队合作能力。

2. 完善教师培训机制

高校应完善教师培训机制，提高教师培训的针对性和实效性，可以根据教师的不同需求和学科特点，制定个性化的培训方案，同时要加强对教师培训效果的评估和反馈。

3. 加强教师团队建设

高校应加强教师团队建设，鼓励教师组建跨学科教学团队和科研团队；可以通过设立团队建设项目、提供团队建设经费等方式，支持教师团队的发展；同时要加强对教师团队的管理和考核，提高团队的工作效率和创新能力。

六、结论

新文科建设是我国高等教育改革的重要方向，对高校教师队伍结构和管理模式产生深远的影响。新文科发展促使教师队伍结构更加多元化、复合化，也对教师的专业素养和教学能力提出了更高的要求。在管理模式方面，新文科发展推动教师评价体系的创新、教师培训机制的完善以及教师团队合作的加强。为了更好地适应新文科发展的要求，高校应采取一系列措施，优化教师队伍结构，创新教师管理模式，提高教师队伍的整体素质和教学水平。只有这样，高校才能培养出更多具有创新精神和实践能力的高素质人才，为我国经济社会发展作出更大的贡献。

参考文献

[1] 朱小宇，谢华.地方高校新文科教师专业发展路径研究 [J].黑龙江教师发展学院学报，2023，42（7）：36-38.

[2] 彭凤姣，张卫良.新文科建设的主要内涵、时代价值与有效路径 [J].教学探索，2022，351（3）：1-6.

[3] 吕林海.中国大学"新文科教育"建设：价值蕴意、核心内涵与实践路径 [J].大学教育科学，2021（5）：49-59.

[4] 莫蕾钰，王硕旺，汪诸豪. 新文科的使命、愿景与实践探索 [N]. 光明日报，2021-01-01（6）.

[5] 崔延强，唐小琴，陈艳. 构建新时代高质量教师教育体系的应然逻辑与实践路向——基于新文科建设的视角 [J]. 新文科教育研究，2021（2）：101-112，144.

[6] 樊丽明. 新文科：时代需求与建设重点 [J]. 中国大学教学，2020，20（5）：4-8.

岗位场与教学场结合的实践探索

人文与传播学院副教授 卢建伟

在传媒教育日益兴盛的今天，跨学科这一属性贯穿综合教育的发展全过程，而且在不断地完善扩大。三亚学院播音主持学科建立之初即确定把语言学、教育学、心理学、文化学、社会学等学科纳入其中，以丰富学生的文化内涵。

进入 21 世纪，互联网技术的飞速发展，教育生态发生较大改变，播音主持学科还需进一步与传播学、艺术概论、艺术鉴赏等学科深度融合。本文探索岗位场与教学场如何有效地结合，以提升教学质量与实践能力。笔者分析两者的理论基础，研究其结合的必要性和可能性，并提出一系列实践策略，旨在为教育者和企业家提供参考，促进教学与实践的融合。

在竞争日益激烈的社会背景下，如何将理论教学与实践经验有效结合，已然成为教育领域的重要课题之一。岗位场与教学场的结合为此提供新的思路和方向，不仅有助于提高学生的实践能力，还能帮助教育机构更好地理解行业实际需求，从而优化教学内容和方法，以期为学生、教育者和企业创造新的机会。

一、基础理论探讨

（一）岗位场与教学场的定义及本质

岗位场通常指的是与职业岗位直接相关的实际工作环境。这是一个现实的场所，包括完成某项特定工作所需的各种工具、设备和资源。在岗位场中，员工完成日常任务，应对真实的挑战，解决具体的问题，并与同事、上级和客户进行沟通与交流。它代表实践、执行和应用的场景，为参与者提供直接体验和实施所学知识和技能的机会。

教学场是为教育和学习而专门设置的环境，包括但不限于学校、大学、培训中心等场所。在教学场中，教育者负责传授知识和技能，学习者主动或被动地接受这些信息。这个场所着重于知识的传递、思维的培养和技能的练习，一般与理论、原则和概念相关，为学习者提供一个理解、探索和实验的空间。

在本质上，岗位场与教学场都是学习的场所，但它们的特点、使用方法和预期目标有所不同。岗位场注重的是现实的应用和实践，强调如何在实际情境中解决问题和完成任务。它与真实的工作环境紧密相连，强调效果和结果。而教学场则更多地关注知识的传授和思维的培养，它为学生提供一个相对受控的环境，使学习者可以在其中探索、试错并从中汲取经验和教训。

在现代教育和培训中，两者之间的界限逐渐模糊。为了更好地应对学生面临的挑战，教育者和培训者越来越意识到理论知识和实践经验需要相辅相成。因此，岗位场和教学场的融合和交互变得尤为重要，以期为参与者提供一个全面、均衡和有效的学习体验。

（二）教学与实践的关系

在教育领域中，教学与实践之间的关系一直是一个受到广泛关注的热门话题。理解两者关系的重要性在于，它直接影响学习者如何将所学应用于现实生活和职业生涯。

教学主要关注知识、技能和态度的传递，涉及概念的解释、原则的讨论以及理论的阐述。这是一个主要基于认知过程的活动，旨在帮助学习者理解、记忆和再现这些知识。在这个过程中，学习者经常会遇到抽象的概念或尚未直接体验的情境。

相反，实践则是将这些知识和技能应用于真实的环境和情境中。实践的主要特点是它涉及实际操作、决策和执行。这不仅是一个简单的应用过程，还需要学习者拥有批判性思维、解决问题和应对挑战的能力。在实践中，学习者有机会直接体验和感受到知识的实用价值。

教学与实践两者之间存在动态的相互作用。好的教学可以为实践提供坚实的基础，帮助学习者拥有必要的知识和技能以面对现实生活的挑战。而实践通过其直接的经验，也可以丰富和加深学习者对于教学中所学的知识和概念的理解。这种相互作用为学习者提供了更加丰富和深入的学习体验。

尽管教学与实践之间存在这种密切的关系，许多教育系统和培训计划却将两者分割开来，这可能会限制学习者获得全面、均衡和有效的学习体验。为了帮助学习者最大限度地获得知识和技能，教育者和培训者需要努力将教学与实践紧密地结合在一起，以期为学习者在理论和实际应用之间建立坚实的桥梁。

（三）教学与岗位之间的需求与挑战

教学与岗位之间的交互在现代教育中具有一定地位。为了确保教学的质量，教学与岗位之间的需求和挑战必须被充分理解和应对。

一般说来，教学的目的是为学生提供所需的知识、技能和态度，助力他们在未来的职业生涯中取得成功。岗位则期待学生在完成学业后能够迅速地适应职业环境，并为所在单位带来价值。在这样的背景下，岗位对教学提出了明确的需求，涉及教师所教授的知识内容、技能培训和职业态度的塑造。

技术和行业的快速变化意味着教育内容需要不断地更新和调整，这不仅需要资源，还需要教育者具有前瞻性的眼光和持续学习的意识。虽然某些知识和技能可能在当前的岗位中非常重要，但它们在未来可能变得过时或不再相关。这为教育者提出了一个问题：如何为学生提供既满足当前需求又具有持久价值的教育？

尽管教育者努力满足岗位的需求，但在实际的工作环境中仍然存在一定的差距。学生可能会发现，他们在学校中学到的东西与他们在工作中实际遇到的情境有所不符。这种不匹配可能会导致学生在进入职场后面临困惑和挑战。

为了更好地满足岗位的需求并应对相关挑战，教育机构和行业需要建立更为紧密的合作关系。这种合作可以确保教学内容与实际工作环境更为接近，同时为学生提供更多的实践机会。

二、结合的必要性与可能性

在当今日益复杂多变的社会环境中，教学与岗位间的结合已成为一种迫切的需要。这主要是因为教学和岗位双方都面临着一系列现实的挑战，这些挑战迫使它们寻找新的方法和策略来应对。

教学方面，随着科技的进步和信息的爆炸性增长，纯粹依靠传统的课堂教学已经无法满足学生的学习需求。学生不再满足于被动地接受知识，他们希望能够更加主动地学习，更深入地探索知识，并将所学应用于实际问题的解决中。

（一）面临的现实挑战

对于岗位来说，随着经济的全球化和产业的不断升级，企业和组织面临着越来越激烈的竞争。为了在这种环境中取得成功，他们需要持续创新和提高效率。这要求员工不仅要掌握专业知识和技能，还要具备跨领域的思维能力、团队合作的精神和持续学习的习惯。但在实际的招聘过程中，雇主发现很难找到具备这些综合素质的人才。

这些挑战使得教学与岗位之间的结合显得尤为重要。只有当教育与实际岗位需求更加紧密地结合起来，学生才能真正地从中受益，而企业和组织也能够获得真正具备高素质的人才。为此，教育机构和企业都需要积极地探索和实践，找到一种既能够满足学生学习需求，又能够满足岗位人才需求的教育模式。

（二）结合的短期收益与长期收益

在教学与岗位的结合中，无论是对学生、教育机构还是企业，都存在着一系列的长期和短期收益。

短期内，学生通过与实际岗位的结合，可以更为直观地理解和掌握知识。这种学习方式远比传统的课堂教学更为生动和实用，能够激发学生的学习兴趣和动力。此外，学生还能够通过实际的工作经验，提前熟悉职业环境，培养职业技能和素质，从而增强其就业竞争力。对于教育机构来说，与企业和组织的紧密合作可以使教育培训内容更加贴近市场需求，增强教育的针对性和实效性。对于企业来说，与教育机构的合作不仅可以为其提供一批经过初步培训、具备一定职业素质的潜在员工，还能够加强其与学术界的联系，促进技术和知识的交流。

长期看，教学与岗位的紧密结合将为培养更加适应未来社会发展需求的人才奠定坚实的基础。学生在学习过程中不仅掌握了专业知识，还培养了跨领域的思维能力、团队合作的精神和持续学习的习惯。这些都是在未来职业生涯中不可或缺的素质。同时，教育机构与企业之间的长期合作将推动双方在人才培养、科研创新和技术应用等方面实现更为深入的融合和共赢。企业可以从教育机构中获得最新的科研成果和技术，而教育机构则可以借助企业的资源和平台，开展更为实际和前沿的研究和培训项目。

总之，教学与岗位的结合不仅能够为当下带来实际的收益，也能够为未来的发展创造一些可能。

（三）跨界合作的潜力与价值

跨界合作已经成为现代社会中一种十分重要的合作模式。教学与岗位结合，实际上涉及教育机构与企业、产业界之间的跨界合作。这种合作模式为双方带来一定的机会，也释放出彼此巨大的潜力与价值。

对于教育机构而言，跨界合作有助于了解产业界和市场的最新需求。以前，教育机构可能会囿于自己的研究领域和课程设置，而与产业界的跨界合作则为其提供了一个直观、实时地了解市场动态的窗口。这种即时的反馈有助于教育机构优化教学安排，使其贴近实际需求，从而更好地培养学生，提高他们在现实岗位上发挥作用的能力。

对于企业和产业界来说，与教育机构的跨界合作不仅可以提供一批具备最新知识和技能的人才，更重要的是，这种合作有助于提高企业的创新和研发能力。教育机构所拥有的研究资源、科研团队和技术积累，为企业提供了一个宝贵的知识库。企业可以利用这些资源，与教育机构共同开展研发项目，探索新的技术和市场方向。

此外，跨界合作还为双方创造更多的学习和交流机会。教育机构的教师和研究者可以通过与企业的合作，更深入地了解到产业界的实际情况，这对于他们的研究和教学都是非常有益的。同样，企业的员工也可以通过这种合作，接触到教育机构的最新研究成果，提高自己的知识水平和工作能力。

跨界合作之所以可以释放一定的潜力，关键在于它打破传统的界限，使知识、技术和资源以更为自由的方式流动和交换。教学与岗位真正结合，实际上也是教育与产业界之间的一种跨界合作，为双方带来一些可能性和机会，也可以为社会发展作出积极的贡献。

三、实践策略与建议

在实践教学中，帮助学生将理论知识应用于实际情境是必要的。理论支撑可以为学生在实践中的行动和决策提供明确的指导。为了实现这一目标，教育者需要采用多种方法来加强理论和实践之间的联系。

教育者为实践提供理论支撑的方法，需要其不仅熟悉相关的学术文献，还要能够识别并整合最新的研究成果。通过组织定期的研讨会或工作坊，教育者可以与同行分享和讨论最新的理论成果，一定程度上可以保持教学内容新鲜度。

实践教学中的案例分析也是一个有效的方法。通过分析真实的案例，学生可以更好地理解理论知识在实际工作中的应用。这不仅可以帮助学生加深对理论的理解，还可以培养其批判性思维和解决问题的能力。

学校鼓励学生进行实地考察或参与行业项目。这可以使学生直接观察和体验理论知识在实际工作中的应用，加深其对理论和实践之间联系的理解。通过与业界专家的互动，学生还可以获得更多的实践经验和信息反馈，进一步提高其实践能力。

教育者要不断提高实践教学的质量与效果。事实上，实践教学被广泛认为是培养学生综合能力、增强学生实际操作技能的重要方式。随着教育需求的变化和社会发展的进步，单纯的实践教学已不能满足现代社会的要求，如何提高实践教学的质量与效果成为教育界的重要议题。提高实践教学的质量不仅要提升教学内容的深度和广度，更重要的是要帮助学生在实践中真正掌握和应用知识。这需要教育者不断地对教学方法进行创新。教育者可以采用情境教学法，将实际的工作环境和场景引入到教学中，使学生在仿真的环境中进行实践，从而更好地理解和掌握知识。此外，教育者还可以通过小组合作、项目制教学等方式，鼓励学生进行团队合作和交流，培养其团队合作和沟通能力。

另外，为了确保实践教学的效果，教育机构应与实践单位建立长期稳定的合作关系。通过这种合作，学生可以更好地将所学的知识应用到实际工作中，而实践单位也可以为学生提供更多的实践机会和资源。同时，教育者还应该定期对实践教学进行评估和反馈，根据评估结果调整教学方法和内容，确保实践教学始终与时俱进，满足社会的实际需求。

四、建设实践与教学共同体

实践与教学共同体建设旨在将教学和实践密切结合，形成一个有机、互补的整体。这一共同体要求教育机构与实践单位不仅是合作伙伴，更是共同参与者，一起为学生的成长和社会的发展作出贡献。

建设这样的共同体需要教育机构与实践单位共同努力。教育机构可以为实践单位提供最新的理论知识和研究成果，帮助它们提高工作效率，加强创新能力。而实践单位则可以为教育机构提供真实的实践环境，帮助学生将理论知识转化为实际能力。双方互相支持，互相促进，从而使实践与教学的共同体更加稳固，更具活力。

为了建设这样的共同体，我们需要重新审视教育与实践的关系，明确它们之间的联系不仅是表面上的合作，而是深入、全面的整合。这意味着，教育与实践之间的交流不限于教学活动，还包括研究、培训、咨询等多个领域。只有这样，实践与教学共同体才能真正发挥其应有的作用，为学生、教育机构、实践单位以及整个社会带来更大的价值。

此外，建设实践与教学共同体还需要一个开放、包容的氛围。教育机构与实践单位应该互相尊重，互相信任，共同面对挑战，共同分享成果。只有在这样的氛围中，实践与教学共同体才能持续、健康地发展。

总之，建设实践与教学共同体是一项长期、系统的工程，需要各方共同努力和持续的投入。只要坚持这一目标，实践与教学共同体就一定能为大家带来更加美好的未来。

五、结语

在当前教育改革的背景下，将岗位场与教学场结合起来显得尤为关键。这为学生提供了一个将理论知识与实际应用相结合的平台，助力他们在未来的职业生涯取得成功。通过实际的岗位体验，学生可以更直观地理解课堂上所学的理论，并形成对所学知识的进一步认识。同时，这也为教育机构提供了机会，有助于他们贴近实际，优化教学内容和方法，以满足行业的实际需求。

要实现岗位场与教学场的真正结合，仅仅依靠单一的教育机构或实践单位是不够的，需要双方建立深厚的合作关系，共同探索合作模式，一起为学生提供更好的学习和实践机会。在这一过程中，教育机构和实践单位可能会遇到许多挑战，但只要双方都看到这种合作带来的长远价值并为之努力，那么就有可能为教育领域带来真正意义上的变革。

参考文献

[1] 吴举宏.指向核心素养的教学实践亟待"四个转型"[J].教学与管理，2023（28）：1-6.

[2] 殷桥.基于"项目+竞赛"双驱动的创新创业课程教学改革与实践 [J].科技风，2023（27）：108-110.

[3] 甘秋云，李兢思.基于"以生为本、以终为始、持续改进"教学理念下数据结构教学改革与实践 [J].内江科技，2023，44（9）：48-49，108.

[4] 胡亚丽，王纪武，董文丽，等.技术进步背景下控制性详细规划课程教学探索与实践 [J].建筑与文化，2023（9）：75-77.

[5] 曾贞.深度融入企业实践 层阶改变中职音频教学 [J].内江科技，2022，43（6）：126-127.

[6] 宋海文，孙保所.校企合作共同体下"4+1"实践教学模式的研究与实践 [J].职业，2022（2）：54-56.

广播电视和网络视听在廉洁
文化建设中的发挥途径研究

人文与传播学院助教　周禹彤

引言

在信息化和数字化快速发展的今天，广播电视和网络视听成为主要传播平台，亿万用户在这些平台记录生活，展示技艺，分享经验。海量的信息内容、丰富的文化生态，在满足不同年龄段网民多元、多样精神文化需求的同时，也深刻影响着人们的价值观念、道德素养、心理认知和行为规范。

通过这些平台，廉洁文化可以迅速覆盖到广大群众，推动形成良好的社会风气。如何有效利用这些媒介来推动廉洁文化建设，并使其真正发挥作用，是一个值得深入探讨的问题。本文将从广播电视和网络视听的功能入手，分析它们在廉洁文化建设中的路径与成效，旨在为新时代廉洁文化的传播与实践提供新的视角和思路。

一、广播电视和网络视听在新时代廉洁文化建设中的地位与功能

新时代，广播电视和网络视听已经成为开展廉洁文化建设的关键媒介。这些传播平台在宣传科学理论、传播先进文化、塑造美好心灵、弘扬社会正气等方面扮演着不可或缺的角色。广播电视作为传统的主流媒体，拥有一定的权威性和覆盖面，为廉洁文化的传播提供广泛的舞台。它不仅通过专题节目、新闻报道和文艺作品展示廉洁典型，还可以通过对反腐倡廉政策的解读

与宣传，引导社会公众践行社会主义核心价值观。网络视听平台以其灵活性和互动性，成为新时代廉洁文化传播的新阵地。借助社交、短视频、直播等方式，平台能够迅速传递廉洁文化相关信息，增强公众对反腐倡廉的认同感和参与感。

广播电视在廉洁文化建设中的作用主要体现在以下几个方面：第一，制作播出专题节目，系统介绍廉洁文化的重要性，展示各级政府和社会各界在反腐倡廉方面取得的成果；第二，广播电视的新闻报道通过对腐败案件的曝光和追踪，发挥媒体监督和震慑作用，促进社会风气的改善。相比之下，网络视听平台的优势在于其传播速度快、受众面广和互动性强。比如，短视频平台上的廉洁文化宣传通过生动的视觉效果和引人入胜的故事情节，容易引发公众的兴趣和讨论。社交平台上的相关讨论和分享，能够迅速扩大廉洁文化的影响力，并促进社会对廉洁文化的广泛关注。广播电视和网络视听的结合使用，不仅可以覆盖更广泛的受众，还能通过不同的传播形式和内容，开展廉洁文化的多方位宣传。这种媒介组合为新时代廉洁文化建设提供了新的思路和方法。

二、广播电视如何通过节目内容推动廉洁文化宣传

广播电视通过精心设计的节目内容在推动廉洁文化宣传方面发挥一定的作用。通过制作播出专题片，广播电视能够深入浅出地介绍廉洁文化的理念和案例，帮助观众理解廉洁文化的重要性。广播电视节目常包含对廉洁典型的采访和对反腐败斗争成功经验的总结，这些内容能够有效传达正确的价值观，激励社会各界积极参与到廉洁文化建设中来。

新闻报道在推动廉洁文化建设中同样扮演主要角色。通过对腐败案件的深入报道，新闻节目不仅揭示腐败问题的严重性，还展现反腐败斗争的成果。调查报道常通过翔实的数据和生动的案例，将腐败行为的危害性和对社会的负面影响展示给观众，这种直观的方式能够有效增强观众对廉洁文化的关注和支持。广播电视还通过设立专题栏目和播出相关的纪录片，进一步扩大廉洁文化宣传的范围。专题栏目常以讨论和访谈的形式，邀请专家学者、政府官员和社会名人参与，深入探讨廉洁文化内容，增进观众对相关问题的理解。

纪录片则通过真实的故事和生动的画面，展示廉洁文化在实际工作中的表现。

广播电视通过多样化的节目形式和内容设置，在推动廉洁文化建设中发挥作用。通过新闻报道、专题节目和纪录片等多种方式，广播电视不仅可以传递廉洁文化的理念，还可以促进社会对廉洁文化的认知。

三、网络视听平台对廉洁文化建设的作用及其优势

网络视听平台在廉洁文化建设中能够展现独特的作用和显著优势。相较于传统媒体，网络视听平台凭借其高效的传播能力和广泛的用户基础，为廉洁文化的推广提供了新的平台。这些平台通过社交、短视频、直播等方式，将廉洁文化内容迅速传播到各地。短视频平台特别受到年轻群体的青睐，其形式生动有趣，能够用简洁而富有冲击力的内容吸引用户的注意力，从而使廉洁文化更易被接受和传播。

网络视听平台的互动性是其另一大优势。通过实时的评论区和讨论区，用户不仅可以即时反馈观看体验，还可以参与到廉洁文化的讨论和推广中。这种互动不仅可以增强用户对廉洁文化的参与感和认同感，而且促使更多的社会成员关注和传播廉洁文化。这种双向交流机制使得信息的传播不仅限于单向，而是形成一个互动的传播网络，增强廉洁文化宣传的广度和深度。微博、微信和抖音等平台通过信息流的迅速扩散，能够将廉洁文化的宣传迅速放大，并通过热门话题和挑战活动等方式，吸引大量用户参与讨论和分享。社交平台强大的传播效应能够在短时间内将廉洁文化的理念传达给大量受众，提高廉洁文化的影响力。

网络视听平台还能够根据用户的兴趣和需求，推送个性化的内容。通过数据分析和算法推荐，平台能够精准地将相关的廉洁文化内容推送给目标用户群体，使得宣传更加精准有效。这种个性化推荐的机制，确保廉洁文化内容能够更好地适应不同受众的需求，从而强化宣传效果。网络视听平台以其传播速度快、受众广泛和互动性强等优势，为廉洁文化建设注入新的活力。通过短视频、社交平台和个性化推荐等手段，这些平台不能够扩大廉洁文化的传播范围，也能够增强公众对廉洁文化的参与感和认同感。

四、广播电视和网络视听在廉洁文化建设中的挑战

广播电视和网络视听在推动廉洁文化建设中虽有诸多优势，但也面临一些挑战。广播电视在廉洁文化宣传中的主要挑战是内容的单一性和节目的同质化。尽管传统媒体拥有广泛的受众基础，但由于节目内容创作受限于资源和形式，往往难以突破常规的宣传模式，这可能导致廉洁文化宣传的效果打折扣。

网络视听平台虽然在传播速度和互动性上有显著优势，但也面临着信息质量良莠不齐和虚假内容泛滥的问题。网络平台上的信息传播极其迅速，但由于缺乏有效的内容审查机制，虚假信息和低质量内容容易混入其中。这种情况可能导致廉洁文化的宣传效果受到不利影响，甚至使观众忽视某些真实信息。网络视听平台的内容更新速度极快，这种高频次的更新也可能使廉洁文化的信息被其他新鲜内容覆盖，从而影响宣传的持续性和稳定性。

网络视听平台还存在用户参与度不均衡的问题。尽管平台具备良好的互动性，但廉洁文化的宣传效果可能受到用户参与度差异的影响。一些用户可能因为兴趣偏好或信息接收习惯对廉洁文化的讨论和参与较少，导致宣传效果不如预期。个性化推荐算法虽然可以提升内容的精准度，但也可能造成信息的封闭性，使用户接触到的信息范围受到限制，影响了廉洁文化的全面传播。

在监管方面，广播电视和网络视听平台也面临着政策和法律执行的挑战，针对热点话题、敏感信息、疑似违规内容存在监管不力现象。广播电视的内容受到严格的监管，而网络视听平台在内容的管理和监督上还需进一步完善。

总之，广播电视和网络视听在廉洁文化建设中虽具有重要作用，但也面临内容单一、信息质量参差不齐、用户参与不均以及监管不完善等问题。有效应对这些挑战，需要不断优化内容创作机制，强化信息审核和监管，提升用户参与度，从而更好地发挥广播电视和网络视听在廉洁文化建设中的作用。

五、提升广播电视和网络视听在廉洁文化建设中的效果的策略

在广播电视领域，内容的创新和多样化是提高廉洁文化传播效果的关键。制作单位应充分利用丰富的题材资源，通过专题片、纪录片、访谈节目等不同形式的节目展现廉洁文化的多维面貌；通过引入真实案例和鲜活的故事，增强节目的吸引力和说服力。节目应当注重将廉洁文化理论与实际相结合，避免空洞的说教，以实际成果和生动案例为引导，使观众能够真实感受到廉洁文化的实际效果。

在内容制作过程中，建立专业的内容创作团队也是至关重要的。这些团队应由具有丰富经验和专业知识的人员组成，以能够对廉洁文化相关内容进行深入的研究和分析。通过专业团队的参与，确保节目内容的准确性和权威性，同时提升节目的整体质量和社会影响力。对于节目审查和管理，需建立健全审查机制，确保节目内容的规范和合规，防止不良信息的传播影响廉洁文化的宣传效果。平台应当加强对内容的管理和审核，严防虚假信息和低质量内容的传播；利用先进的技术手段，如人工智能和大数据分析，对平台内容进行实时监控和筛选，确保所传播的信息准确可靠，维护良好的信息环境。为了提高用户的参与度和互动性，平台可以引入多种互动形式，如在线投票、讨论区、问答环节等，鼓励用户积极参与廉洁文化的讨论和分享。通过这些方式，不仅能够增强用户的参与感，还能够扩大廉洁文化信息的传播范围。

个性化推荐算法在网络视听平台上发挥重要作用，但其应用需要进一步优化。通过分析用户的兴趣和行为，精准推送与廉洁文化相关的内容，能够提高用户的观看体验和内容的相关性。平台也需防止推荐算法导致的信息封闭性问题，确保用户能够接触到多样化的廉洁文化信息，以促进全面了解和认知。合作与共建也是提升效果的重要策略。广播电视和网络视听平台可以与政府部门、社会组织和专业机构开展合作，利用其资源优势和专业能力共同推动廉洁文化的宣传。多家单位联合制作廉洁文化宣传片或专题节目，开展线上线下相结合的宣传活动，能够形成宣传合力，扩大廉洁文化的影响力。此外，跨平台的合作也能够实现资源共享，提升宣传效果。

在人员培训与能力建设方面，加强对内容创作者和管理人员的培训也是

提升廉洁文化传播效果的重要方面。相关培训机构通过定期培训,提升创作者和管理人员的专业素养和技术能力,帮助他们熟练运用最新的技术手段和创新方法,制作出高质量的廉洁文化内容;鼓励创作者持续学习和更新知识,应对不断变化的传播环境和用户需求。

提升广播电视和网络视听在廉洁文化建设中的效果,需要从内容创新、专业团队建设、平台管理、用户互动、个性化推荐、合作共建以及人员培训等多个方面入手。这样能够有效增强廉洁文化的传播效果,提高公众的认知和参与度,促进廉洁文化深入人心。

六、广播电视和网络视听在实际廉洁文化推广中的成功实践

在广播电视和网络视听领域,已经涌现出多个成功推广廉洁文化的实践案例,这些案例展示了两种媒介在实际操作中的有效性和创新性。中央广播电视总台推出的《廉政风云》系列节目,通过深度挖掘腐败案件的背后故事和贪腐官员的查处过程,生动地展现了反腐败斗争的成果和廉洁文化的意义。这一系列节目不仅用真实的案例打动观众,还通过权威的调查报告和专家评论,增强节目的权威性和说服力。节目设置的访谈环节邀请反腐倡廉领域的专家,通过他们的视角,观众能够更加全面地了解廉洁文化的重要性。

在网络视听领域,抖音平台上的"反腐倡廉微视频"也取得了显著成功。该项目通过制作短小精悍、内容生动有趣的反腐败教育视频,吸引大量年轻用户的关注。视频内容结合趣味性和教育性,采用了情景剧、动画等形式,将廉洁文化以简单易懂的方式呈现给观众。这种创新的表达方式,不仅增加了用户的观看时间,还提高了廉洁文化宣传的接受度。例如,四川电视台推出的《清风四川》系列节目围绕四川廉洁文化的建设,结合蜀地特色,展示反腐败斗争的成效。节目通过报道各级政府部门反腐工作中的先进典型,激励广大观众参与到廉洁文化的建设中。四川电视台还积极利用地方媒体资源,通过线上线下联动,扩大节目影响力,使廉洁文化宣传覆盖更多的群体。

在网络视听领域,微信视频号上的"廉洁微课堂"也是一个值得关注的案例。该"课堂"通过定期发布廉洁文化相关的微课程和知识点,以短课的形式进行在线教育。通过互动式的学习方式,用户可以在任何时间、任何地

点获取廉洁文化知识。微课堂还设置学习任务和互动问答，鼓励用户积极参与，提升学习效果和用户的参与感。这种灵活的学习模式和互动机制，使廉洁文化的宣传不仅具有较强的实用性，还能够提升用户的自我学习能力。

这些成功案例表明，广播电视和网络视听在廉洁文化推广中展现出独特的优势和广阔的应用前景。广播电视通过其权威性和深度报道，增强宣传的权威性和感染力；网络视听平台则利用其高效的传播方式和互动机制，提高廉洁文化宣传的覆盖面和参与度。这些实际操作的成功经验表明，在廉洁文化建设的过程中，合理利用和结合这两种媒介的优势，将显著提升宣传效果和社会影响力。

七、结语

广播电视和网络视听在新时代廉洁文化建设中扮演一定的角色。广播电视凭借其权威性和深度报道，成功传播廉洁文化，得到社会的广泛关注与支持。网络视听平台通过灵活的传播方式和强大的互动性，有效扩展廉洁文化的影响力，吸引更多年轻用户的参与。两者的结合不仅能够提升宣传效果，也能够促进廉洁文化在社会各层面的深入人心。未来，进一步优化内容创作与传播机制，加强对虚假信息的监管，将有助于更好地发挥广播电视和网络视听在廉洁文化建设中的作用。

参考文献

[1] 李明. 广播电视在反腐倡廉中的作用 [J]. 传媒研究，2021，42（6）：75-80.

[2] 张华. 网络视听平台对廉洁文化的影响及发展 [J]. 现代传播，2022，38（2）：102-110.

[3] 王丽. 新时代背景下廉洁文化的传播路径分析 [J]. 新闻与传播研究，2023，45（3）：56-64.

[4] 刘强. 广播电视节目创新对廉洁文化建设的促进作用 [J]. 电视艺术，2021，39（5）：23-29.

［5］陈刚.短视频平台在廉洁文化传播中的应用研究［J］.网络传媒，2022，30（4）：88-95.

［6］周敏.互动媒体在廉洁文化传播中的优势与挑战［J］.传媒评论，2023，47（1）：12-20.

［7］赵云.广播电视与网络视听平台结合推广廉洁文化的策略研究［J］.传播学刊，2021，34（7）：91-98.

海南自由贸易港建设背景下的中文教育国际传播策略

人文与传播学院助教　郭晓玲

近年来，随着海南自由贸易港建设成型起势，海南岛正成为中国对外开放的前沿阵地，岛内中文教育与国际传播策略重要性日益凸显。海南自由贸易港建设并未停留在经济层面，也为高质量开展国际文化交流活动和教育传播工作提供了契机。本文从海南自由贸易港建设的背景、特点及其对中文教育带来的影响出发，指出深入开展中文教育国际传播的必要性与紧迫性。随后，基于传播学和教育学的理论，笔者提出中文教育在海南自由贸易港建设背景下的国际传播策略，包括内容的创新与优化、传播渠道的多元化等方面。接着，通过案例分析，笔者进一步探讨策略的可行性，并提出具体的落地方案。文中的落地方案不仅旨在推动中文的国际传播进一步开展，更着眼于通过中文教育进一步加深中国与世界的文化交流，促进文化多样性。新时代，中文教育的国际传播需要更多创新思维与行动策略，以适应全球文化交流的新趋势。

一、海南自由贸易港建设背景下的中文教育国际传播

（一）研究背景与意义

2020 年，中共中央、国务院印发了《海南自由贸易港建设总体方案》，这标志着海南自由贸易港建设进入新阶段。该方案聚焦促进海南贸易和投资的自由化和便利化，旨在构建开放型经济新体制。方案涉及的重点领域包括服务贸易自由化、投资便利化、航运航空业的开放以及建立更加开放高效的

监管环境。通过实施一系列政策措施，如税收优惠、土地使用政策的优化、投资便利化等，海南吸引大量国内外投资，促进了经济增长，提升了在国际贸易和经济合作中的地位。海南自由贸易港不仅是中国对外开放的重要窗口，也是全球贸易格局的重要参与者。通过该港的建设，中国旨在推动更加开放的贸易政策，促进国际贸易和世界经济共同繁荣。

近年来，伴随着中国经济的高质量发展以及国际地位的不断提升，中文作为全球学习的热门语言之一，其重要性日益彰显。中文是世界上使用人数最多的语言，也是联合国的官方语言之一。这不仅表明中文本身具有的文化吸引力，更凸显了中文教育在国际传播中的突出地位。中文教育的国际传播，既有助于推广中华文化，又能加深全球对中国发展的认识，为中国与世界的交流合作搭建桥梁。

（二）研究目的与研究问题

本文旨在深入探讨海南自由贸易港建设背景下中文教育国际传播的机遇与挑战，寻求有效的国际传播策略以推动中文教育的全球化发展。随着中国经济高质量发展和国际地位的不断提升，中文已成为全球最重要的语言之一。海南自由贸易港作为中国对外开放的重要平台，不仅是国家经济发展的新引擎，也承载着中华文化在国际舞台上的传播使命。同时，中文教育的国际传播面临诸多挑战，需要满足文化多样性、教学方法的多元化以及教材内容的国际适应性等方面带来的需求。

本文通过分析海南自由贸易港建设的政策环境和文化资源优势，以及两者对中文教育的影响，提出可行的国际传播策略。这些策略涵盖教学内容的国际化调整、本土教材的创新、教师队伍的国际化培训，以及利用新媒体技术手段进行高效传播等方面。通过构建较为全面的理论框架，本文旨在帮助中文教育者较好地理解国际传播过程中的关键因素，促进中文成为具有国际影响力的世界语言。

在海南自由贸易港建设背景下，中文教育国际传播策略涉及多个方面，需要客观分析海南自由贸易港建设给中文教育带来的新机遇和新挑战。这涉及对该地区经济、政治和文化等层面的深入了解，以及对中文教育在国际市场上的竞争定位和发展潜力的准确判断。

当前，中文教育在国际传播中所面临的主要问题包括语言壁垒、教学资源不足、缺乏文化认同等。构建有效的中文教育国际传播策略，需要考虑如何用足海南自由贸易港建设的政策红利和区位优势，利用现代科技进行内容创新、教学方法改进，以及促进国际学生和教师之间更好地开展交流与合作。

此外，中文教育国际传播策略的制定还应关注如何通过文化交流和人才培养，提升中文教育在全球文化交流中的地位和影响力，这也是提高中国文化软实力的重要途径之一。

二、海南自由贸易港建设及其对中文教育的影响

（一）海南自由贸易港建设的特点

海南自由贸易港建设是中国政府为促进海南省全面深化改革而采取的重要举措之一，旨在构建一个全面开放的新框架，将海南打造成具有全球竞争力的自由贸易港。自贸港建设涵盖贸易和投资自由化和便利化、资本项目可兑换、人民币自由使用、安全高效的数据流通和法制国际化等多个方面。在贸易和投资领域，自贸港以更加开放的贸易政策为主，包括降低关税、简化海关手续、取消投资前置审批等举措，以吸引外资、促进贸易自由化。例如，自 2020 年起，海南实施零关税政策，进一步提升海南的贸易吸引力。在资本流动方面，自贸港致力于实现资本项目的可兑换和人民币的自由使用，通过金融开放创新，吸引外资银行和保险机构设立分支机构，为中外资本流动提供便利。数据流通安全与效率是政策的另一个建设重点，旨在建立安全高效的数据流通机制，支持数字经济的高质量发展。为吸引国际投资商和高素质人才，自贸港实施一系列相关措施，如税收优惠政策、便利化签证政策和引进国际教育资源等。这些措施的实施不仅推动了海南的经济社会高质量发展，也为我国开放型经济体制和管理体系的创新提供了有力支持。

海南自由贸易港的建设是中国对外开放的重大战略举措之一，旨在推动新时代改革开放新格局的形成。在对外开放程度上，海南自由贸易港实现多项创新，这不仅展示了中国深化改革、扩大开放的坚定决心，也为中文教育的国际传播提供了广阔的平台。

海南自由贸易港实施更为宽松的投资政策，许多领域对外商投资不设限制，尤其在教育、医疗、文化等服务产业。通过引入外资和国际教育资源，

海南不仅提高本地教育服务质量，促进中文教育与国际接轨，还打造国际化的教育环境，吸引更多国际学生和教育机构。海南自由贸易港积极构建开放便利的贸易环境，实行零关税政策和较低税率，简化通关手续，减少进出口环节成本和时间，为中文教育资源的进出口、国际文化交流活动提供便利条件。同时，海南自由贸易港推动人才开放政策，吸引全球优秀人才，实施更开放的人才引进政策，为国际人才提供更多便利。特别是在教育领域，自贸港吸引外国优秀教育人才和学者来海南工作和交流，促进中文教育的国际化。海南自由贸易港加强与国际经济技术合作与交流，与世界各国和地区在教育、文化、科技等领域的合作更加深入，为中文教育的国际传播创造条件。

总体而言，海南自由贸易港的对外开放程度的新突破为中国的对外开放提供了新模式，也为中文教育的国际传播开辟了新途径。通过政策支持、优化服务、扩大合作、创新模式等措施，自贸港有效提升了中文在全球范围内的传播和影响力。

（二）海南自由贸易港建设对中文教育的影响

随着海南自由贸易港建设的深入开展，中文教育迎来前所未有的发展机遇。政策倾斜和开放环境为中文教育提供广阔的发展空间。海南自由贸易港的设立旨在打造对外开放的新高地，吸引全球投资者和人才。这一战略定位不仅增加对中文教育的直接需求，也凸显中文作为国际交往主要工具的重要性，为中文教育的推广和发展创造有利条件。海南自由贸易港的建设，加速全球中文教育市场的扩张。在海南自由贸易港建设的背景下，中文教育不仅仅是语言的教学，更是文化的交流和传递。这要求中文教育在教材内容、教学方法等方面进行创新，更加注重培养学生的跨文化交际能力，同时提供更加丰富多样的教育资源。科技进步和新媒体的发展也为中文教育的国际传播提供新的平台和手段。网络教学和远程教育成为可能，使得中文教育能够跨越地域限制，吸引更多海外学习者。海南自由贸易港建设不仅为中文教育提供发展的外部条件，也为其内部改革和创新提供动力和方向，预示着中文教育在全球范围内的传播范围将进一步扩大，影响将进一步加深。

随着海南自由贸易港建设深入开展，中文教育面临的机遇与挑战共存。今天，在国际交流与合作中，中文作为一种重要的交流工具，其推广力度与深度未能完全满足自由贸易港建设的需求，具体表现为中文教育资源分布不均、师资质量参差不齐以及教学内容与国际化标准脱节等。随着全球化进程的加速，中文教育需求呈现出多样化的趋势，但目前的教育体系难以完全满足不同文化背景学习者的多样化需求，导致教育成效欠佳。

中文作为一门语言，在国际传播中面临着与英语等国际通用语言的竞争。在这种背景下，如何通过有效的策略，提高中文的国际影响力，成为亟待解决的问题。技术进步也对中文教育提出新的挑战，如何运用最新技术，在提升教学质量和学习效率的同时保证教育公平，也是当前中文教育发展中需要关注的重要方面。海南自由贸易港的特殊定位要求中文教育不仅要传播语言本身，更要深入传播中国文化，增强文化自信和文化软实力，这对中文教育的内容、方法以及师资培训等均提出更高要求。

三、中文教育的国际传播策略

（一）理论基础

从传播学角度来看，中文教育的国际传播策略涉及多个关键要素，包括信息编码、解码、传播渠道和反馈机制。信息编码的准确性和适宜性至关重要，必须考虑到文化的多样性和复杂性，避免信息在文化传播中出现误读和冲突。选择传播渠道尤其需要考虑全球化时代数字化趋势。借助新媒体技术，如社交平台、在线学习平台和移动应用程序，可以实现中文教育内容的广泛传播。此外，建立有效的反馈机制，如学习者之间的互动、实时反馈和文化交流活动，有助于增强学习体验和提升教育效果。通过深入分析和策略制定，可以进一步优化中文教育的国际传播效率和效果。

从教育学视角来看，中文教育国际传播策略的制定，必须深入融合中文作为第二语言教学的理论与实践。这涉及多个关键要素，包括语言习得理论、跨文化交际能力培养，以及数字化教学环境下的新模式。第一，语言习得方面以输入假设理论为基础。我们知道，有效的语言学习依赖于理解性的输入，即所谓的"i+1"原则。这意味着在中文教育国际传播的内容设计中，应该力求内容难度适中，略高于学习者当前水平，从而提升其语言能力。第二，跨文化交际能力培养至关重要。通过教授学习者相关的文化背景知识，不仅可以提升第二语言学习者的语言实践能力，还有助于深化他们对中国文化的认知和尊重。第三，在数字化时代的背景下，教育技术的应用为中文教育的国际传播带来全新的可能性。例如，在线和混合式教学模式的普及不仅可以提高中文学习的便利性，也为教学方法的创新打开了大门。通过利用人工智能辅助的语音识别和语言生成技术，可以实现对中文学习的个性化、互动式辅助。中文教育的国际传播策略需要深入挖掘教育学理论与实践的结合点，以学习者为中心，不断创新教学内容和方法，以满足全球化时代的需求。

（二）策略要点

创新与优化教学内容。在海南自由贸易港建设背景下，在中文教育的国际传播策略中，内容的创新与优化占据了至关重要的位置。一方面，内容的创新需依托于对海南自由贸易港国际地位与战略意义的深刻理解，将中文教育与国际贸易、文化交流等领域相结合，挖掘更多跨界融合的可能性。通过结合海南特色资源，如热带风情、自由贸易港政策等，设计具有地域特色的教学内容，不仅能够增加教学的趣味性和实用性，也有助于提升学习者对海南乃至中国文化的认识。另一方面，内容的优化需关注教育技术的应用，可以利用信息技术和人工智能等现代技术手段，支持个性化学习与互动教学。在这个信息爆炸的时代，如何利用技术手段，对传统的教材和教法进行创新，是提升国际中文教育影响力的关键。许多国家和地区的成功案例表明，采用混合式学习、翻转课堂等教学模式，不仅能够增强学习者的参与感和体验感，也有助于提高教学效果。在具体操作层面，中文教育的内容创新与优化需要从学习者的需求出发，注重内容的实用性与互动性。对于商务人士而言，教学内容可侧重于商务交流、行业术语等，提升其在实际工作中的应用能力；对于文化爱好者，则可通过故事讲述、历史解析等形式，增加文化交流和情感共鸣。内容的创新与优化是中文教育国际传播策略中的重要环节，需要教育者充分考虑不同学习者的需求，运用创新思维和现代技术，致力于提供更加丰富多样、具有吸引力的教学内容。通过深化内容的地域特色和文化内涵，以及运用先进的教育技术，中文教育的国际传播才能在激烈的全球竞争中占据一席之地，更好地促进中华文化的国际传播。

拓宽与丰富传播渠道。在当今快速发展的信息时代，为了提升传播效率和覆盖范围，中文教育的国际传播策略迫切需要关注渠道的多元化与互动性。有数据显示，全球互联网用户已突破 54 亿，其中社交平台用户占比巨大。这说明社交平台（如脸书、微信和抖音等）对中文教育内容的推广与宣传具有较强的传播潜力。

加大合作力度。与国际高校和教育机构的合作是拓展中文教育国际传播的有效途径之一。通过建立合作项目、交换生项目和在线教育平台，不仅能够提升教育质量，也有助于提升中文教育在国际上的影响力。中外合作办学项目和孔子学院的建立，就是中文国际传播的成功范例。

除了上述渠道之外，提高互动性也是中文教育国际传播效果的关键之一。互动性强的教学方式更能激发学习者的兴趣，提高学习效率。因此，中文教育的国际传播应该充分利用互动技术，如在线论坛、互动问答、模拟教室等，以提升教学互动性和学习者的参与感。

面对挑战，中文教育的国际传播策略需要在传播渠道多元化和互动性提升方面做出更多努力。这不仅需要传播者具备高度的创新能力和对新兴传播技术的敏感度，还需要其具备跨文化沟通的能力，以便更有效地推广中文教育，让世界更好地了解中国。

四、案例研究与策略建议

（一）国内外的实践案例

在探讨海南自由贸易港建设背景下的中文教育的国际传播策略时，引入国内外的成功实践案例能够深化策略的可行性与实效性。

孔子学院作为中文教育国际传播的典型范例，已在全球多地建立分支机构，有效推动了中文和中国文化的国际传播。据统计，截至 2023 年 12 月，全球 154 个国家建立 563 所孔子学院（课堂）。孔子学院采用本地化教师配合中国派遣教师的模式，强调教学内容的地域文化融入，有效提升了当地社群对中文学习的兴趣与接受度。

新加坡华文教育的成功经验展示了中文作为第二语言教育的创新途径。新加坡采取双语政策，将华文作为必修的第二语言，通过课程设计、教材开发、师资培养等多维度的措施，不断提高华文教育的质量和吸引力。新加坡教育部的数据显示，华文学生的语言能力普遍提高，表明系统性的语言教育策略具有显著成效。

这两个案例说明，无论是国内的中文教育传播，还是国外的中文教育传播，其成功的关键都在于深入了解目标受众的文化需求与学习习惯，采取灵活多样的教学方法和传播策略。政策支持、师资培养和技术应用同样是推动中文教育国际传播不可忽视的因素。针对海南自由贸易港建设的特殊背景，结合传统与现代教育理念，探索适应自由贸易港国际化特点的中文教育传播策略，对于提升中国文化软实力和推动中文在全球范围内的传播具有重要意义。

（二）策略成功的关键因素

在海南自由贸易港建设背景下，中文教育的国际传播实践表明，策略成功的关键因素主要包括明确的目标定位、内容与形式的本土化创新、技术与平台的高效运用，以及强有力的政策支持和国际合作。中文国际传播策略的成功在于对目标定位的精准把握，这要求对受众群体的深入调研，了解他们的文化背景、语言偏好以及教育需求。内容与形式的本土化创新至关重要，这不仅意味着教育内容的本地化，还包括教学方法和材料的创新，以提高受众的接受度和参与度。技术与平台的高效运用是现代国际传播的必然选择，通过最新的信息技术和社交平台，可以实现教育内容的快速传播和互动交流，提升传播效果。此外，政策支持和国际合作是中文教育国际传播的重要保障，不仅需要国内政策的支持和优化，还需要积极推动与其他国家或地区的教育合作，共同促进中文教育的国际传播。综合运用这些关键因素，中文教育国际传播才能在海南自由贸易港建设的背景下取得更大的成功。

（三）案例成功的策略建议

增强文化自信与特色传播。中文作为一门语言，承载着丰富的文化内涵，其背后蕴含着中华优秀传统文化的精髓。因此，深化对中华优秀传统文化的理解和挖掘其独特价值是关键。例如，中国的书法、诗词、武术等元素，代表着中国文化的深厚底蕴和哲学思想，应通过多种途径进行传播。特色传播方面，应借助现代信息技术，采用灵活多样的传播方式，如在线教育平台、社交平台等，将中文学习与文化体验相结合。故事化、情境化的教学方法，有助于将中国文化融入语言学习，从而提升学习者的兴趣和参与度。同时，建立国际中文教师培训体系，可以提升教师的文化传播能力和教学水平，促进中文及中国文化的国际传播。加强与海外教育机构的合作，共同开展中文及文化教育项目，可以扩大中文的国际影响力。增强文化自信与特色传播是提升中文教育国际影响力的重要举措，其成功实施需要创新传播方式和加强国际合作。

深化教育合作与人才培养。在海南自由贸易港建设的推动下，中文教育国际传播已超越简单的语言传授，承载着文化的交流与全球化视野的培养使命。深化教育合作与人才培养，需要采取一系列策略。一方面，需要构建一个开放型的教育合作平台，鼓励国内外教育机构、企业和政府之间的交流与合作。例如，可以建立国际语言交流项目，邀请外国学者和学生来华学习，同时鼓励中国教育者和学生参与海外教育项目，促进文化交流与学术合作。另一方面，加强对师资队伍的建设，特别是培养具有国际视野和跨文化交际能力的中文教育师资。我们可以通过国际交流、访学和合作研究等方式，增强教师的国际合作经验和跨文化教学能力。例如，设立中文教育国际访问学者计划，邀请国际知名学者来华讲学，并开展师资培训研讨活动。

重视教育资源的国际化和本土化发展。一方面，我们利用人工智能技术和大数据分析，实现教学内容的个性化定制，满足不同国家和地区学习者的需求。通过创建多语言教学资源库，利用互联网平台进行教育资源的共享，有效提升中文教育的国际传播效率。另一方面，在推广中文教育时，我们必须考虑当地的文化特点和学习需求，选择适合的教学内容和方法。通过结合当地文化元素，设计符合本土文化认同的中文教学材料和课程，可以有效提高学习者的兴趣和接受度。

制订具体的政策支持和激励措施。政策支持和激励措施的实施可以较好地促进教育合作机构和个体的积极参与。例如，通过提供政策优惠、资金支持和专业培训等手段，鼓励更多教育机构和专业人才投入到中文教育的国际传播工作中；建立有效的评估和反馈机制，定期评估教育合作和人才培养项目的效果，及时调整和优化策略，以确保教育传播活动的质量和效果。

参考文献

[1] 邱思雨.地方媒体国际传播能力评估与建设研究 [D].海口：海南大学，2023.

[2] 曾阿娟.海南文化在汉语国际教育中的应用研究 [D].海口:海南师范大学,2023.

[3] 林金辉,周洵瑛,甘甜.教育强国背景下中外合作办学提升高等教育国际影响力策略研究 [J].高校教育管理,2024,18 (3):1-11,94.

[4] 孙丹,李军,潘磊.来琼留学生对海南的认知及"海南形象"的建构——基于词汇联想和语料库的研究 [J/OL].华文教学与研究,2024,(1):17-25.

[5] 史仁民,吕进,朱云凤.OECD 推动高等教育国际化的路向探赜 [J].黑龙江高教研究,2024,42 (2):18-26.

[6] 李猛.建设更高水平开放型经济新体制 [J].甘肃社会科学,2023,(3):181-192.

[7] 杨威,上官望.全面提升海南自贸港国际传播效能论析 [J].海南大学学报 (人文社会科学版),2024,42 (3):138-147.

[8] 李小红,杨文静,经建坤.马来西亚高等教育在地国际化的实践及启示 [J].高教探索,2022,(5):90-97.

[9] 罗志伟,王敏.批判地缘政治视角下的国家品牌实践——以海南自由贸易港为例 [J].热带地理,2022,42 (7):1169-1179.

[10] 张建强,刘毅,毛曼萱,等.自贸港建设背景下海南影视翻译人才发展现状与对策研究 [J].中国商论,2022,(11):155-158.

[11] 陈先哲.打造教育对外开放新高地:全球视野与中国行动 [J].比较教育研究,2021,43 (10):3-11.

[12] 吴君静.地方高校国际传播人才培养模式思考——以海南建设自贸区 (港) 为例 [J].中国发展,2020,20 (3):71-78.

[13] 杨启光.高水平教育对外开放:现实逻辑、基本特征与实践路径 [J].南京社会科学,2023,(7):113-124.

[14] 李宇明.区域语言规划与区域发展 [J].广州大学学报 (社会科学版),2023,22 (5):99-111.

新闻与传播专业产教融合人才培养模式探析*

人文与传播学院助教　李雅楠

在新文科建设背景下，高等教育的发展始终与产业发展紧密结合，人才培养模式的多方合作是有效路径。产教融合对培养高等人才具有重要作用，[①]因此要加强高校与社会的多方面的联系，推进经济社会高质量发展。

相关研究表明，当前高校新闻与传播专业人才培养模式，仍存在许多亟待解决的问题，如高校新闻与传播专业产教融合培养新闻行业专业人才目标并不明确，设置的专业环境和课程体系不完善，缺乏针对性的评价标准和体系，保障机制也不健全，等等。为了提高高校新闻与传播专业产教融合发展质效，促进高校教育与产业协同发展，本文运用文本分析、案例分析等多种分析方法，探索新文科建设背景下新闻与传播专业产教融合人才培养方法的有效路径，为构建集人文、产业、教育于一体的新型人才培养模式提供参考。

一、新文科建设背景下产教融合人才培养模式的特点

新文科建设背景下产教融合人才培养模式的特点，主要体现在跨学科性与创新性、实践与应用导向、产业对接与需求驱动以及协同育人与资源共享等方面。基于以上特点，高校人才培养模式应与现代化社会人才需求相契合，以期培养具有创新精神和实践操作能力的高素质人才。

---

* 本文系三亚学院校级科研课题资助项目《高校现代服务业人才培养路径探析》（项目编号：USYJSPY22—49）的阶段性研究成果。

① 赵聪慧. 新工科背景下产教融合育人模式研究——以西安电子科技大学为例 [D]. 西安：西安电子科技大学，2019.

第一，从产教融合培养目标来看，基于当前的人力资源市场需求，高校将人才培养目标从应用技术人才培养向兼具应用型和创新型人才培养转变。之前，高校将市场需求和产业发展融入培养目标中，不断提高学生的实践技能，致力于培养应用技术人才。但随着新兴产业的发展和技术的快速进步，市场对人力资源的新需求要求通过产教融合培养一大批科研能力和实操能力强且具有创新能力的人才，以激发产业发展新活力。

第二，从产教融合实践来看，企业的主体作用不够突出，企业应该深度参与教学活动。当前产教融合存在"校热企冷"、体制机制不健全等问题，企业参与育人的主体地位缺失、主动性不强，校企合作形式较为松散、合作水平不高，仅凭教育主管部门和院校的力量，很难突破瓶颈。高校虽然为毕业生在企业建立实习或实践教学基地，但在课程教学方面，并没有结合企业的就业标准和实际需求。[①]

第三，在政府、高校和企业关系中，政府在逐步加强对高校和企业产教融合工作的规范化管理，完善产教融合双方利益维护机制，引导和支持高校和企业的协同发展，协调和监督双方的行为。

第四，将教育融合的范围从职业培训扩展到高等教育，并建立一个相对全面的产教融合体系。产教融合可以将学生在学校的学习与未来的工作有机地联系起来，体现终身教育的特点。在高等教育中发展产教融合不仅能够提高学生的实践操作能力，[②] 还能担负起科研成果转化的重任。高校和企业协同，可以向社会推广新知识和新技术，同时，企业的技术优势也可以被利用起来，进而将其转化为实际生产力。

二、国内新闻与传播专业产教融合人才培养模式现状分析

在国内新闻与传播专业中，产教融合人才培养模式已经逐渐成为教育发

---

① 赵聪慧. 新工科背景下产教融合育人模式研究——以西安电子科技大学为例 [D]. 西安：西安电子科技大学，2019.

② 赵聪慧. 新工科背景下产教融合育人模式研究——以西安电子科技大学为例 [D]. 西安：西安电子科技大学，2019.

展的主流趋势①。这一模式旨在通过学校与企业、行业的深度合作，实现教育资源与产业资源的优化配置，以期培养出既具备理论知识又具备实践技能的高素质人才。目前，新闻与传播专业在产教融合方面已经取得一定成果，但仍存在一些需要改进和完善的地方。

（一）产教融合的实践方向

1. 在学校和企业中分别设立课程

目前，国内许多新闻类高校在校企合作过程中，制定了相对完善的课程体系和教学方法。在专业基础理论课程的学习中，学生在学校的前两年按照企业一体化的模式来学习，第三年以涉及企业实务的相关课程为主，第四年在企业的多个部门实习，这说明课程设计注重学生实践技能的培养。在企业学习阶段，结合学校与企业的特点，双方联合创建人才培养基地，为学生积累实践经验创造条件。

2. 人才培养目标凸显行业特色

有的高校在确立人才培养目标时，明确提出要以国际化视野培养行业骨干和行业领军人才。此类新闻与传播人才应具有从事新闻传播事业应有的政治素质、人文情怀、道德品质、团队协作意识；具备优秀的批判思维和良好的文化修养、心理素质和身体素质；熟练掌握并运用新闻与传播的基本理论知识，重点掌握相关学科的专业知识，有一定的跨学科发展能力；具备优秀的新闻传播判断力、实践力与管理能力，具备参与行业产业转型升级和可持续创新发展的能力；熟谙新闻传播的基本政策，坚守基本的专业伦理。

3. 管理体制强调校企合作

多主体合作教学有效协作的关键在于强有力的保障机制。规范校外生产实践，与新闻、传媒等领域企业建立人才培训计划，② 充分利用校外实践培训中心，在开阔师生视野、培养学生动手能力和创新精神等方面发挥独特作用。

---

① 刘金文. 校企合作视域下高职院校创新创业人才培养探讨 [J]. 国际公关，2023（24）：167-169.

② 孙瑶. TPACK 视阈下利用大数据技术研究复合型传媒人才培养模式 [J]. 现代交际，2016（19）：27.

（二）产教融合的现状

第一，从参与产教融合的企业数量及校企联合实践基地的规模等方面来看，高校与企业共同建设的联合培养体系初步建成。企业由单纯的用人单位变为联合培养单位，与高校共同设计培养目标、制定培养方案、共建培养基地、实施培养过程，推动新文科人才培养平台与企业无缝对接。持续开发高质量的企业实习项目，建好建实"金专、金课、金地、金方案、金教材"五个产教融合抓手，将产教融合的关键要素不断夯实做强。

第二，就产教融合发展的质量和水平而言，高校在新闻人才培养、科学研究和社会服务方面取得新进展。从新文科建设出发，高校着力构建新闻传播课程体系和教学方法，将课程体系设计成注重应变性和个性化的模块；引入基于项目的团队学习方法，举行多种专业比赛，切实提高参训学生的实际操作技能。

（三）新闻与传播专业产教融合发展存在的问题及成因分析

高校新闻与传播类专业在产教融合发展方面仍存在诸多问题。本文分析成因并提出措施，以期推动新闻与传播专业产教融合发展迈向新的高度。

1. 产教融合发展存在的问题

第一，课程的交叉融合不强。从产业发展趋势来看，新闻与传播专业的主要特征是横向发展和高度融合。培养新闻与传播学科人才更注重培养学生的多学科融合能力。课程体系作为人才发展的载体，也应体现跨学科融合的特点。然而，当前的新闻与传播课程体系存在交叉融合度较低的问题，需要加强不同高校之间的横向联系。

第二，实践课程的学分和学时占比较低，课外实践教学比较分散。从近年来的教学改革实践来看，提高学生的实践能力和创新能力是主要的培养目标。知识不等于能力，实践教育离不开能力的培养。目前，教学存在实践课程学分和学时占比偏低、课外实践活动针对性不强的问题。

第三，内部评价缺乏二级指标和三级指标，实践过程评价不足。校企联合培训的质量评估，通常是总结性评估，缺乏过程性评估。对生产实践和项目设计这两个主要指标的评价偏主观，缺少客观的评价，这样无法有效衡量学生通过参加校企联合培养获得多少知识和技能。

第四，培训计划实施效果不足，动态调整机制欠缺。校企联合培训应突出学生在教育培训中的主体地位，在制订培训计划、设置培训项目、检验培训质量时，应立足实际、锐意创新，坚持问题导向、需求导向、效果导向，将学生能力素质培养提升贯穿始终。

2. 成因分析

第一，从教学设置和学科布局上看，专业教学协调性不足。部分高校在设置新学科时缺乏前瞻性和创新性，仅仅是对现有学科的简单复制或微调，导致人才供需错位，无法及时满足产业和科技发展的迫切需求。

第二，从机制和制度建设上看，产教融合质量保障机制还不够健全，融合氛围还不够浓厚。当前，产教融合未能建立起运行、管理、监督、保障等一体化的机制，校企之间沟通不畅，评价体系不完善，缺乏长效运行机制。合作程度未能达到产教深度融合。

第三，从产教融合背后的驱动力上看，学校和企业之间的利益、权利和责任分配不明确。在高等教育产教融合的过程中，各相关利益主体之间、系统内各要素之间、主体与环境之间未形成相互融合的发展格局，表现为学校与企业之间、教学与生产之间、教育与产业之间的融合等，不能做到多要素之间全方位整合与一体化合作，更无法将融合的范围延伸至整个产业价值链，因而无法形成利益共同体和发展共同体。

三、面向新文科建设的产教融合人才培养模式构建路径

（一）基于多方利益主体，确定育人目标

1. 着重培育"正向"创新人才

人才培养目标是教育改革的逻辑起点，要求聚焦立德树人根本任务，围绕培养德智体美劳全面发展的社会主义建设者和接班人，牢牢把握教育的政治属性、人民属性、战略属性，坚定不移走中国特色社会主义教育发展道路，务实功、出实招、求实效。

2. 培育面向未来的新人才

新文科教育的目标之一是为未来培养具有创新性的人才。不同于只注重

突破的传统人才，新型人才不仅要求具有扎实的基础知识和良好的实践技能，[①] 而且要求具有根据所学知识、积累的经验发挥出创造新知识和新产品的能力。

3. 培育全面发展的产业骨干和领军人才

行业骨干和领军人才指政治立场坚定、践行工匠精神、解决生产难题、推动创新创造、培养青年人才的骨干中坚技能人才。高校应制订专项培养计划，加强对产业骨干和领军人才供给需求的预测，制订地方性、行业性产业骨干和领军人才专项培养计划；加大培养培育力度，帮助产业骨干和领军人才及培育重点对象提高技术研发水平、综合素质、技能水平和实践创新能力。

（二）反映时代特征的专业特色和校外实践教学体系

第一，专业性体现行业特色，课程体系体现跨学科特色。新闻与传播专业的专业特点在很大程度上决定新闻与传播专业学生未来的就业方向。在新文科建设的背景下，高校应根据产业需求对专业作适当的优化，体现跨学科特色。

第二，健全校外实践教学体系。高校应健全实践教学的领导体制和组织机构，明确职责分工，强化监督管理，确保各项工作落地落实、有序运转；建立科学管用的落实机制，做到任务明确到人、责任落实到岗、措施细化到位，层层传导压力，形成刚性约束。

（三）强化制度标准，建立保障体系

首先，高校应完善教学管理体系，确保产教深度融合在教学活动中得到较好体现。要使产教融合有特色，高校必须健全教育管理制度，保证企业在教育活动中更好地发挥作用；要增加在相关企业培训教学时间，扩大实习课程配置比例，真正实现产教融合的教学功能；对学生的评价应结合自我评价、教师评价和单位评价，目的是提高学生技能，评估学生的综合素质；要建立教学质量监控系统，收集并向高校和企业提供学生在不同阶段学习进度中的表现，关注学生的全面发展。

---

① 解建立，基于供给端高校税务硕士专业学位研究生培养模式研究——互联网+大数据背景下的思考［D］. 石家庄：河北经贸大学，2018.

其次，建立相关机构，促进产教融合制度化发展。在新闻与传播人才培养过程中，高校和企业应坚持"共建共享、互利共赢、共同发展"的原则，尝试设立相关机构，共同制定一套规章制度，以确保产教融合有序开展。双方可以聘请一些新闻领域专家为新闻与传播专业建设提供指导。

（四）政府、高校和企业共同推进产教融合

第一，政府要进行高位统筹，通过建立科学的制度体系，协同规范组织的目标和行为。这就要求地方政府不能凌驾于地区院校、企业、科研等机构之上，同时充分发挥协同不同组织间目标和行为的作用。政府通过不断规范制度，建立相应的工作运行机制，如激励机制、制约机制、评价机制、保障机制等，将市域联合体建设充分与区域人才战略、经济发展、产业结构、教育机构的发展进行统筹规划，促进区域间的横向合作和纵向发展。

第二，高校要推进产教融合信息管理平台建设，以数字化手段推动学校产教融合的高质量发展；建设集校企合作管理、社会服务、评价考核与决策支持功能于一体的产教融合信息管理平台，实现产教融合管理流程标准化、信息共享化、成效可视化、评价科学化，构建产教融合的质量监控体系，实现产教融合多维度、全生命周期的自我监督与评价改进。信息管理平台提供学校、二级学院、专业、企业等维度的数据集成与分析，重点从专业的维度考核产教融合、校企合作效果，以此作为学校专业优化调整的依据，推动专业建设与产业发展同频，人才培养与企业需求同向，形成紧密对接产业链、创新链的专业体系，做到"学科跟着产业走、专业围着需求转"，提高院校服务经济社会发展的能力。

第三，校企合作、产教融合，就是学校与企业开展一系列有助于高质量人才培养的活动，如教学文件制定、课程开发、教学改革、学生实习、师资培养、信息化教学、教学评价、项目开发等方面的合作。为此，企业主动以多种形式参与校企合作，并创新性地开展工作：一是可以合作非营利性"校中厂""厂中校"，举办校企合作的产教融合混合所有制二级学院、实习实训基地、"双师型"教师培训基地等。二是应积极参与学校共同制订专业人才培养标准，共同开发课程、教材及教学资源，开发数字化教学系统等，利用企业的优势资源，深度融入学校实际教学实践。三是经常开展校企合作沙龙活动，如项目论证、教学研讨、校企合作论坛、成果展示会等多种形式的校企活动，及时了解校企合作现状、不足及其成效。四是共建共享专业师资团队，为学校专业建设、教学改革和企业技术技能培训提供有力支持；五是主动与学校共建共享实训实习基地、企业理论培训基地、图书资料共享教育资源、岗位工作任务典型案例等，实现资源共享，提升人力资源培养质量。

参考文献

［1］赵聪慧. 新工科背景下产教融合育人模式研究——以西安电子科技大学为例［D］. 西安：西安电子科技大学，2019.

［2］解建立，基于供给端高校税务硕士专业学位研究生培养模式研究——互联网+大数据背景下的思考［D］. 石家庄：河北经贸大学，2018.

［3］夏辰雪. 第四次产业革命下高校工程人才培养的创新实践平台建设研究［D］. 武汉：武汉理工大学，2021.

［4］金磊."职教高地"建设背景下中职学校高质量发展问题与改进策略研究——以莱西市为例［D］. 青岛：青岛大学，2023.

［5］曲芮萱. 错配与适配：融媒体背景下新闻传播类专业人才供需匹配研究［D］. 岳阳：湖南理工学院，2023.

［6］张沉香. 大学外语教育政策的反思与构建［D］. 长沙：湖南师范大学，2011.

［7］张雪，王立鹏. 国内外产教融合应用型人才培养模式研究［J］. 产业创新研究，2020（11）：134-135.

［8］吴洪艳，王润涛. 大学生校外实践教学基地建设探索［J］. 科技风，2022（9）：25-27.

［9］张美芸. 新工科与产教融合共同驱动下的机械专业应用型人才培养研究［J］. 现代职业教育，2023（10）：77-80.

［10］刘金文."校企合作视域下高职院校创新创业人才培养探讨［J］. 国际公关，2023（24）：167-169.

［11］孙瑶. TPACK 视阈下利用大数据技术研究复合型传媒人才培养模式［J］. 现代交际，2016（19）：27.

海南自贸港国际中文教育
与新闻业协同发展研究[*]

人文与传播学院助教　曹丽红

在全球化的背景下，文化交流与传播成为连接不同国家和民族的纽带。国际中文教育是推动中华文化走出去和增进国际社会理解与合作的重要途径，其作用日益凸显。同时，新闻业在塑造国家形象、讲好中国故事、传播中国声音方面也发挥着较大作用。海南自贸港是我国对外开放的窗口，国际中文教育与新闻传播产业的协同发展，不仅对提升海南的文化软实力和国际影响力具有一定意义，而且为我国在全球舞台上展现更加开放、包容、进取的形象提供有力支撑。当前，海南在国际中文教育与新闻传播产业的协同发展方面仍面临诸多挑战和机遇。如何有效整合教育资源、提升教育质量，如何创新传播方式、增强传播效果，如何构建协同发展的机制与平台，成为摆在我们面前的课题。

一、海南自贸港国际中文教育与新闻传播产业的现状分析

（一）国际中文教育的机构设置与教育资源

最近几年，海南自贸港的国际中文教育事业取得长足发展。自贸港内设立多所国际中文教育机构，包括高校、语言培训机构以及文化交流中心等，这些机构为国际学生提供多样化的中文学习途径。在教育资源方面，海南自

---

* 本文系 2024 年度海南省高等学校科学研究项目"海南自贸港国际中文教育与产业需求的协同发展研究（自筹项目，项目编号：Hnky2024ZC-6）"阶段性成果。

贸港拥有丰富的师资力量和先进的教学设施。许多高校和机构聘请国内外知名的中文教育专家担任教师，给学生提供专业的指导和帮助。同时，教学设施的不断完善也为中文教育提供良好的硬件支持。"国际中文教育的跨国、跨地域和跨文化等属性特征，使之与数字技术的价值性融合必然成为一种发展趋势。"①此外，自贸港注重与国际中文教育组织的合作与交流，通过举办国际中文教育研讨会、教师培训等活动，提高国际中文教育的教育教学水平和影响力。

（二）新闻传播产业的发展态势与影响力

今天，海南自贸港的新闻传播产业呈现高质量发展的态势。随着信息技术和新媒体的发展，新闻传播产业逐渐成为海南自贸港文化产业的重要组成部分。一方面，海南自贸港的新闻媒体数量不断增加，涵盖报纸、电视、广播、网络等多种形式。"自贸港建设以来，海南国际传播中心、海南广电国际传播融媒体中心等主流媒体全新启航，形成了以脸书的 HiHainan 视频号、新海南视频号、新海南快手号等平台齐聚的新媒体融合矩阵，深度聚焦自贸港国际传播。"② 这些媒体机构在传播海南自贸港的政策信息、经济动态、文化特色等方面发挥了一定作用。另一方面，新闻业的影响力也在不断提升。新闻媒体通过报道国际文化交流活动等，增强了海南自贸港在国际社会的知名度和美誉度。同时，自贸港的新闻传播机构还积极开展国际合作与交流，与海外媒体机构建立起合作关系，推动海南自贸港的文化传播和国际形象的塑造。此外，海南自贸港还注重新闻传播产业的创新发展，通过引入新技术、新媒体等手段，推动新闻传播产业的转型与升级。例如，自贸港的一些媒体机构积极探索虚拟现实、增强现实等技术在新闻传播中的应用，让观众拥有沉浸式的阅读体验。

（三）国际中文教育与新闻传播产业的融合趋势

随着海南自贸港的高质量发展和对外开放程度不断提高，国际中文教育

---

① 薛梦晨. 数字技术对国际中文教育知识传播的影响研究［D］. 济南：山东大学，2023：1.
② 唐玥宸，石晓岩. 范式与路径：海南自贸港国际传播的困与变——以海南国际传播中心脸书官方账号为例［J］. 传媒，2024（4）：54.

与新闻传播产业之间的融合趋势愈发明显。"新闻传播领域的数字化、信息化已经过了较长时间发展，取得了很多经验，国内大媒体均有建设得比较成熟的新媒体，在数字化平台的建立上可以给国际中文教育提供很多经验，也可以给国际中文教育提供大量的内容支持，新媒体网站、移动 App、节目、论坛、视频、音频、图像、图形等均可和国际中文教育整合，赋能国际中文教育和教学，使教学具有多介质、多层次和多形态的特点。"①这种融合不仅有助于提升海南自贸港的文化软实力和国际影响力，也为所有产业的发展带来新的机遇和挑战。

国际中文教育为新闻传播产业提供丰富的人才资源和文化内容。国际学生学习中文可以更好地了解中国的历史、文化和社会，这为新闻传播产业发展提供源源不断的话题与素材。同时，中文教育机构与新闻媒体合作，共同开展文化交流活动，推动中华文化的海外传播。同时，新闻传播产业也为国际中文教育提供合适的传播平台和实践机会。新闻媒体可以通过报道国际中文教育机构的动态、成果和典型案例，提升其知名度和影响力。同时，新闻媒体还可以为学生提供实习岗位，帮助他们更好地了解新闻行业的运作规律和职业技能。

二、国际中文教育与新闻传播产业协同发展的必要性及挑战

（一）协同发展的互补优势与潜在效益

国际中文教育是提升中文国际地位和影响力的重要载体，也是增强中华文明传播力、影响力的直接路径。深入开展国际中文教育，可以向世界展示中华文明的精髓和价值观，增强国际社会对中华文化的理解和认同。新闻传播产业具有快速、广泛传播信息的优势，能够高效地将中文教育的内容和成果传播到世界各地，扩大中华文明的影响力。因此，二者的协同发展可以形成传播合力，更好地推动中华文化走出去，以文载道、以文传声、以文化人，向世界阐释、推介更多具有中国特色、体现中国精神、蕴藏中国智慧的优秀文化。

---

① 周颖菁. 学科交叉视域下新闻传播学与国际中文教育的融合 [J]. 新闻前哨，2023（15）：10.

新闻传播产业的相关报道和宣传，可以让更多的人了解海南自贸港的发展动态和优势，吸引更多的国际关注和投资。同时，国际中文教育能够培养具备国际视野和跨文化沟通能力的人才，为海南自贸港的国际化建设提供有力的智力支持。这种双向的推动作用有助于提升海南自贸港在国际舞台上的地位和影响力。国际中文教育与新闻传播产业的协同发展还可以促进双方资源的共享和配置优化。教育机构与新闻媒体可以共同使用拥有的资源和平台，开展文化交流、项目合作等活动，实现资源的有效整合和利用。"原中央电视台在 2018 年 4 月正式开始运营的《汉语世界》节目是一档以中国故事、世界表达为特色，通过有趣的故事、资讯等为国外的广大汉语学习者和所有对中国感兴趣的外国人提供语言、文化信息交流平台，令读者能在轻松的观看中了解鲜活的当代中国的一档全新双语谈话类文化节目。"①这种资源共享不仅可以提高工作效率和质量，还可以降低成本和风险，实现互利共赢的局面。

（二）协同发展过程中面临的主要挑战

国际中文教育与新闻传播产业协同发展的前景广阔，但仍面临一些挑战。第一，由于不同国家和地区的文化背景和语言习惯差异较大，这可能导致在国际中文教育和新闻传播活动中出现沟通不畅、理解偏差等问题。为了应对这些挑战，相关行业从业者需要加强对不同文化的学习、了解和研究，提高跨文化交流的能力，确保信息的准确传递和有效沟通。第二，海南自贸港在国际中文教育与新闻传播产业的协同发展过程中缺乏完善的机制保障和高效的平台支持，可能出现协调不畅、资源分散等问题。为了推动两者协同发展，需要建立健全配套的机制，搭建信息共享、资源整合的高效平台。第三，国际中文教育和新闻传播产业都是高度专业化的领域，需要具备专业知识和技能的人才来支撑其发展。然而，目前海南自贸港在这两个领域的人才储备不足，人才结构有待优化，需要加大人才培养和引进工作的力度，提升从业人员的专业素养。第四，足够的政策支持和资金投入也是协同发展的重要条件，目前海南自贸港出台的相关政策有待进一步完善，投入的资金整体偏少。

---

① 赵歌川. 文化对外传播与汉语国际教育：成就与挑战 [J]. 潍坊学院学报，2020，20（5）：80.

（三）挑战对协同发展路径选择的影响分析

面对上述挑战，海南自贸港相关从业人员在国际中文教育与新闻传播产业协同发展的路径选择上需要进行深入的分析和研判。首先，针对文化差异和语言障碍问题，加强对不同文化的学习、了解和研究，提升跨文化交流能力。同时，积极寻求与国际中文教育机构和新闻传播机构的合作，共同开展文化交流活动，增进互相理解，加强彼此友谊。这种合作不仅有助于克服文化差异带来的障碍，还能为大家带来更多的合作机会和发展空间。其次，在完善机制和建设平台方面，可以通过制定相关政策、建立专门机构、推动产学研合作等方式，进一步建立健全相关机制，搭建信息共享、资源整合、协同高效的平台。这样可以促进国际中文教育与新闻传播产业之间的深度合作和资源共享，高质量协同发展。再次，针对人才队伍建设问题，应加大人才培养和引进力度。比如，通过与高校、研究机构合作开展人才培养项目，吸引和培养具备国际视野和跨文化交流能力的人才。同时，积极引进国内外优秀人才，为国际中文教育与新闻业的协同发展提供有力的人才保障。最后，在政策支持和资金投入方面，应积极争取各级政府的支持，以加大政策扶持和资金投入力度，政府通过制定优惠政策、设立专项资金等方式为国际中文教育与新闻传播产业的协同发展提供有力保障。同时，积极寻求与社会资本的合作，吸引更多的资金投入其中。

三、协同发展路径的创新举措

（一）产学研深度融合，共筑创新高地

在海南自贸港建设背景下，国际中文教育与新闻传播产业的协同发展需要注重产学研的深度融合，通过搭建产学研合作平台，将教育机构、研究机构与相关产业紧密连接，实现资源共享、优势互补，协同创新。第一，教育机构应加强与新闻行业的合作，了解市场需求和行业发展趋势，为完善教学内容和优化课程设置提供有力的支持。比如，与新闻单位合作开展实习实训项目，为学生提供实践机会，帮助他们更好地将理论知识与实际应用相结合。第二，研究机构应发挥在科研领域的专业优势，与教育机构合作开展研究项目，共同攻克技术难题，为产业创新提供技术支撑和智力支持，推动科技成果的转化和应用。比如，研究机构针对新闻行业存在的痛点和难点问题，提供技术咨询和解决方案，协助其攻坚克难。第三，新闻行业应积极参与产学研项目，为教育机构和研究机构提供实践基地和实验条件，促进科研成果的商业化应用。第四，海南自贸港要持续引进和培养具备创新能力和实践经验的人才，为企业的高质量发展提供有力的人才保障。

通过产学研深度融合，国际中文教育与新闻传播产业可以共同打造创新高地，推动双方在人才培养、科学研究、技术应用等方面的协同发展。这不仅可以提升双方的核心竞争力，还可以为海南自贸港的建设提供有力的支撑和保障。

（二）现代技术赋能发展，引领行业新潮流

随着互联网、大数据、虚拟现实等技术的发展，国际中文教育与新闻传播产业的数字化进程不断加快。

在教育领域，国际中文教师熟练运用信息技术改善教学方式，提高教学效果。比如，通过在线教育平台实现远程教学和资源共享，打破地域限制，让更多人有机会接触和学习中文；利用大数据、人工智能等技术，跟踪和评估学生的学习情况，为他们提供个性化和精准的学习建议。

在新闻传播产业，现代技术同样发挥巨大作用。"海南广电融媒体中心充分依托海南省在旅游、健康、教育方面的资源优势，打造 5G+4K/8K+VR 超高清视频制播平台，涵盖从内容生产、加工、管理、多屏分发到客户端应用的整套流程，具备管理功能强大、级别控制严格、安全高度稳定、操作简便易用等特点。"① 新闻从业者利用大数据、云计算等技术手段，对新闻信息进行深度挖掘和分析，提供更加精准和有价值的新闻内容，提升新闻传播的效率和效果。

通过技术赋能，国际中文教育与新闻传播产业可以持续创新发展，引领行业潮流。这不仅可以提升相关行业的服务质量和水平，还可以为海南自贸港的建设提供丰富多彩的文化产品和服务。

---

① 李诗雨. 海南自贸港建设背景下开创媒体融合新局面策略研究［J］. 中国广播电视学刊，2023（10）：126.

（三）建立评价与反馈机制，持续优化提升

为了确保国际中文教育与新闻传播产业协同发展的有效性和可持续性，相关部门需要建立评价与反馈机制，对发展过程进行定期评估和反思，以便及时调整和优化发展策略：第一，制定明确的评价标准和指标体系，涵盖教学质量、科研成果、技术应用、产业效益等多个方面，以确保对协同发展情况的全面评价。同时，根据海南自贸港建设的特点和需求，制定相应的指标，更好地反映协同发展的实际效果。第二，建立定期评估机制，设立专门的评估机构或委员会，负责定期对国际中文教育与新闻传播产业的协同发展情况进行评估。评估过程应公开透明，确保评估结果的客观性和公正性。评估结果应及时向相关部门和机构反馈，以便他们了解协同发展的现状和问题，制定相应的改进措施。第三，建立反馈机制，鼓励多方积极参与协同发展，提出宝贵的意见和建议。对于收到的反馈意见，应及时进行整理和分析，找出问题所在并制定解决方案。同时，将反馈意见作为改进工作的依据，不断优化协同发展路径和策略。

通过建立评价与反馈机制，国际中文教育与新闻传播产业及时了解协同发展的实际情况和存在的问题，有针对性地进行调整和优化。这有助于推动双方在合作中不断提升水平、拓展领域、实现共赢发展，也为海南自贸港的建设提供有力的文化支撑和智力保障。

四、深化合作与拓展领域

（一）完善合作机制，夯实发展基础

完善合作机制是确保国际中文教育与新闻传播产业之间的合作得以持续、稳定发展的关键所在。为此，双方需要共同努力，从多个方面入手，建立起完整、有效的合作机制，为合作提供坚实的保障。

第一，建立定期沟通机制。通过定期举办座谈会等形式，就合作进展、存在的问题以及未来的发展方向进行深入交流和探讨。这种沟通机制不仅有助于增进双方的了解和信任，还能够及时发现问题、解决问题，推动合作不断向前发展。第二，建立项目合作机制。通过共同制定合作方案，明确责任分工，协调资源配置，确保项目能够顺利实施。第三，建立项目评估机制。通过对项目的进展和成果进行定期评估，及时总结经验教训，为后续合作提供参考。第四，建立人才培养与交流机制。通过互派访问学者、开展联合培养项目等方式，加强在人才培养方面的合作，共同培养具有国际视野、跨文化交际能力的高素质人才。这种机制不仅有助于提升双方的教学水平和科研能力，还能够为合作提供更加坚实的人才支撑。第五，在完善合作机制的过程中，制定合作协议或备忘录等文件。通过明确合作的目标、原则、方式和期限等，为合作提供制度保障。第六，建立合作协调机构或专门工作小组，负责协调解决合作中的具体问题，确保合作能够顺利进行。第七，加强在资金、技术、信息等方面的资源共享和互补。通过共同筹集资金、共享技术成果、交换行业信息等方式，双方可以实现资源利用最大化，提高合作的效率和效益，推动双方在海南自贸港建设中发挥更大的作用，实现互利共赢的局面。

（二）拓展合作领域，共创多元格局

随着海南自贸港建设的深入推进，国际中文教育与新闻传播产业之间的合作领域不断拓展，展现出多元化的合作格局。双方通过深度整合各自领域的资源和优势，不断挖掘新的合作点，共同开创更加广阔的合作空间。

在文化交流方面，国际中文教育与新闻传播产业可以携手举办各类文化交流活动，如文化节、文化展览、文艺演出等，展示中华文化的独特魅力。这些活动不仅能够增进了解和加强友谊，还能够吸引更多的国内外游客，推动文化旅游产业的发展。同时，双方还可以加强在文化遗产保护、非物质文化遗产传承等领域的合作，赓续中华文脉，推动中华优秀传统文化创造性转化和创新性发展。

在产业融合方面，双方可以探索更多的产业融合点。例如，在国际中文教育领域，双方可以合作开发国际中文教育相关的新闻产品、教育节目等，通过新闻传播渠道推广国际中文教育，提高国际中文教育的国际影响力。比如，在《海南自贸港·人物志》的节目中，《老外"海外传播官"汤米·科尔曼：用海南话向世界讲述海南》将来自洛杉矶的汤米在各种场合讲海南话的视频展现出来。在新闻传播领域，双方可以共同打造国际化新闻报道团队，借助国际中文教育的师资力量，提升新闻报道的文化内涵和制作水平。此外，双方还可以在广告、公关、影视制作等领域开展合作，共同开发具有市场竞争力的文化产品。

在技术创新方面，双方共同探索新技术在各自领域的应用。随着大数据、人工智能、虚拟现实等技术的快速发展，这些新技术为国际中文教育与新闻传播产业提供了无限可能。双方可以合作研发智能教学系统、虚拟教学平台等，提高教学效果和用户体验；同时，双方也可以利用新技术开展新闻报道的创新实践，如数据新闻、智能播报等，提升新闻报道的时效性和互动性。

在国际合作与交流方面，双方共同拓展国际合作与交流渠道，通过与国际知名教育机构、媒体机构建立合作关系，引进国际先进的教育理念、教学方法和媒体技术，提升双方的教育水平和国际传播能力；借助国际合作与交流平台，展示海南自贸港建设的成果和形象，吸引国际关注和投资。

（三）促进人才交流培养，构筑智力支撑

人才是推动国际中文教育与新闻传播产业协同发展的关键。为了构筑坚实的智力支撑，双方应加强人才交流与培养的合作，共同打造一支高素质、专业化的人才队伍。

双方可以建立人才交流机制，推动国际中文教育的教师、学者、学生互访交流。通过定期组织教师研讨会、学生交流活动，增进双方之间的了解，促进知识、经验和技能的共享。针对海南自贸港建设的实际需求，双方共同制订人才培养计划，开展联合培养项目，培养具备国际视野、跨文化交际能力、创新思维和实践能力的高素质人才。"海南自贸港封关运作后，可充分利用邻近地区的香港理工大学、南洋理工大学等国际高水平大学的资源优势，引进高质量的教育资源，不断拓展国际教育创新岛的发展空间。"①同时，双方可以加强师资队伍建设方面的合作，共同提升教师的教学水平和专业素养。此外，双方还可以通过共同开展科研项目、合作发表学术论文等方式，推动双方在学术研究上的深入合作。这不仅可以提升双方的学术水平和影响力，还可以为海南自贸港的建设提供智力支持和决策参考。为了促进人才交流培养的长期稳定发展，双方还可以建立激励机制和保障机制。比如，设立人才

---

① 吴坚，黄海蓉.海南自贸港建设国际教育创新岛的机遇、挑战与路径［J］.南海学刊，2024，10（2）：70.

交流基金，为人才交流提供资金支持；建立人才信息库，实现人才资源的共享和优化配置；加强在知识产权保护方面的合作，保障双方在合作中的合法权益。

总之，完善合作机制、拓展合作领域、促进人才交流培养等举措，进一步推动国际中文教育与新闻传播产业在海南自贸港建设中的协同发展。这不仅有助于提升双方的实力和影响力，还可以为海南自贸港的建设和发展提供有力的智力支持和文化支撑。展望未来，随着海南自贸港建设的不断深入和双方合作的不断深化，相信国际中文教育与新闻传播产业将迎来更加广阔的发展前景和更加丰硕的合作成果。

五、结语

在海南自贸港建设的背景下，国际中文教育与新闻传播产业的协同发展呈现出前所未有的机遇与潜力。通过深入分析现状与挑战，本文明确了协同发展的必要性和紧迫性。在此基础上，本文提出一系列举措，包括产学研深度融合、现代技术赋能发展以及建立评价与反馈机制等，旨在推动双方实现更高水平的合作与共赢。经过对路径的深入探索，国际中文教育与新闻传播产业的协同发展将为海南自贸港的建设提供有力的智力支撑和文化支撑。展望未来，双方合作的不断深化和拓展必将催生出更多创新成果和合作亮点，为海南自贸港的繁荣发展注入新的活力和动力。期待在双方的共同努力下，能够开创出更加广阔的合作前景，共同书写国际中文教育与新闻传播产业协同发展的新篇章。

参考文献

[1] 薛梦晨. 数字技术对国际中文教育知识传播的影响研究 [D]. 济南：山东大学，2023.

[2] 唐玥宸，石晓岩. 范式与路径：海南自贸港国际传播的困与变——以海南国际传播中心脸书官方账号为例 [J]. 传媒，2024（4）：54-56.

[3] 周颖菁. 学科交叉视域下新闻传播学与国际中文教育的融合 [J]. 新

闻前哨, 2023（15）: 10-12.

　　[4] 赵歌川. 文化对外传播与汉语国际教育: 成就与挑战 [J]. 潍坊学院学报, 2020, 20（5）: 80-82.

　　[5] 李诗雨. 海南自贸港建设背景下开创媒体融合新局面策略研究 [J]. 中国广播电视学刊, 2023（10）: 126-129.

　　[6] 吴坚, 黄海蓉. 海南自贸港建设国际教育创新岛的机遇、挑战与路径 [J]. 南海学刊, 2024, 10（2）: 70-79.

　　[7] 周智婉, 王辉. 国际中文教育与中文国际传播: 概念内涵与研究取向的比较 [J]. 云南师范大学学报（对外汉语教学与研究版）, 2023, 21（1）: 18-25.

　　[8] 赵屹青, 袁礼. 国际中文教育标准体系: 内涵、框架及推进策略 [J]. 天津师范大学学报（社会科学版）, 2024,（2）: 20-31.

　　[9] 王辉. 中文国际传播能力的主要论域、基本特性和体系建构 [J]. 河南大学学报（社会科学版）, 2024, 64（2）: 107-112, 155.

　　[10] 段鹏. 历时、共时及经验: 国际中文教育及传播应用研究 [J]. 西北师大学报（社会科学版）, 2022, 59（4）: 76-84.

　　[11] 蔡萌. 提升新闻舆论"四力"凝聚自贸港建设动能 [J]. 今日海南, 2023（11）: 19-21.

　　[12] 刘琛. 海南自贸港背景下高校人才的英语技能需求与对策研究 [J]. 国际公关, 2023（20）: 152-154.

产教融合视域下新文科
人才培养创新路径探讨

人文与传播学院讲师 邹悦

在新文科建设背景下，产教融合已成为高等教育人才培养的重要趋势，尤其是在培养具备综合素质和实际应用能力的高素质人才方面。新文科建设强调跨学科融合，结合人文学科与科学技术，推动教育内容、形式与方法的创新，鼓励高校与企业深度合作，开展"实习+学练"模式，创建适应社会需求的人才培养体系。

产教融合的关键在于充分整合高等院校和行业企业的资源，通过定期的校企合作与交流，加强双方的互动，达到资源共享的目的。一方面，高校需调整课程体系，设立基于项目的课程，如案例分析与项目驱动的实践课程。一方面，这些课程应与企业需求紧密结合，以实现理论与实践的有效结合。另一方面，企业应为学生提供真实的项目任务，促进学生的创新能力和实践能力提升。

导师制度也是推进产教融合的重要举措。高校可以通过设置行业导师与学术导师的方式，让学生在实践中获得及时指导，这不仅能够提高学生的实际操作能力，也能够促使他们对行业的认识更加深刻。相关统计显示，参与行业导师指导的学生，在就业率上普遍高于未参与者，可以达到85%以上。

新文科人才培养模式亦需重视数据素养的提升。数字技术的快速发展使得提升数据分析能力在新文科建设背景下愈发重要。建议高校与企业共同优化数据分析课程设计，设置专业实训项目，课时可以为每学期20小时，与课堂教学实现有机结合。学生在掌握专业技能的同时，通过参与真实的数据分析项目，积累相关经验。

社会参与和服务也是新文科人才培养的重要维度。高校应积极鼓励学生

　　参与社会实践，通过志愿活动、社会调研等形式，培养他们的社会责任感和人文关怀。这可以通过与地方政府、社会组织的合作来实现，引导学生正确认识世界和中国发展大势。

　　为了评估产教融合的成效，高校应建立科学有效的评价机制。可以采用多维度评价体系，包括课程质量、学生参与度、企业反馈等要素，利用数据分析工具进行定量与定性的综合评估。通过定期的反馈与改进，高校不断优化人才培养模式。

　　综上，产教融合视域下新文科人才培养创新路径涵盖课程设置、实训项目、导师制度、数据素养提升、社会参与等多个方面。这一路径不仅响应社会需求，更要在实践中不断调整与优化，以期培养出符合时代发展要求的高素质复合型人才。

一、产教融合的理论框架

　　产教融合的理论框架由多重视角构成，包括经济学、人力资本理论、社会建构主义和学习理论等。经济学视角强调通过市场导向和资源配置优化，促进高等教育与产业的融合发展。人力资本理论提出教育者应将培养学生的应用技能和创新能力作为目标，通过课程设计与实践环节结合，提升人才的市场适应性。社会建构主义指出，知识的形成与传递依赖于社会环境与互动，强调行业参与者在教育过程中的协作，促使教育内容与行业需求的动态调整。在这一理论框架下，跨学科融合成为必要，鼓励多学科知识的交叉与合作，提升整体教育质量与创新能力。学习理论则着重强调以学生为中心的学习模式，推动基于项目的学习（Project-Based Learning，PBL）与问题导向学习（Problem-Based Learning，PBL）的实施，提升学生自主学习和团队合作能力。通过在真实情境中进行案例分析与实践反思，学生不仅能理解理论，更能将其应用于实际工作中。

　　产教融合的理论框架还涉及政策支持，国家和地方政府通过制定激励机制与政策导向，支持高校与企业的深度合作。比如，通过设立联合研究中心、产学合作基地、顶岗实习等模式，明确校企合作的利益相关者与责任分配，提升交互的有效性。

在实践层面，人才培养方案应包含多种教学方法，如混合式教学（Blended Learning）充分利用线上与线下资源，拓展学习空间。根据行业需求，课程设置需要与企业实际工作场景相结合，通过定期的行业调研与反馈，不断修订课程内容，确保教育的时效性与适应性。

数据驱动决策在产教融合中逐渐被重视。通过结合大数据分析与人工智能工具，对毕业生的就业率、企业反馈进行跟踪，调整课程与实践项目，形成信息闭环，确保人才培养符合市场需求，提升人才的就业竞争力。通过持续的评估与反馈机制，强化人才培养的反馈与修正，形成一个不断优化的循环系统。

二、新文科教育现状分析

新文科教育在高等教育体系中的发展呈现多元化与综合化的特征，尤其是随着数字化、智能化技术的进步，课程设置逐渐向跨学科、应用导向的方向发展。目前，许多高校积极探索新文科的课程改革与实践，具体表现为在人才培养方案中融入大数据、人工智能、文化创意等元素，以适应社会经济的发展需求。例如，某高校的文科专业通过与科技企业合作，开设数据分析与文化研究课程，锻炼学生的数据处理与分析能力。

在新文科教育的师资队伍建设方面，高校注重引进具备实践经验的行业专家和学者，达到校企合作共育。例如，某大学与多家文化传媒企业建立长期合作关系，邀请行业专家参与课程的设计与教学，提升学生的实践能力与职业素养。现阶段，该校已有超过30%的课程由行业专家讲授，增强教育的实用性和前瞻性。

新文科教育还关注学生的创新能力与综合素养的培养，开展多样化的实践活动和项目式学习。数据表明，已有近60%的文科专业学生参与各类创新创业项目，通过真实的市场环境锻炼团队协作、项目管理和市场调研等能力。此外，高校通过设立创新创业指导中心，开展专项培训与咨询服务，帮助学生将理论知识转化为实践能力。

同时，新文科教育强调国际化视野，很多高校与海外院校开展联合培养项目，帮助学生提升跨文化交际能力。例如，某文科院校与欧美多个大学开展交流活动，设立双学位项目，近几年参与学生人数不断增长，有效拓宽了国际人才培养渠道。

在政策支持方面，国家近年来相继出台一系列促进新文科发展的政策文件，鼓励高校深化教育改革与产教融合。根据最新统计，已有超过 200 所高校调整文科专业设置与课程内容，以符合新文科教育的指导理念，所涉及的专业包括文化产业、媒介传播、公共事务等多个领域。

今天，新文科教育在理论与实践上体现出逐渐成熟的趋势，虽然存在课程整合不足、实践资源配置不均等问题，但总体呈现创新驱动、融合发展的良好局面。高校在探索新文科教育模式时不断实践与总结经验，形成一些可复制、可借鉴的成功案例，为后续发展提供参考。

三、人才培养模式创新探析

应对新文科教育发展的需求，必须创新人才培养模式。在产教融合视域下，高校可以通过以下几个方面进行系统化探索。

一是加强与行业合作，建立联合培养机制。高校可与企业共建人才培养方案，结合行业需求，设置相应的课程模块。以 IT 行业为例，高校可以采用"订单式培养"的方式，企业提前列明岗位需求，高校据此调整课程设计，以期培养的人才能够适应岗位要求。

二是优化课程体系，注重跨学科融合与实践教学。新文科人才应具备多元化的知识背景，高校可设计"跨学科项目"课程，整合文学、历史、哲学、社会学与数据科学、人工智能等领域的知识，提高学生的综合素养，如在课程中增加实地调研、案例分析等多样化学习方式，安排学生参与真实项目，提升他们的实践能力与创新思维。

三是创新评价机制，实施多元化考核方法。根据不同课程特性，高校可设计知识考核、实践表现和项目成果相结合的评价体系，促进学生全面发展，如在项目课程中，设定个人贡献、团队协作和最终成果等多维度的评分标准，注重过程性评价与结果反馈。

四是培养师资队伍，推动教师与行业交流。高校应鼓励教师参与企业实践，接受行业培训，通过实地锻炼提升专业能力和市场洞察力。这能够帮助教师把前沿的行业动态融入课程教学，进一步提高教学质量。

五是利用数字技术，构建在线学习平台。高校可通过线上课程、虚拟实验室与众筹项目等方式，扩大教育资源的覆盖面，为学生提供灵活的学习渠道；借助大数据与人工智能技术，个性化推送学习内容、推荐学习路径，提升学习效率。

六是强化学生的职业素养与人文关怀教育。这一培养目标应贯穿于整个教育过程，高校可开设道德与法律、沟通与管理类课程，提升学生团队协作、交流能力，使其更好地适应现代社会的挑战。

上述创新路径需要高校在政策引导、资源整合和制度保障等方面进行系统性布局，持续推动新文科人才的高质量培养，增强其在复杂社会环境中的适应性和创造力。

四、结论

面对文科人才培养的时代挑战，产教融合成为实现高素质人才培养的重要路径。通过明确企业需求与教育目标的对接，建立学校与行业之间的紧密联系，能够有效提升学生的实践技能和创新能力。在具体实施上，高校需推动课程体系与产业标准的紧密结合，针对不同学科设计模块化、交叉型的课程。高校实施这种灵活的课程设计，能够更好地适应社会对复合型、创新型人才的需求。

在人才培养过程中，高校采用"项目驱动、案例教学、实习实训"相结合的教学模式，能够促进学生的理论与实践相结合，强化其就业能力和创新意识。项目驱动学习模式是通过实际项目的参与，使学生在实践中深入理解专业知识，提高综合素质。此外，高校利用企业真实案例进行教学，不仅能够提供实践背景，还能够加强学生的分析与解决问题能力。

为实现人才培养的高质量发展，评价机制同样需要创新。本文提出基于素质发展与职业能力的多元化评价体系，重视过程性评价与结果性评价相结合，通过自评、互评与师评相辅相成，全面反映学生的学习成效。此外，笔者强调批判性思维、协作能力与社会责任感的培养，使学生在多维度的评估标准中，获得更加立体的成长反馈。

　　高校应利用数字化技术强化与企业的联系，为学生提供更多样的实习与就业机会；建立虚拟仿真平台，支持学生进行模拟实践，通过在线课程与实时反馈，促进远程教学的有效实施。行业专家的参与和社会资源的整合，能够推动教育内容的实时更新，增强课程的前瞻性。

　　产教融合还需关注教师队伍的建设。通过教师的社会实践与技能更新，确保其能够适应快速发展的行业需求。笔者建议建立"师企合作"机制，鼓励教师定期参与企业培训、短期交流等，提升教师的实践能力，拓宽教师的行业视野，提升课程教学的实际应用价值。

　　综上所述，基于产教融合的新文科高等教育人才培养模式构建在多元协同的基础上，通过强化理论与实践的结合、课程设计的灵活性、评价标准的多元化以及教师的职业发展，形成一个以学生为中心的培养体系，为高等教育发展提供新的动力与活力。

参考文献

　　[1] 王蕴. 高校文创设计教学模式与课程比较研究 [D]，南京：南京艺术学院，2023.

　　[2] 庞燕. 王忠伟. 新文科背景下"校企合作，产教融合"物流创新人才培养探索 [J]. 物流研究，2023（6）：80-84.

　　[3] W Peng. Discussion on the Training Mode of International Art Management Talents from the Perspective of Intercultural Communication [D]., 2019.

　　[4] Xudong H E , Ting Q . Discussion on the Training Mode of Application-oriented Talents in Private Colleges and Universities from the Perspective of "Promoting Learning Through Competition" [J]. The Theory and Practice of Innovation and Entrepreneurship, 2019（5）：125-129.

　　[5] Yu J. Discussion on the Cultivation Mode of Contemporary Art Talents in Universities Based on the Internet Technology in the New Era [J]. Journal of Physics , Conference Series, 2020, 1578（1）：12082-12086.

　　[6] 刘童. 新文科视域下数字出版专业建设研究 [D]，桂林：广西师范大学，2022.

　　[7] 雷大刚. 新文科背景下产教融合高质量应用型人才培养路径研究

[J]，品牌研究，2021（23）：277-281.

[8] 储夏静. 高校人文社会科学学科建设比较研究 [D]，兰州：兰州大学，2022.

[9] 崔晓丽，崔红卫，潘尧坤. 探究"校企合作，产教融合"一体化创新人才培养新模式 [J]. 科教导刊（电子版），2019（34）：40-41.

[10] 刘小琪. 基于 LDA 模型的高校图书馆文化育人主题提取与演化 [D]，济南：山东师范大学，2022.

[11] 成烁. 基于"新文科"背景下应用型本科环境设计专业产教融合实践教学研究 [J]. 教育研究，2021，4（9）：35-37.

[12] 贾韬. 民国时期书法教育的转型与发展研究 [D]，南京：南京师范大学，2020.

[13] 鄢曹政，殷旅江，何波. 新文科背景下物流管理专业产教融合人才培养模式研究 [J]. 大学：研究与管理，2022（22）：112-115.

[14] 曲芮萱. 错配与适配：融媒体背景下新闻传播类专业人才供需匹配研究 [D]，岳阳：湖南理工学院，2023.

[15] 周光云. 探析新文科背景下产品设计专业"产教融合"人才培养路径 [J]，中国包装，2022，42（2）：73-77.

产品思维背景下的高校学生
学业评价体系研究*

人文与传播学院讲师　寇军强

高校毕业生"就业难"是近几年大家关注的话题，个中原因众说纷纭：经济下行压力较大，新技术革命带来的需求减员，传统就业观念的影响，企业长期稳定发展预期欠佳，供给与需求的结构性矛盾等。每个人站的角度不一样，得出的结论必然有异，均有道理但又有失公允，有一叶障目之嫌。

由于应用型本科院校存在办学时间短，在师资力量、教学资源、经验方法等方面与一些以培养学术型人才的重点院校相比存在不足之处的特殊性，一方面呈现出高校人才培养中应用型人才的生产与供应暂时与企业需求量不对等的现象，于是企业出现用工荒，高校满足不了在创新型企业建设过程中的人才需求；另一方面却是年复一年的高校毕业生难就业、就业难，这种高校毕业生供给与企业人才类型需求上的结构性矛盾是现阶段大学生就业市场的突出矛盾之一。

如何破解这一矛盾？"产教融合，科教融汇"被视为破解高校人才培养与企业用人需求脱节问题的关键举措之一。

一、产品思维概述

（一）企业的产品思维

企业的产品思维主要包括用户分析、生态建立、简单直观的产品体验、

---

* 本文系三亚学院产教融合类教学管理研究项目（项目编号：SYJGY202310）阶段性成果。

应用场景的验证、用户行为的反馈、产品外观与品位、产品自传播、以人为本的思想的体现、狂热的热爱、设计改变生活、老板及产品等。总而言之，产品使生活更美好，设计使产品更人性，产品是集成者，既能满足人们的需求，又带来企业的效益。

(二) 学生培养的产品思维

传统的教育理念往往着重强调教师的主导作用，将其视为知识的至高无上的权威传授者和学习进程中坚定不移的引领者。学生往往被看作是被动接受知识的容器，而非主动探索知识的主体。在学校，课程内容与教学模式通常由教师决定，学生作为学习主体的自主性和创造性被忽视，导致学生感到被动和无力。同时，过高的升学压力与过度的成绩关注，也使得学生的内在动机被削弱，让他们无法在学习中感受到进步与成长，感觉学习是一种负担而非乐趣。

学生培养的产品思维，从微观上说，其基本逻辑是教师是产品经理，负责提供"教育教学产品"（主要包括教学大纲、教案讲义、授课计划、考核形式及内容等），学生是产品的使用者或者用户，负责教学产品的设计参与与使用反馈。教育产品的好坏由使用者——学生评判，主要标准是学生能否得到发展，可否使学生毕业取得高阶、高价值的岗位，以及学生的可持续发展能力的建立。从宏观上说，学生是高校的教育"产品"，产品的好坏最有发言权的是用人单位。高校的培养要和用人单位互动，相互成就，只为人的发展，只为事业的前进。基于此，"产教融合，科教融汇"作为高等教育发展的路径，也是破解结构性"就业难"的有力抓手。

企业和高校是不同的主体，在产品设计和学生培养中虽角色不同，但也有相通的地方。企业产品的质量直接关乎企业的效益和生存，学生培养的结果直接关乎学生本人和其生活质量和未来发展，乃至家庭幸福、社会稳定、国家的强盛。基于此，高校要多借鉴企业的产品思维用于学生培养，与企业一样关注教育产品的全周期反馈，提高人才培养质量。

二、高校学生学业评价体系的建立

(一) 高校学生学业评价基本情况

学业即学生学习的课业，学业评价则指对学生完成课业学习状况的评价，可以是学生完成某一学习阶段之后对各科学习情况的综合评价（学段评价），也可以是学生完成某门课程学习之后的阶段性评价（课程评价）。

从评价主体与内容看，评价主体一般是任课教师，评价或者考核内容一般是教材或者教师讲授的内容；从评价的标准与学生的参与度看，一般情况下，学生不了解学业评价标准，只是被动接受考试，不参与具体的考核标准制定以及自我评价；从评价准备与备考的要点看，考前教师普遍给学生划定考试范围或者要点，把课堂教学课件发给学生参考。从评价结果的反馈和使用来看，一般以总评成绩或者绩点的形式通过教务管理系统呈现给学生，成绩评定过程、试卷以及具体卷面得分情况不反馈给学生，教师完成成绩记录归档留存。学生不清楚学习的薄弱环节，不利于学生的进一步提高。

(二) 产品思维下的高校学生学业评价体系

1. 评价原则的制定

高校学生的学业考核，犹如企业考核的关键绩效指标，关系到高校提供"教育产品"的质量以及高校输出的"产品"——学生的质量，直接影响学生的培养质量乃至学生的就业。从这个意义上讲，学生学业考核的首要原则是人的发展，是持续性的学习能力的培养。简单地划定范围的记忆能力、相对集中的问题的分析能力的考核远远不够。对有的学生而言，不用去课堂，几天就可以应对考试，考试通过课程结课，进而顺利毕业。这样的培养毫无意义，这样的评价也毫无价值。

2. 评价主体的设计

评价主体设定的科学性决定评价结果的合理性。作为现行的学生学业考核主体——教师，要保障考核结果的合理性，必须在具体评价主体的设计上充分体现多元参与，权重合理，才能实现"产品思维、产教融合"。具体来说，教师作为教与学的主要组织与实施者，应当起主导作用。作为教师提供

"教育产品"的使用者——学生，也要积极参与，不管是以个体还是课程的小组形式参与，都不可或缺。学生是高校的"产品"，作为"产品"的使用者——用人单位，应及时给予反馈。此外，为了保证高校学生学业考核的组织实施的科学性，教育评价专家要给予理论以及实操方面的指导，以减少试错成本，提高评价效率。

3. 评价标准的拟定

评价标准在高校学生学业考核中起着重要的作用，是各高校人才培养的重要规则，也是任课教师实施学业考核的依据。不管是学校层面的教学管理文件，还是任课教师教授科目的评价标准，每门课的第一节课，任课教师都有责任明确告知学生此门课程的评价标准（主要包括平时成绩的组成、比例，期末成绩的比例、总评成绩的核算规则等）。只有这样，才能引起学生的足够重视，学生学习才能有章可循，才能按照标准逐一对照执行，才能有利于期末学业考核的顺利进行。

4. 评价内容的分配

评价内容无外乎教材、教师上课讲授的内容以及本学科的前沿知识等。就具体分配而言，其主要体现在过程性评价、总结性评价评以及各自的比例分配。从目前情况来看，大部分高校学生学业考核中过程性评价与总结性评价占比为 3∶7。也就是说，学生此门课程的最终成绩平时成绩占 30%，期末卷面占 70%。其中平时成绩主要包括考勤、课堂提问、课程作业等。从学生学业考核的科学性和人的发展角度讲，过程性评价也就是平时成绩的比重偏低，笔者建议提至 50% 左右，并分散至正常教学过程中。这样既有利于正常教学活动的开展、学生积极性的调动、教与学的良性互动，又能充分化解学生期末考试的压力。

5. 评价结果的反馈

学业评价的目的不仅仅是把一门课的学习过程和考核结果以成绩的方式呈现给学生，更重要的是要把学习过程以及整门课的学习结果与培养目标的差距在学习过程中反馈给学生，帮助学生分析产生的原因并解决问题，以达成知识的掌握、能力的习得，促进人的发展。在产品思维下，教师更要关注自己提供的"教育产品"的适应性，保证持续地改进、完善，以服务产品使用者——学生，确保培养质量。同时，学生作为高校教育的"产品"，要得到用人单位的认可，高校应当落实"产教融合"要求，不仅要在培养过程中邀请用人单位参与教学，更要在考核结果的使用上听取用人单位的意见，并以及时反馈的形式与学生互动，把问题解决在学校。这样既可以解决培养过程中出现的问题，又可以得到评价结果的及时反馈；不仅调动学生学习的积极性，又有助于培养效果的达成。

三、结语

学生评价是教育评价的重点工作之一，学生学业评价是学生评价的要件。在每年众多高校毕业生进入就业市场的背景下，高校坚持"产教融合、科教融合"的理念，以产品思维审视高等教育的各个环节，有助于破解"就业难"问题。

教育的终极目的是人的发展，特别是人的可持续性发展，用发展解决具体实践中的问题是科学的方法论。以高素质人才培养为主要职责的高校，要以学生学业考核改革为抓手，优化人才培养各个环节，真正调动学生的学习积极性、参与度，让学生真正学在其中、乐在其中；要打通高校的"出口"与用人单位的"入口"，让学业考核延伸至行业企业实际需求，让企业的入职培训乃至核心能力要求进入高校的教材以及考核体系，共同架设起一座毕业与就业之间的连心桥。

参考文献

[1] 王慧君，赵紫薇，李宇婷. 基于证据的学业评价：观点、框架与实践路径 [J]. 中国考试，2022（2）：64-72.

[2] 古丽娜·沙比提，苗成林，何晓燕. 高等学校学业评价中存在的问题和对策研究——以一所新疆高校为例 [J]. 林区教学，2023（7）：38-43.

[3] 时艳芳. 高等教育评价结果：困境、反思与改进 [J]. 重庆大学学报（社会科学版），2022，28（2）：108-120.

[4] 张欣泉. 大数据背景下高校学生学业支持路径探析 [J]. 山东高等教育，2016（7）：61-66.

[5] 王文娅. 福建省普通本科高校学生学业评价研究——基于学生视角的

调查 [D]．福州：福建师范大学，2020．

　　[6] 叶旭萍，周冉．高校课堂教学质量评价体系的构建 [J]．文教资料，2021（23）：112-114．

基于项目式学习的新文科学生能力培养

人文与传播学院助教　麦葳

新时代，文科人才培养面临新的挑战与机遇。项目式学习作为创新的教育模式，以其实践性强、综合性高、自主性强的特点，成为文科人才培养的一种新方式。它鼓励学生以实际项目为载体，将理论与实践相结合，通过团队协作解决问题，培养学生批判性思维、创新能力和跨学科素养。项目式学习不仅能够提升文科学生的综合素质，也能够增强他们适应社会的调节能力，为新时代文科人才培养注入新的活力。

一、项目式学习的主要内涵

随着"终身学习"与"核心素养培养"成为趋势，国内外"项目式学习"的研究热度不断提高。1918 年，教育学家威廉·克伯屈首次提出"设计教学法"，他把这个过程分为目标确定、制订计划、实施计划、评估结果四个基本步骤。项目式学习是从"设计教学法"发展而来。从某种意义上说，它是对其合理成分的继承①。美国巴克教育研究院将"项目学习"（Standards-focused PBL）作为一种系统化的教学方式，是对复杂而真实的课题进行探索，也是一个对课题进行详细设计、计划与实施的过程。在此过程中，学生将会获得必要的知识与技能②。有学者对"项目式学习"下定义，认为这个模式

---

① 巴克教育研究所. 项目学习教师指南——21 世纪的中学教学法 ［M］. 任伟，译. 2 版，北京：教育科学出版社，2008：9.
② 巴克教育研究所、项目学习教师指南——21 世纪的中学教学法 ［M］. 任伟，译. 2 版，北京：教育科学出版社，2008：9.

是指教师依据课程标准，以学生体验为基础，设计问题驱动，学生运用已有知识经验浏览相关资源，确定主题和子问题，进行研究性学习，用心设计作品，并将最终的研究结果进行展示。

项目式学习是一种体现社会文化观的学习模式，具有合作、探究、互动和反思等特点，强调知识的社会互动对知识构建的重要性。因此，在该计划的执行中，教师应注意指导学生建构高效的交互式话语，促使其明晰，增强其内涵，防止出现不连贯、无逻辑的情况。同时，优质的交互和教师的回馈是互补的。反馈是由反馈者与被反馈者共同构建起来的、持续的、有意义的对话过程，是一个双向的过程。有效的反馈帮助学生从多个角度去发掘问题所蕴含的知识价值和对问题的更深层次的认识，使学生弄清楚问题中各个元素之间的联系和动态发展的过程，指导学生通过教师和学生的交互反馈来获得新的知识①。

项目式学习在某种程度上传承设计教学方法的合理基因，在对其进行持续变革的过程中，消除人工操作与工业色彩，使其在全球被普遍承认和使用。随着我国教育改革的不断深入，项目式学习逐渐为广大教育工作者接受与实践。

在我国，项目式学习的概念毫无疑问是个"舶来品"，有多种翻译形式，比如"项目化学习""基于项目的学习""项目学习""设计本位学习"等。在中文词典中，这些词语的意义有些含糊不清，有些还存在歧义。但是，这并没有影响到大家开展项目式学习的积极性。特别是在课程改革的推进下，提出并落实学生发展的核心素养，制定并实施校本课程，并且在教育领域中继续使用人工智能等信息技术手段，项目式学习的研究与实践变得越来越活跃，成为近年来国内教育界讨论的一个热门话题。

对于项目式学习的定义，应从其原始意义出发。项目式学习是一种建构的教学方法，教师把学生的学习任务进行项目化，引导他们在实际的情景中提问，在此基础上，运用有关的知识和信息数据，进行研究、设计和实际操作，完成问题的解决，并进行成果的展示与共享。"项目"是指从问题的提出到设计制作，再到展示结果的完整的活动，这一活动本身就包括学生的学习

---

① 胡红珍，夏惠贤. 第三空间视角下项目式学习的主要特征、学习序列与教师行动 [J]. 全球教育展望，2023，52（12）：120-128.

（如运用有关的概念和原理，构建学科知识，通过网络等技术方式对信息进行采集和处理），因此，"项目"作为学习的载体，与"基于项目"的英文表达方式相吻合①。

项目式学习主要有以下几方面的特征。一是学习的问题性。项目式学习是以问题为基础，以问题为导向，以问题来组织、刺激学生的学习行为。它以课程标准为基础，能设计出能体现出学生所需掌握的基础知识与技能，还能培养学生的核心素质与学科能力。二是学习的合作性。在发展阶段，教师、学生和参与本课题活动的各个环节都要互相配合，从产生问题、设计目标、设计活动到项目管理形成"学习共同体"；在执行阶段，学生将以协作学习的模式来探讨专案中的主要议题及持续推动议题。三是学习的探究性。学生探索真实世界中的实际问题，在收集信息或者是制订调查计划的过程中进行验证，对假设和猜测进行证明，得出结论，建立自己对问题的认识。四是学习的真实性。研究的问题以学生的经历为基础，以实际的生活情境为基础，可以加强学生对知识与生产生活之间的关系的理解，提高他们运用学科知识来解决生产、生活问题的经验。学生只有在现实生活中，才能使问题得到真正的解决。五是评价的过程性和结果性。项目学习的结果是一个产品、一个报告或者一个实现的设计开发过程，教师可以根据学生展示的项目结果来判定学生是否掌握知识，掌握的观念是否熟练以及创造能力是否得到提升②。

项目式学习并不以单一的方式思考问题。问题的解决并没有预先设定好的方式，无论是选择教学材料还是制订探究方案，都没有一种固定的方式，这就要求学生在探究的过程中，用问题来组织自己的学习过程，根据问题来搜集信息，然后再进行探究。在这种情况下，学生需要培养一种科学研究的心态，掌握科学研究的基本程序与方法，正确应用有关理论与规律，培养良好的科研习惯与道德素质。可以看出，在实践中，该模式能起到积极的促进作用。与此同时，学生在探究课题的时候，也要建立起一种协作意识。知识是要建立起来的，而问题的解决则是一个持续的反思、自我批评的过程，其中充满了对人的命运、对自己的人生的关注。不难看出，相对于封闭、被动

① 杨明全.核心素养时代的项目式学习：内涵重塑与价值重建 [J].课程.教材.教法，2021，41（2）：57-63.
② 胡红杏.项目式学习：培养学生核心素养的课堂教学活动 [J].兰州大学学报（社会科学版），2017，45（6）：165-172.

的接受，项目式学习能够使学生的价值判断、创造力、动手能力、合作意识、宽容、开明的思想得到更好的培养，进而培养出一个健全的社会人格。在研究性学习过程中培养人文精神，是研究性学习最深层次的价值追求。项目式学习是把科学精神和人文精神有机地融合在一起的基本价值取向，它能把知识和技能、过程和方法、情感和价值观统一起来的三维目标汇集起来贯穿在课堂教学中。

项目式学习有利于培养学生的核心学科素养和专业能力。在日常教学中，项目学习旨在提高学生的学科素质与能力，重视深入地认识概念与原则，而不仅仅了解事物本身；不仅可以提高学生对知识的掌握，还可以帮助他们更好地解决问题。因而，项目式学习应有两个层次的目标：基础与高级。基础层面的根本目标在于发展学生普遍的认知能力，也就是将陈述性知识转变成操作知识，并在此程度上，通过独立地探索与参与，达到对知识的真正理解和把握；高级目标则是要培养学生的高层次认知水平，让他们在学习上有更好的理解，有实际的应用，有迁移的创新能力。由此可见，在课程教学中，项目教学注重培养学生的情感、思维和学科能力。最根本的就是让学生了解价值（社会，道德，准则），并对其产生热情。通过项目式学习，引导学生在探究现实问题的过程中，认识到知识对于解决生产和生活问题的价值，提高学生解决生活中的实际问题的能力。这样才能真正体现出以学生素质和能力发展为核心的教育价值观。

二、新文科人才需求及教育困境

新文科并不局限于文学、哲学、历史、经济学、教育学等特定学科，而是一种新的文科形态，是一种以中国特有的学术、知识为基础，以中国价值观、中国精神和中国话语为引领，以学术创新、教育教学和社会服务为具体体现，推动人文学科建设的新思路、新范式和新模式的重构，引导各学科向集群化、中国化、现代化发展的方向发展。

当今是一个全球化、网络化和智能化的时代，建立新文科是对这个时代的响应。而这种特殊的时代条件又要求我们打破门户思维、独狼思维和独尊思维，形成一个开放、包容的教育环境。因此，新文科建设要突出文科集群与学科共生的思路，与其他国家和地区教育机构合作，坚持面向全球、跨界联动、打通经脉的思想，打破学科之间的壁垒，提倡学科间的交流，建立有一定宽度和深度的人文学科联盟，为新文科建设高质量发展打下坚实的基础。

新媒体时代对人文社会科学人才的培养提出较高的要求。第一，科技发展快速增长，科技成果纷纷出笼，加快科技知识更新的速度。人文科学的研究必须借鉴其他学科的理论与方法，推动人文学术研究的繁荣与进步，提升公众对人文学术的认知度和关注度。这就要求人文社会科学的专业人才具备交叉学科的知识，从不同的学科中获得和融合多元信息，提高科研水平。第二，新媒介技术是非常复杂和多样的，要想将其潜能充分开发利用起来，就必须重视学科交叉问题，要学习工程技术、传播、管理等方面的理论和知识①。第三，对新媒体环境下的许多社会文化现象进行研究，必须具有社会学、传媒研究、心理学等多个领域的视野，只有站在全局并用多学科的集成研究方法来进行调查，才能对其进行全面的了解。

目前，我国人文社科本科专业的教学内容与社会需要存在一定的差距：部分核心课程在内容设计与教学方式上仍处于传统模式，未充分考虑到社会对人才的需求，导致课程体系无法完全适应时代变化；与新媒体有关的课程设置不够合理，一些大学的人文学科没有针对新媒体时代的人才需要而建立起一套完整的、系统的学科体系；人文学科之间缺少横向联系，不利于学生跨学科知识的培养。

此外，少数人文社科本科院校教学内容和教材编写更新不及时，一些课程还停留在传统知识架构上，未将数字语境、虚拟仿真、数据化研究等新兴的跨学科知识纳入其中。教学手段较为单一，以教师与学生面对面授课为主，未采用翻转课堂、在线学习、线上课程讨论等手段优化教学方式，而文科类课程在语言文字创作和视觉艺术创新方面的应用也较少。少数教师缺乏对新媒体技术运用的认识，不能引导学生进行数字化内容的创造和跨界设计，而传统的教学内容与方式很难真正地培养学生的创造力②。

---

① 路幸福，李羽佳. 问题与策略：高校新文科人才培养中的科教融合［J］. 安徽理工大学学报（社会科学版），2022，24（3）：83-87.

② 张鹿鸣，唐雅倩. 新媒体背景下本科院校文科人才培养策略研究［J］. 新闻研究导刊，2023，14（22）：172-174.

三、项目式学习助力学生能力提升

项目式学习通过创造性学习帮助学生实现高阶学习的目标。在布卢姆（Benjamin S. Bloom）的教育目标分类学中，认知过程分为不同层次：记忆，即从长时记忆系统中提出有关信息；理解，即从口头或书面传播的信息中建构意义；应用，即在给定的情境中执行或使用某种原理；分析，即把材料分解为不同部分并确定各部分之间如何关联；评价，即依据标准或规格进行判断；创造，即将要素重新组织成新的模式或结构。可见，创造是认知发展的最高层次，也是学习活动的最高追求。传统的学习活动大多注重记忆和理解层次，而创造性学习则关注评价与创造层次，属于高阶学习。在项目式学习中，学生是积极的探索者，他们不仅要接受教师所讲授的知识，而且要消化并积极利用这些知识去解决问题、完成"项目"，由此发现知识的本质并建构新的意义。因此，项目式学习是一种强调创造性的学习方式。

项目式学习主张开展建构性学习，这有助于促使学生进行深度学习。项目式学习是一种建构主义教学法，旨在通过允许学习者使用基于探究的方法来处理与所研究主题相关的丰富、真实和相关的问题，从而实现深度学习。深度学习意味着学生通过整合和加深浅层的、基础性的知识而实现更高层次的认知和思维发展，把零散的概念通过深度加工形成具有内在关联性的"大概念"和知识群，这是所有学习活动应该追求的境界。在深度学习中，学生的注意力高度集中，其状态是活跃的、充满激情的，甚至是充奋的；他们的主体性更加突出，他们进行的不是死记硬背，而是有意义的学习和建构性的学习。项目式学习有助于实现从"讲授"（instruction）到"建构"（construction）的转变，通过解决问题、完成真实任务和动手实践等，为学生的深度学习奠定基础。项目式学习更强调对知识的深度理解，在做事中形成考察思维，引发跨情境的迁移。这种类型的项目化学习已经脱离了活动的窠臼，而表现为严谨的学习设计，通过驱动性问题，与课程标准中的核心知识相关联。

项目式学习继承了设计教学法的基因，而正如设计教学法存在不足一样，项目式学习的内在局限性也很明显。设计教学法最初用于手工、建筑、工程教育等领域，它试图解决的是将理论知识运用于实践操作，学生先成为一位手工艺人，然后才能成为工程师。显然，这种方法的突出问题表现在两个方面：一是学生的活动烦琐、耗时长，二是知识的学习零散、不系统。克伯屈运用当时的学习心理学对这一方法进行了改造，强调活动和训练的意义，但没有把设计与学科的知识学习建立更紧密的联系。而且，为了突出学生的独立思考和自由活动，教师不能进行干预，这让设计教学法倒向了极端的"儿童中心"。在设计教学法被广泛运用之后，这种方法又被不断拓展，成为凌驾于课堂教学之上的具有普遍性的教学模式。杜威对此提出批评，认为"'设计'不仅是儿童的事，也是教师的事""学生是需要教师帮助的，学生无法自己独立提出'设计'学习的计划"[1]。

四、结语

信息时代，传播方式革新的速度越来越快，这对文科类人才的综合能力提出新的要求。为了适应这一变化，文科类院校有必要大力推进项目化教学，以培养学生的跨学科思维和知识综合运用能力。第一，增设跨专业的项目化课程。文科类院校通过设计具有挑战性的跨学科项目，可以吸引不同专业的学生共同参与，如"汉语言文学 + 传播学 + 计算机"项目团队。这样的组合不仅有利于知识互补，还能促进学生之间的协同创新，使他们能够更全面地理解问题，提出更具创新性的解决方案。第二，举办新媒体创意设计大赛是激发学生创新思维的有效手段。大赛可以设置一系列融合文科专业知识和新媒体技术应用的题目，鼓励学生发挥想象力和创造力，进行跨界探索。这不仅能够提高学生的实践能力，还能培养他们的团队合作精神和沟通能力。此外，与新媒体企业合作建立项目化实训基地也是非常重要的。这样的合作可以让学生直接参与到新媒体内容的设计和开发中，接受真实项目的锻炼。通过这种方式，学生可以更深入地了解行业需求，提高自己的专业素养和就业竞争力。第三，完善项目教学评价体系。文科类院校应该将学生在项目中的表现纳入考核体系，以激发学生的主动性和积极性。第四，教师也应该对项

① Dewey J. Experience and Education [M]. Carbondale：SouthemIllinois University Press. 1938：60-62.

目教学进行反思和总结，不断优化教学方法和手段，提高教学效果。

新媒体的蓬勃发展，不仅重塑信息传播的格局，也为文科类院校的教学改革铺设了宽广的道路，为培养复合型人才提供前所未有的契机。在这一背景下，文科类院校应敏锐洞察时代脉搏，主动融入新媒体技术快速迭代的浪潮中，以更加开放的心态和创新的勇气，探索文科教育的新模式。

文科类院校应深刻认识到优化人才培养方案是适应时代发展关键。通过优化课程体系，融入新媒体技术、数据分析处理、跨文化交流等前沿内容，文科教育在具有深厚的文化底蕴的同时，又兼具前瞻性和实用性，为学生铺设通往未来的知识桥梁。同时，文科类院校应加强师资队伍建设，鼓励教师跨界学习，提升其在新媒体环境下的教学能力与创新意识，让学生在课堂上碰撞出思维的火花。

此外，教学方法与手段的创新同样重要。教师利用在线课程、虚拟实验室、互动式学习工具等，打破传统课堂界限，激发学生的学习兴趣与主动性，培养其自主学习与终身学习的能力。这种教学模式的转变，不仅让文科知识更加生动有趣，也更好地满足新媒体时代学生多样化的学习需求，培养出既精通人文社科知识，又善于运用现代技术解决问题的"新文科"人才，为社会的全面进步与发展注入源源不断的动力与活力。

参考文献

[1] 李玉霞，田科. 国内项目学习现状与发展刍议 [J]. 江西教育（管理版），2013（33）：9-10.

[2] 龙宝新. 中国新文科的时代内涵与建设路向 [J]. 南京：社会科学 [J]. 2021（1）：135-143.

[3] 钟潇. 基于微专业建设的应用型院校新文科人才培养模式研究 [J]. 湖北开放职业学院学报，2021，34（23）：61-63.

[4] 郭静，杨庆国. 新文科背景下网络新媒体人才需求及培养路径 [J]. 今传媒，2023，31（1）：132-135.

[5] 程军，许玥. 新文科建设背景下"新媒体概论"课程体系构建 [J]. 天津中德应用技术大学学报，2023（1）：51-56.

[6] 安德森，等. 布卢姆教育目标分类学——分类学视野下的学与教及其

测评［M］. 蒋小平，张琴美，罗晶晶，译. 修订版. 北京：外语教学与研究出版社，2009.

［7］Milentijevic，Ciric v. Vojinovic O. Version Control in Project – Based Leaming［J］. Computers & Education. 2008（4）：1331–1338.

［8］夏雪梅. 从设计教学法到项目化学习：百年变迁重蹈覆辙还是涅槃重生？［J］. 中国教育学刊，2019（4）：57–62.

中

篇

跨学科视野下有效沟通课程建设研究

人文与传播学院副教授 席晓丽

随着社会发展和知识习得方式的转变，跨学科教育理念已成为高等教育教学改革的方向之一。跨学科教育理念是新文科建设的要素之一，一些学者在组织协同、学科建设、人才培养、教学模式更新等方面已取得相关研究成果。

在课程建设方面，用跨学科的视角，从培养"全面发展的人"的目标出发，思考教学理念转变、课程知识体系整合、教学模式改革，是跨学科教育教学的重要研究方向之一。

三亚学院"2022 版人才培养方案"中设置的通识教育课程——有效沟通，就是基于多学科教学资源整合而开设的一门课程。课程从横向不同学科沟通类课程梳理与纵向课程体系深化两个维度，构建通识教育的有效沟通课程。

一、跨学科融合背景下的高校沟通类课程分析

目前国内外高校开设的沟通类课程很多，以中国大学慕课国家精品课程平台收录的课程为例，以沟通能力培养为主要教学目标的课程大概有三类，一是以沟通本体为主的课程，如"沟通""高品质沟通""沟通的艺术"等；有针对不同群体的沟通课程，如"大学生人际沟通指南""医患沟通技能学""班主任的沟通艺术"等；有结合不同学科开设的沟通课程，如"管理沟通""商务沟通""沟通心理学""人际交往心理学""职场沟通英语""礼仪文化与有效沟通""跨文化商务沟通""国际交流英文演讲与辩论""实用写作与

沟通艺术"等。从课程性质来看，沟通类课程多为专业类课程，主要集中在管理学、心理学、语言文学等人文社科领域。

管理学尤其重视沟通类课程。管理职能与沟通有密切关系，管理类专业通常在专业人才培养目标中将"具有较强的语言与文字表达能力，具备良好的人际沟通与协调能力"作为专业基本能力设置。国内外高校都将沟通课程作为管理学必修的专业主干课程，并根据专业沟通的需要，将沟通分为管理沟通、组织沟通、商务沟通、营销沟通等。课程系统阐释沟通的科学规律及应用技巧，侧重管理活动中的沟通能力养成训练。国外高校在沟通能力培养中，侧重口头沟通能力培养，强调沟通的交互性，注重沟通过程中信息接收者的反馈。

麻省理工学院（MIT）斯隆商学院从 2012 年起为本科生和研究生提供不同程度的"管理沟通"课程，帮助学生在专业环境中学会人际沟通的技巧。课程包括沟通战略与结构、口头报告、接受反馈、说服技巧、商业文书、有效团队合作、团队会议、团队报告、跨文化交际、领导沟通技巧等内容。耶鲁大学管理学院的"战略沟通：有效演讲"课程着重提高学生个人的口头沟通能力和表达能力，强化以自信和清晰的方式向员工、客户、合作伙伴、投资者和公众传达信息。

国内高校的沟通课程逐渐从知识性内容向应用性实践转向。哈尔滨工程大学的精品课程《管理沟通：思维与技能》从思维训练和技能提升两方面着手，培养学生的有效沟通思维，提升倾听、写作、演讲、谈判和会议等沟通技能。

在语言文学类学科中，开设的沟通类课程主要从口头表达能力和书面表达能力提升两个维度展开。与书面表达能力提升相关的写作课程，多以写作的不同应用领域来划分，分为一般的应用写作、专业的公文写作、学术论文写作、新媒体写作、新闻写作等，主要侧重不同领域中写作知识的梳理和写作技法的训练，关注各种文体本身的概念、种类、结构特点以及写作要求，即对写作成品——文章本身的关注，将文章的材料、主题、结构、语言做细分和剖析。口头表达能力培养的相关课程以演讲、辩论、口语课程为主，演讲辩论类课程主要侧重演讲者口语表达准备阶段的书面稿的写作，演讲或辩论书面稿的选题立意、结构、表达等，也包括演讲者的发声训练和仪态、心理准备和思维方式等。口语表达课程多针对英语口语训练，中文的口语训练以职业口语训练为主，较少涉及没有文字依据的临场口头语言应用。

其他学科中也有涉及沟通相关的内容，心理学领域中的沟通类课程主要侧重探讨个体及人际沟通中的心理特征，分析社会人际交往中常见心理问题，从而帮助学习者改善和调整人际关系。公共关系学领域的沟通类课程内容侧重公关沟通，重点关注在医院、学校、政府、企业公共关系中与公众沟通的方式及技巧。

目前，作为专业课程的沟通类课程涉及沟通要素的多个方面，并从专业学习的视角设定沟通能力的培养标准，形成相对固定的课程和教学内容。但是，作为通识教育的沟通课程还没有成为共识，多数学校在全校必修课程中，没有开设相关课程。2016 年以来，随着我国高等教育质量评价标准逐步实现标准化与国际互认，培养学习者的沟通能力逐步从多数专业的隐性附属专业能力，转变为通识的显性核心竞争力，沟通类课程在高校人才培养中的作用日益受到重视。

以工程教育认证为先导的本科专业认证逐步在其他诸如医学类专业、经管类专业、师范类专业等多类专业中推广实施，对学生培养标准、毕业要求、专业能力有了明确的要求。目前认证体系相对成熟的工程教育认证标准，将沟通能力分解为"能够就复杂工程活动与同行以及社会公众进行有效的沟通，包括理解和撰写报告、设计文档、做现场报告、理解或发出清晰的指令"，这是工科专业毕业 12 条必备的技能之一。在医学类专业认证中，临床医学专业认证标准 13 项技能目标之一是"具有与患者及其家属进行有效交流的能力"。师范类专业认证中毕业要求的 8 个二级指标之一就是"沟通合作，理解学习共同体的作用，具有团队协作精神，掌握沟通合作技能，具有小组互动和合作学习体验"。

三亚学院作为应用型本科高校，在 2022 版人才培养方案中，将沟通能力的培养作为全校各专业的培养目标。在通识教育课程模块中，设置基本能力课程——有效沟通，并将其作为必修课。作为通识教育的有效沟通课程，不再局限于一个学科、一个领域的理论体系，而是贯通多个学科，从多角度思考沟通问题，探寻沟通本质。通识教育的有效沟通课程不仅仅关注沟通中语言文字的组合与运用、各种沟通技巧的提升、沟通的心理与动机、沟通的方式与场合，更多地关注沟通思维的发展与提升、沟通中的文化与价值、将进一步整合沟通课程的知识体系，聚焦沟通能力的培养，提升学生的实践沟通能力和社会融合能力。这是在高校深入推进新文科建设、深化高等教育"质量革命"的需要，也是新时代教育改革以及更新育人目标、教育理念、教育内容、课程评价标准的需要。

二、跨学科背景下有效沟通课程建设的逻辑理路

有效沟通课程的设置是三亚学院本科教学改革守正创新的结果。作为母语教育的通识类课程，有效沟通课程与大学语文、应用文写作、口语表达、经典诵读等课程都属于人文类通识教育课程，都具有提高学生语言文字应用能力的课程特性，同样肩负着立德树人的根本任务。这些课程作为人文类通识课程，其终极价值是一致的，即引导学生关注自身、关注社会、关注历史与现实，塑造学生的价值观、思维方式和行为规范，具备良好的文化素养。从本质上说，这是一种人格培养，也就是人生态度和生存智慧的养成。

人文通识类课程的价值追求与"培养什么人"是一致的，但在"如何培养人，怎样培养人"的层面则存在不同认识，课程目标、课程内容、教学重点等方面在不同的人文通识课程中有各自不同的侧重。大学语文课程作为高校普遍开设的人文通识课程，自20世纪70年代开设以来，该课程的定位不甚明晰。大学语文是中学语文母语教育的延伸，还是补课式的文化素质提升？是重工具性，重人文性，还是定位为提升人生境界的"大语文"？……这些关于课程目标和定位的不同观点，给课程教学带来不少困扰。就具体的教学而言，大学语文课程采用传统的"作品本位"，课程内容的展开是以作品为中心，尤其是以文学作品为观照对象，开展品读、鉴赏、分析、感悟以及文学化表达，侧重通过作品提升学生的阅读理解能力、鉴赏感悟能力、审美感受能力，对于表达能力的培养则更多地体现在文学化表达方面，对思辨能力和逻辑能力重视不够。

大学写作课程作为人文通识课程，相较于大学语文课程重视作品鉴赏不同的是，更突出写作能力的提升，对于书面表达的逻辑性和结构化思维比较重视，尤其重视应用型写作，教学围绕"如何写出规范、清晰，符合实际需要的各类应用文体"展开。教学内容包括写作的基本理论、写作的表达方式、文体特点、写作成规等，着眼于写作者，即"作者"视角，写作者如何通过阅读借鉴他人的写作经验，进行写作准备，如何运用材料构思写作内容，如

何结合具体的语境展开写作，如何修改完善文稿等，强调写作程式。相对而言，对于作者与读者的写作沟通策略重视不足，少有提及"读者视角"，将写作作为一个静态的单向的作者意愿的表达，忽略写作受体——读者的阅读需要，容易出现套用模板、闭门造车的情况。

有效沟通课程是在这两类课程的基础上，将教学重点放在沟通这一兼具人文性和工具性的综合体上，关注沟通过程中的双向传递，沟通过程中信息发出、接收和反馈形成的有效循环，同时，重视沟通的达成效果。在沟通这一理念的统合下，有效沟通课程进一步明晰沟通中各要素的作用及要素之间的协调关系。将大学语文课程的作品中心（关注信息传递媒介）和大学写作课程的作者中心（关注信息的发出者）进行整合，并构建完整的（包括信息发出者的表达、信息接收者的倾听、双向反馈以及信息传输媒介）沟通模型。

更重要的是，有效沟通课程的整合作用还体现在学科的融通，将原属于文学活动内部的"世界-作者-作品-读者"这一理论体系，扩展为跨学科的沟通活动体系，将"信息发送者-信息接收者-信息解码编码-信息渠道-信息噪声"构建为沟通系统模型，将大学语文课程关注的沟通媒介（文学作品）及沟通环境（文化因素），大学写作关注的沟通信息发送者（作者）及沟通媒介（应用文章）进行融合，把沟通双方的心理、行为以及沟通的媒介、环境、文化背景等进行更好的理论梳理，形成更完整的课程逻辑。

从作品、作者再到信息发布者和信息接收者的编码与解码这是教学逻辑和教学范式的转变，归根结底是教学价值取向和教学理念的更新。这一转变是基于人类对自我认知的深入和智能化、信息化时代交往媒介、人际交往关系格局的变化而产生的，从哲学层面来说，就是从主客对立的主体思维到交互主体为中心的主体间性的转变。

当代西方哲学从"主体性"哲学走向"主体间性"哲学①，是哲学思想的重大转向。主体性哲学是人类认识自身，不断发现自我价值，摆脱对物的依赖性的产物，马克思将人的主体性概括为三个阶段②：人的依赖关系，以物的依赖性为基础的人的独立性，建立在个人全面发展和他们的共同的社会生

---

① 哈贝马斯. 作为未来的过去 [M]. 章国锋. 译. 杭州：浙江人民出版社，2001：165.
② 马克思、恩格斯. 马克思恩格斯全集. 第46卷（上）[M]. 中共中央马克思、恩格斯列宁斯大林著作编译局，译. 北京：人民出版社，1979：104.

产能力成为他们的社会财富这一基础上的自由个性。虽然人类摆脱了对物的束缚，但更多地陷于自我的异化。随着文明的进步与科学技术的发展，人的主体性过于突出，使人类面临新的自我危机。"人完全按照自己的意志改造外在世界，在此基础上的工具理性的努力不可能使人真正成为完整的个体，不可能使人在生活世界中达成真正的幸福与自由，更不可能解决人与人之间、人与社会之间的种种冲突。因为人对外在世界的过度占有不但物化了自然，而且物化了人自身。"①

主体间性正是基于现代社会人作为生产力因素的工具性特征的强化所做的一种理论纠偏，主体间性主要研究一个主体如何与另一个独立主体通过交往，产生与他者的相关性与关联，构建与世界的连结，强调主体与主体之间的连接与交互，从而促进人与人之间的理解与信任，构建基于交往理性的和谐关系，使人真正成为完整的人。以哈贝马斯为代表的沟通行为理论认为："交往行为的动机具有交互性，它在社会主体遵循主体间认可的规范的有效性基础上展开、运作，以保持社会的一体化、有序化和行动合作化。"② 以沟通为基础，以语言文字为媒介，构建一种平等真诚的主体间性"交往行为"，是人文类通识课程改革的根本逻辑。

对于人文类通识课程而言，主体间性理论的启发意义在于，让我们更好地思考如何将培养目标从培养学生改造客观世界的实践能力转变为引导学生养成自我认知、自我反省的意识，关注人与人、人与社会之间的关系，从而能够在这个世界和谐地存在。其中，基于主体间性理论前提的"生活世界"理论和"交往理性"理论，对我们理解这一教学价值取向变化尤为重要。

哈贝马斯认为，交往行为的背景（"生活世界"），即对于社会系统的反拨，反对货币和权力侵蚀人际关系和交往行为。"'生活世界'包括的文化、社会和个性三个方面的要素"③，这三者在社会交往的过程中都得到了再生产。通过人际交往活动，文化得到传承，社会各组织得以整合，个体的社会化就是接受文化传统的过程，但同时并不抹灭个体的独立性。人们在"生活世界"中，个体的自我通过有效的文化系统的认同，具备组织性，产生凝聚力，建

---

① 多尔迈. 主体性的黄昏 [M]. 万俊人，朱国钧，吴海针，译. 上海：上海人民出版社，1992：265.
② 哈贝马斯. 交往行为理论：第4卷 [M]. 曹卫东，译. 上海：上海人民出版社，2004：286.
③ 哈贝马斯. 后形而上学思想 [M]. 曹卫东，付德根，译. 南京：译林出版社，2001：84.

立具有普遍适应性的社会规范和文化认同。在当今社会，数字化技术改变了人们的学习方式、交往方式和行为习惯，深刻影响人类的生存方式，高校的人文通识教育更需要从文化层面寻求共同的知识背景，达成相互理解的基础，进而形成社会共同的规范与共识。在个体发展层面上，个体要具备辨识各种现象的批判性眼光，实现个体对文化传统和社会规范的认同与遵守。

交往理性理论是基于哈贝马斯对交往目的和交往原则的认识而提出的，是相对于工具理性而言的。工具理性追求以计算成本和收益的最大化为目标的行为方式，在实践中体现为以控制为目的的"策略行为"。而交往理性则注重意义的追寻，认为通过理解沟通促进协调发展才是意义和价值所在。交往理性是"两个具有语言能力和行为能力的主体之间的关系，是至少两个具有语言能力和行为能力的主体之间通过符号协调的互动，遵循一定的规范，借助语言媒介，通过对话达成人与人之间的相互理解和一致"。注重主体间的关系即主体间性，以人与人之间通过协调与互动达成共识为意义追求。"我把以符号为媒介的相互作用理解为交往活动，相互作用必须按照遵守的规范进行，规范规定着相互之间的行为期待，且必须得到行动主体的理解与认可。"①

将"沟通与交往"作为人文素养课程的核心理念，取代以学科命名的"语文"和以工具理性为目标的"写作"，使学习者意识到主体间的尊重、理解与沟通是人类社会承续和发展的关键。以主体间性理论为基础的有效沟通课程能够更好地重建交往理性，以纠正当今社会和个人生活中过度的工具理性倾向，实现人的全面发展。

三、跨学科背景下有效沟通课程建设的路径选择

作为通识课的有效沟通课程，在培养目标方面突破学科视域，不再把沟通行为作为文学、管理学、心理学、传播学等学科观照下的沟通，而是将沟通作为一种通用能力和必备素养，突出"以沟通为目的的表达"，以沟通统摄各学科不同的沟通认知和沟通理论，以沟通场景统一口头沟通和书面沟通两

① 哈贝马斯. 作为"意识形态"的技术与科学 [M]. 李黎，郭官义，译. 上海：学林出版社，1999：49.

个维度，着力培养应用型人才应具备的基本沟通说写能力。

（一）课程目标设定

有效沟通课程将人文素养培育与沟通表达能力培养相结合，以语言文字运用和沟通意识、沟通智慧的培育为目标，通过沟通现象、沟通案例分析，不同学科理论阐释以及场景实训，指导学生掌握沟通学的基本原理和策略，建立良好的沟通意识，着力从"语言沟通"和"书面沟通"两方面指导学生进行"专业性思考"和"复杂性沟通"训练，真正帮助学生提高有效沟通能力，全面提升学生的沟通素养和社会融合能力，为学生的可持续发展服务。有效沟通课程从知识、能力、素养三个层面设定目标。

在知识目标层面，有效沟通课程要求学生理解沟通的内涵与意义，了解沟通的基本理论，熟悉沟通的过程和环节，掌握有效沟通的要素与策略，重点理解和掌握不同类型的沟通实践的目的、沟通方法、沟通要素，并能在实际的沟通实践中灵活应用。

在能力目标方面，有效沟通课程希望学生能在不同沟通场景中合理运用沟通策略，熟练运用沟通技巧，解决实际问题；掌握口头沟通和书面沟通的思维和方法，准确、自如、完整地表达观点或意见，具备构思、撰写书面沟通材料的能力，具备人际交往过程中，情感融通的能力，协调组织关系，提升社会融合能力。

有效沟通课程在知识储备和能力训练的基础上达成素养目标，使学生具备良好的沟通意识，构建和谐人际关系；熟悉沟通与人际交往的相关礼仪，塑造积极健康的沟通形象。通过沟通学习，学生能够体会换位思考、推己及人的为人修养和处世智慧。

（二）教学内容建构

从教学内容方面，有效沟通课程打破以往按照知识体系构建的课程内容的做法，按照学生的认知和实践需要将理论、实践、教学案例、场景训练融合起来，按照"重塑沟通认知-沟通综合实践与能力修炼-沟通意识内化提升"的主线组织教学内容。三个部分分别对应沟通基础、沟通实战、沟通本质三个模块。

沟通基础部分设置"社恐还是社牛""知识的诅咒"两个课程主题，分别从沟通的心态、沟通的层次、沟通的障碍、沟通的信度和效度等方面展开，目的是让学生树立正确的沟通意识，了解沟通的层次和要素，认识沟通中的各种障碍，了解沟通的基本原则，理解有效沟通的条件与策略。这部分回答"我为什么要沟通"的问题，是沟通的前提和基础。

沟通实战部分以具体的沟通场景为主题，设置了11个部分，分别是最熟悉的陌生人（自我沟通）、Z世代与X世代（家庭人际沟通）、在最好的时光遇见你（校园人际沟通）、讲故事永远胜于讲道理（社会人际沟通）、面试那些事（面试沟通）、至关重要的一分钟（商务沟通）、组织黏合剂（行政沟通）、找到对的位置（学术沟通）、数字鸿沟与信息茧房（"云端"沟通）、V1还是V2：勇于承担责任者与小丑和恶棍（危机沟通）、文化互鉴与文化融合（跨文化沟通）。其中，自我沟通包括自我认知、自我表露、自我调适，让学生认识到沟通就是一个认识自我、提升自我、超越自我的过程。日常人际沟通主要从家庭、校园、社会几个场景展开。职场沟通主要涉及学生常用的沟通场景，如面试沟通、商务沟通、行政沟通、学术沟通，面试沟通是每个学生走向社会必要的技能准备，商务沟通和行政沟通主要侧重不同组织中，向上、向下和平行沟通的方式和要点，学术沟通用于各类路演、答辩和专业交流场合，主要关注学生沟通的逻辑性。云端沟通、危机沟通、跨文化沟通则是针对特殊的沟通情境进行的沟通，云端沟通是适应当下互联网时代新的社交平台沟通方式的需要而产生的，危机沟通和跨文化沟通则是应对不同沟通对象、不同文化环境的复杂沟通。这部分回答"我怎样去沟通"的问题。

沟通本质这一模块是从沟通的"道"的层面设置的一个部分，希望学生明白沟通不仅仅是"术"、技巧和策略及工具，同时是人与人之间互相理解、互相尊重、相互信任的桥梁。树立沟通意识，体会有效沟通作为一种理念和价值观，是一种换位思考、推己及人的为人修养和处世智慧。这部分回答"沟通为了什么"的问题。

有效沟通课程在各类沟通场景中，融入沟通的不同要素，让学生更好地体会沟通的要义。沟通的要素主要有信息发送者、接收者，沟通的内容（信息）、思想和情感，沟通渠道，沟通反馈方式，沟通环境，沟通中的文化差异，等等。概括来说，影响沟通达成的因素有个人因素、人际因素、结构因素、技术因素，其中个人因素包括沟通障碍、沟通形象塑造、沟通技巧差异。人际因素包括沟通双方的信任程度、信息的信度与效度、沟通人际风格类型。

结构因素包括地位差别、信息传递链、团体规模和空间约束。技术因素包括语言文字、倾听与反馈、故事思维与交谈技巧、非语言沟通、沟通媒介、沟通信息的选择、沟通语境、沟通风格与文化变量、沟通礼仪。每一种沟通场景都会综合运用各种沟通要素，但在具体教学内容的安排中，三亚学院有效沟通课程突出了每种场景中尤其重要的沟通要素，比如在家庭人际沟通中，重点讲了沟通中的权力运用、倾听与反馈两个要素，这是家庭人际沟通中造成沟通障碍的主要问题，因此作为重点分析。在面试沟通中，非语言沟通要素是非常重要的元素，很多面试者经常会忽略表情和体态语在面试中的作用，因此作为面试沟通的要点。

（三）教学环节安排

三亚学院有效沟通课程作为本科通识课程，不但重视学生沟通能力应用与沟通技能提升的培养，还重视基于客观规律的沟通机制与沟通理论的讲解。课程打破原有的学科分割，融合管理学、逻辑学、公共关系学、社会心理学、传播学、语言学、营销学、行政学等多门学科的管理学知识，从各种不同探讨沟通的视角，将沟通的心理机制、沟通的语言修辞、沟通行为理论、沟通的组织理论、沟通文化理论等进行整合。课程按照触发、探索、整合、解决的环节安排教学。触发环节以具体案例引出问题，使学生在认知冲突中积极思考；探索环节以互动讨论的形式，分析沟通案例中的争议和分歧点，提升学生的思辨能力；整合环节以理论知识讲解为主，用理论解释沟通现象，解析沟通困惑，深化认知；解决问题环节设置沟通场景，开展场景化教学，情境的设置要有临场感和适用性，能够给学生带来思考和冲击，并适合开展具体场景中的实战练习。

基于学生专业的差异性，在具体的教学活动开展前，教师需要做好学情调研，了解学生的既有知识结构和学习兴趣点，以此决定教学的重难点。另外，教师要根据专业的不同，选择教学内容。教学内容的安排要与专业课程中的沟通内容形成互补，避免知识重复。比如，管理学专业的有效沟通课程可以略去商务沟通的内容，心理学专业的有效沟通课程对校园人际沟通中的非暴力沟通就可以不讲，汉语言文学专业的有效沟通课程不需要重复行政书面沟通的内容，以此来最大限度地保障教学内容的新颖和有效。

总之，以交往为目的的有效沟通课程，在通识教育课程中，实现了大学语文到大学写作再到有效沟通的更替与迭代，是从主客对立的主体思维到交互主体为中心的主体间性的转变，是教育理念更新的结果，也是基于怎样培养全面发展的人的思考和探寻。作为通识教育的有效沟通课程，不再局限于一个学科、一个领域的理论体系，而是贯通各个学科，从多角度思考沟通问题，探寻沟通本质。通识教育的有效沟通课程不仅仅关注沟通中语言文字的组合与运用、各种沟通技巧的提升、沟通的心理与动机以及沟通的方式与场合，更多地关注沟通思维的发展与提升、沟通中的文化与价值，将进一步整合沟通课程的知识体系，聚焦沟通能力的培养，提升学生的实践沟通能力和社会融合能力。

参考文献

［1］温儒敏.语文课改与文学教育［M］.南京：江苏教育出版社，2007.

［2］洪爽.美国高校工科专业写作沟通课程建设研究［D］.广州：华南理工大学，2021.

［3］哈贝马斯.交往与社会进化［M］.张博树，译.重庆：重庆出版社，1989.

［4］孙绍勇.交往理性的主体间性向度解析及当代审思——以哈贝马斯交往范式与交往实践旨趣为论域［J］.山东社会科学.2022（7）：57-65，143.

高校网络文学人才培养模式研究*

人文与传播学院助教　王宇

网络文学是当前年轻有活力、传播效率快、发展迅速的文学类型。网络小说是其中的代表，是受众数量多、产业链条完整的文学类型之一。中文网络文学随着 20 世纪 90 年代互联网的发展而发展，其产业发展过程中积累众多从业人才和广阔的读者市场。部分高校开设了网络文学专业或网络文学课程，探索出网络文学人才培养模式。

一、中国网络文学产业的发展

"榕树下"网站的创办标志着中国网络文学的兴起。该网站是美籍华人朱威廉于 1997 年 12 月 25 日在上海注册成立的文学网站，随后上海榕树下计算机有限公司建立。① "榕树下"网站延续传统文学以作品为主体的理念，建立庞大的编辑队伍，以期网罗优秀网络文学作品，把网站做成电子版的《收获》。公司收益主要来自图书出版以及广告。"榕树下"网站文学作品大多以都市、言情、青春、历史、军事等现实主义题材为主，风格较为严肃，注重文本的文学价值。大陆网络文学名家涌现，安妮宝贝、韩寒等都是代表。"榕树下"也是最早举办网络原创文学大赛的网站，自 1999 年到 2010 年共举办

---

* 本文系三亚学院校级线上线下混合式教学质量标准及评价体系建设项目"新文科背景下汉语文学类课程混合式教学效果研究"（项目编号：SYJBP202318）阶段性成果；校级产品思维导向特色课程改革项目"网络文学"（项目编号：SYJKCP2023025）阶段性成果。

① 陈阳. 网络文学资源的跨媒体经营——榕树下全球中文原创作品网案例简析 [J]. 编辑之友，2003（2）：16-18.

五届，这些评选促成网络文学发展早期的主要活动。

"天涯社区"文学版块也是网络文学的尝试。"天涯社区"诞生于1999年，推出之时正值四通利方改版为新浪网，老网友纷纷出走，其中一部分来到"天涯社区"，这为"天涯社区"的起步发展奠定良好的人文基础。① 创办初期，该网站没有找到合适的商业运作模式，加之主导者对网站发展定位不明确，"天涯社区"步履维艰。伴随2004年前后互联网热潮的到来，"天涯社区"找到适合自己发展的运营模式：为受众提供精准广告，探索网站与无线移动业务的连接，以扩大用户基数，向实用型社区方向发展，为成熟型网民提供分类信息等。随着"天涯社区"知名度的提高，大量新用户涌入，给原有社区氛围造成负面影响，对老用户造成很大伤害。但是"天涯社区"没有足够重视，也没有采取应对措施，仅沉迷在新增用户及内容的喜悦之中，导致忠实用户流失，内容质量下滑。尤其是到2009年微博兴起之后，天涯的衰落日益明显。2015年4月30日，天涯社区网络科技股份有限公司悄然向全国中小企业股份转让有限公司递交了转让说明书。

"起点中文"网站对于网络文学商业价值的开发是较为成功的。该网站成立于2001年11月，其前身是一个玄幻文学协会的论坛，创建者为吴文辉和几个网络文学爱好者。2001—2004年属于个人网站性质，2004年后被盛大集团收购，开始进入快速商业化阶段。作为21世纪国内最大的网络文学阅读平台，2003年10月，"起点中文"是最早实行付费阅读制度的网站②，并取得成功。付费模式包括：签约网上优秀作品，前半段免费，后半段付费；以章节为单位，按2分/千字的价格进行购买阅读，这后来成为行业的通行标准，作者可获得用户付出的50%~70%费用作为报酬，按月结算。"起点中文"网站90%的收益来自付费阅读，使得网络文学的收益部分地脱离传统纸质出版的老路，获得相对独立盈利模式。"起点中文"网站注重维护作者利益，有多种针对作者的扶持计划。依靠相关机制，"起点中文"网罗大部分业内优秀作者。2008年，"起点中文"推出"全国30省作协主席小说联展"。2009年，中国作家协会所属的鲁迅文学院与"起点中文"等网站联手举办"网络文学

---

① 郭茂灿.虚拟社区中的规则及其服从——以天涯社区为例 [J].社会学研究，2004（2）：103-111.

② 刘文欣.中国网络自出版现象考察 [J].编辑学刊，2013（5）：17-22.

作家培训班"。2011 年，"起点中文"作家唐家三少与莫言、贾平凹、余华一道成为中国作家协会第八届全国委员会委员，标志着网络文学被主流文学接纳。

二、高校网络文学人才培养现状

网络文学自 20 世纪 90 年代产生到被主流社会接纳经历了一段较长的过程。1996 年，《中国时报》首先刊出"网络文学争议"专栏，表明网络文学受到传统媒介关注。1999 年，中国作家协会官网开设"网上发表"栏目，说明官方机构开始关注网络文学。自第八届茅盾文学奖开始，"持有互联网出版许可证的重点文学网站"即有资格推荐作品，因此，晋江文学城、半壁江中文网和中文在线 3 家文学网站共推荐了 5 部网络文学作品，占 252 部入选作品的 2%；另一名网络写手"唐七"的作品也由一家出版社推荐入围，标志网络文学参与到严肃的文学批评体系之中。2002 年，中国第一个网络文学研究所成立，部分院校开始重视这个文学现象，促进高等教育开设网络文学课程或专业的进程。2015 年，《中共中央关于繁荣发展社会主义文艺的意见》明确推动网络文学、网络音乐、网络剧、微电影、网络演出、网络动漫等新兴文艺类型繁荣有序发展，促进传统文艺与网络文艺创新性融合，鼓励作家、艺术家积极运用网络创作传播优秀作品。

目前，高校开设网络文学课程或专业各有侧重，大致可以分为以学术研究为主的北京大学模式和以产业合作为主的上海视觉艺术学院模式。

以学术研究为主的北京大学模式是目前院校参与数量最多、研究范围最广、成果最突出的模式。以北京大学为例，网络文学课程最初由邵燕君老师开设于 2010 年秋学期，每个学期所研讨的内容都会在上一学期的基础上有所推进。2012—2013 年第一个学期课程的主题是"网络文学类型研究"，该年度第二个学期的课程主题变为"网络文学生产机制研究"。经过两个学期的研究，课程主题深入网络文学场域的内部，展开对网络文学作家作品的研究。①

---

① 北京大学新闻网.【我的大学课堂】"回归对文学最初的爱"——我的"网络文学"课堂 [EB/OL].（2014-01-27）[2024-5-14]. news. pku. edu. cn/xwzh/129-281149. htm.

　　2014 年，北京大学开设网络文学研究与创作课程，40 多名学生分成六组，分别在起点、腾讯、百度、红袖、晋江、豆瓣写作连载小说。其中，"哨子"团队创作的《妖店》因点击率不高而受到网友揶揄。每两周各小组都要进行阶段总结，观察研究的结果最终汇总为年度总结《网络文学 2014：多重博弈下的变局》，先后发表在课堂运营的微信公众号和《文艺报》上。教师要求学生按照网站制定的规则来创作，这主要有两个用意：其一，亲身体会网络作家面对的环境，有助于学生深入研究；其二，希望创意写作专业的学生在实践中学习写作网文、课堂报告、新媒体稿件等，探索适合自己的研究方向和方法。网络文学课程指导教师邵燕君坦言："就创作而言，我们基本的思路并不是给网站输送写手。"①

　　近几年，北京大学的网络文学教学开始探索产业化的方向。2023 年，北京大学全国网络文学高级研修班由北京大学中文系教授、文学讲习所副所长邵燕君牵头组织知名学者和作家参与，以继续教育的形式开展。研修班依托北京大学中文系和北京大学文学讲习所雄厚的师资力量，聚焦网络文学最新的创作与发展潮流，为全国网络文学创作与研究者提供讨论与交流平台，共同回顾历史，总结经验，发现和讨论网络文学创作与研究中的重要问题，帮助网络文学创作者与研究者提升理论素养与实践能力。培训目的是推动网络文学创作市场的繁荣发展，研讨当下的文学问题与时代症候，培养对象为网络文学创作爱好者、研究者、创作者等。课程设置分为网络文学的基本理论与发展历史、网络文学创意写作的基本方法与案例、网络文学研究的基本方法与案例、网络文学创意写作与研究工作坊等四个模块，具体内容包括网络文学基本概念和发展概论、网络文学评价标准和重要类型代表作、网络文学与传统文学的关系、文学中的爱情、网络文学的诞生、网文的摇篮和起点模式的建立、"女性向"网络文学的建立和发展、网络文学创作原理、网络文学神话研究、网络文学类型研究、网络文学的编辑和运营、网络文学修仙文研究、网络文学言情文学研究、网络文学历史文研究、游戏化向度的网络文学、网络文学的 IP 改编、网络科幻文的写作、新媒介写作实践、《红楼梦》中的人设、古风歌词的写作等。另有多个研讨主题，包括"网络文学的概念""定

---

　　①　北京大学校友网. 北大开设网络文学课，是一个新人上路未获成功的故事［EB/OL］.（2015-03-25）［2024-5-14］. pkuorg. lb. pku. edu. cn/people/xzfc/82660. htm.

义和独立评价标准的建立""如何看待'爽文'和'爽文学观'""网络文学的主流化和经典化""网络文学的创作技巧""网络文学的付费模式和免费模式""网络文学的生产机制和运营模式""网络文学与电子游戏的关系""网络文学与IP改编""网络文学与古典文学的关系""中国网络文学的海外传播"等。

以产业合作为主的上海视觉艺术学院模式是市场化显著、与行业关系密切、可直接为行业输送人才的一类高校人才培养模式。2013年，上海视觉艺术学院学校与盛大文学（阅文集团前身）联合创办国内首个网络文学本科专业，通过整合校企双方优质资源组建精干的师资团队，"学院派"网络文学体系初见成果。课程设置除了包括高等院校必修的基础课程外，还融合具有一定实用性和前瞻性的课程，涵盖小说与故事创作、创意与写作、编剧元素、古代和现代汉语、电视剧剧作、微电影剧作、中外文学史、网络文学史、网络文学策划以及版权管理和运营等。2018年，中国第一批网络文学方向的本科毕业生进入劳动力市场，部分已成长为签约作者和知名网文作家。该校还计划在条件成熟时，将开办面向社会的网络文学院，探讨并实施举办网络作家高级研修班，筹拍由优秀网络文学作品改编的微电影、电视剧、电影等，并选拔、培养一批网络作家、策划高手和运营人才。

三、网络文学人才培养的未来可能

笔者从课程设计结合产业发展的角度，兼顾北京大学模式和上海视觉艺术学院模式，提出网络文学人才培养的一种可能。

基于三亚学院定位和学生特点，笔者建议网络文学专业的课程设置由以下几个部分组成。第一，网络文学理论，包括网络文学的产生与发展、网络文学的媒介与载体、网络文学形态、网络文学的特征、网络文学传播、网络文学功能与价值、网络文学的局限。第二，网络文学赏析，包括经典网络作品推荐、欣赏与评价。第三，网络文学创作，包括网络文学叙事、网络微小说创作。第四，网络文学网站运营管理，包括晋江文学城运营、盛大文学网站运营等。

近年来，伴随着移动互联技术的进步和创作队伍的提质升级，网络文学产业蒸蒸日上，创作领域和传播半径不断拓展，优质作家和精品力作不断涌现。不过，网络文学现场纷繁复杂，从文学本体至网络文学产业、从青少年阅读风尚到媒介融合的影响，都需要网络文学研究者不断扩大研究领域，聚焦前沿问题，及时回应网络文学发展中的实践问题。

通过对网络文学理论的学习，学生会了解网络文学的基础知识、网络文化的发展脉络，正确接触网络文学，懂得创作和欣赏网络文学作品，提升学生网络文学的基本素养，建设积极健康的网络文化和校园文化。

通过对网络文学作品的赏析，学生能够充分认识到作品应观照时代，需以现实厚度延展创作维度。无论是书写山乡巨变、脱贫攻坚，还是关注科教兴国、非遗国潮，抑或是描摹职场奋斗、青年成长，网络文学作品都得益于拥抱现实，正因为此，网络文学的作品主题、叙事视角更为多元。好故事照见人间烟火，随着拥有不同经历的人进入创作队伍，网络文学的万花筒更加多彩。摆脱同质化、套路化的创作顽疾，扎根大地、向上生长，网络文学就能实现高质量发展。

网络文学创作有很多类型，网络文学作者有着相当的知识储备，他们以其硬核知识，借助穿越、重生、金手指等叙事手法，开创了"职业流"写作，创作出一批有趣又有料的网文作品，取得了不俗的业绩。但更多的网文作者缺少知识积累，于是在故事讲述中乏善可陈，捉襟见肘。学生通过课程学习不难发现，无论哪个类型的网络小说创作，除了基本的文学基本功之外，本质上都需要相应的历史哲学、地理人文、科学技术、日常生活等知识作为文本血肉和内容底料。

移动互联网的发展催生了新的消费需求，也为网络文学作品的开发运营创造了更多的可能。学生通过课程学习可以了解到，网络文学平台的运营模式也发生了变化，收入渠道从简单的在线阅读付费收入到实体书出版费用、广告收入、读者作者的打赏互动等。收入渠道的拓宽，变相反映了网络文学作品的多方面开发，涉足领域包括影视、音乐、游戏等。这一模式，用当下的专业术语来概括就是全版权运营模式。

总体来说，网络文学专业课程时长为 15 周，从网络文学的历史和现状入手，展开论述网络文学类型化写作的内容，最后讲解网络文学作品和写作的技巧和要求，既让学生了解课程的学习内容，又让学生理解课程学习的有效方法和技巧。

　　教师在教学中可采用课堂提问、平时作业和期末考试三种方式考查学生的学习效果。课堂提问主要考查学生对教学常识的掌握程度。平时作业通过分享、讲解、讨论等方式让学生将理论和实践相结合，并以此掌握和判断学生的学习情况和效果，以便及时调整课程的教学方式和方法，实现提升学生由理论转化为实践的能力。通过统一的期末考试，考查学生对教学内容的掌握情况。三种考查形式分别从短时应用、系统分析和课程体系检查学生的学习情况，保证教学的紧张度。

　　学生需要每次课前做好经典书目阅读和教材内容预习，以及上网查找相关案例材料等工作。每个专业的学生以 3~5 人为一组，教师帮助设置各组讨论群的主题，每周进行 1 次课后复习讨论，每两周就课程内容进行专题讨论。每名学生根据讨论情况，选择完成 2 份专题讨论心得，分别在第六周和第十二周作为作业提交。小组负责人每两周需向任课教师当面汇报工作进度。期末考查以网络微小说创作为结课作业，需要个人提交至少 1 篇 3000 字以上的网络微小说，也可以团队的形式分章节写作。

四、结论

　　网络文学产业历经较长时间的发展，逐渐完善并被主流文化接纳。部分高校开始开设网络文学课程，或者开设相关专业进行网络文学人才的培养，主要包括以研究为主的北京大学模式和面向市场的上海视觉艺术学院模式。随着网络文学的商业化发展，北京大学也逐渐开始探索研究成果转化商业价值的路径。笔者融合两种模式提出高校网络文学人才培养的一种新可能：以教师专业知识授课与学生行业探索相结合的方式开展为期 15 周的教学，学生以小组合作的方式进行网络文学行业多领域与网络文学创作探索，平时作业主要为行业探索成果，期末提交内容则为一学期的网络文学撰写成果。

参考文献

[1] 贺予飞.中国网络文学起源说的质疑与辨正 [J].南方文坛，2022（1）：92-103，111.

［2］黎杨全. 从网络性到交往性——论中国网络文学的起源［J］. 当代作家评论，2022（4）：4-12.

［3］邵燕君，吉云飞. 不辨主脉，何论源头？ 再论中国网络文学的起始问题［J］. 南方文坛，2021（5）：117-123.

［4］陈阳. 网络文学资源的跨媒体经营——榕树下全球中文原创作品网案例简析［J］. 编辑之友，2003（2）：16-18.

［5］郭茂灿. 虚拟社区中的规则及其服从——以天涯社区为例［J］. 社会学研究，2004（2）：103-111.

［6］刘文欣. 中国网络自出版现象考察［J］. 编辑学刊，2013（5）：17-22.

［7］吴长青. 新时代网络文学学科建设研究［J］. 出版广角，2018，（21）：33-35.

［8］谭铭，王玥然，孙中荟，等. 浅析中国 IP 产业发展中的高校人才培养模式转变［J］. 教育现代化，2019，6（50）：3-4.

［9］吴怡频. 中国网络文学产业高质量发展路径研究［J］. 中国出版，2024（5）：67-70.

［10］侯庆辰. 由文学网站团队建设看理念与人才对网络文学生态的影响［J］. 网络文学评论，2019（3）：9-11.

全媒体人才创新培养模式探索

人文与传播学院副教授　郑丹

随着数字技术的迅猛发展，媒体行业正经历前所未有的变革。传统新闻业的壁垒和模式被逐步打破，全媒体传播环境成为主流。在这种环境下，新闻传播行业对人才的需求发生深刻变化，新闻传播学科的教育模式也在发生转变，对应用型人才提出更高的要求。

2018 年 10 月，《教育部 中共中央宣传部关于提高高校新闻传播人才培养能力 实施卓越新闻传播人才教育培养计划 2.0 的意见》（以下简称《卓越新闻人才 2.0 计划》）提出，经过 5 年的努力，建设一批马克思主义新闻观研究宣传教育基地，打造一批中国特色、世界水平的一流新闻传播专业点，形成遵循新闻传播规律和人才成长规律的全媒化复合型专家型新闻传播人才培养体系，培养造就一大批适应媒体深度融合和行业创新发展，能够讲好中国故事、传播中国声音的优秀新闻传播后备人才。

一、新文科建设对全媒体应用型人才培养的学科赋能

新文科理念的提出，标志着我国高等教育改革进入一个新的阶段。特别是在新闻传播学科转型过程中，新文科建设推动跨学科融合、全媒体应用、技术创新与人文素养的综合发展。与传统文科相比，新文科更加强调跨学科融合和信息技术的应用，以适应社会的快速发展。新文科建设对新闻传播学科带来显著的影响，推动该学科的深度变革与创新。

（一）跨学科融合与数字化转型并举

新文科建设倡导跨学科融合，使新闻传播学科不再局限于传统的新闻学、传播学，而是与计算机科学、社会学、数据科学、人工智能等学科紧密结合。这种融合使新闻传播学科能够更加全面地理解和分析复杂的社会现象，并为新闻从业者提供多元化的技能组合。

数据新闻的兴起是新闻与数据科学相结合的产物，传统媒体与新媒体的界限逐渐模糊，数字媒体成为主流，新闻传播的方式和手段发生了根本性的变化。因此，新闻传播学科需要更加注重数字媒体技术的教学，如多媒体制作、虚拟现实、社交平台运营、算法推荐等。

（二）行业生态转向人工智能融合，注重实践与创新

新文科建设推动新闻传播学科在内容生产与分发上创新。传统的线性新闻生产流程借助基于大数据分析、人工智能辅助的新闻生产模式，学生需要知晓如何利用数据分析工具来发现新闻线索，利用人工智能技术进行内容创作与分发，以及在全球化背景下理解和满足同文化背景下的受众需求。新文科建设将推动新闻传播学科更加注重实践与创新，课程设计上重视学生的实践能力，通过各种项目和实训，培养学生在实际新闻传播工作中的创新能力，鼓励学生在数字媒体环境下探索新的传播方式和内容形式，如互动新闻、数据可视化、沉浸式报道等。

（三）注重全球视野与文化自信

新文科建设坚定文化自信的同时强调全球视野。新闻传播教学重视国际新闻传播能力的培养，鼓励学生关注全球事务的发展变化，理解不同文化的传播规律，加强对中国本土文化的传播与国际化。2020 年 11 月，教育部高等教育司主要负责同志在新文科建设工作会议上指出，新文科建设的时代使命是提升国家形象，也就是提升国家文化软实力，塑造国家的硬形象。新文科建设强调人文关怀与社会责任，这一点在新闻传播学科中也得到重视，将培养学生在全球背景下讲好中国故事，提升中国在国际传播中的话语权。因此，新闻传播学科教育不仅关注人才技术技能的培养，还加强新闻伦理、社会责任感的教育，需培养学生在信息社会中的公民意识和对社会公正的关注。

二、新文科建设导向对全媒体应用型人才提出的能力要求

有学者认为，新文科建设背景下的新闻传播学应更加注重多学科融合，将技术与人文结合、数据科学与计算机技术融入新闻传播学科，以期培养能够适应全媒体环境的人才。此外，新文科对新闻传播学科课程体系改革的影响也体现在高校课程中增加数据新闻、人工智能与新闻、跨文化传播等课程模块，以应对新媒体环境下的挑战。随着数字技术的迅猛发展，媒体行业正经历前所未有的变革，传统新闻业的壁垒和模式被逐步打破，全媒体传播环境成为主流。在这种环境下，新闻传播行业对人才的需求发生深刻变化，对应用型人才提出更高的要求。

（一）跨媒体整合能力

全媒体环境下，新闻传播不再局限于单一媒体形式，而是涵盖文字、音频、视频、图像、数据等多种表现形态。媒体从业者需要具备跨媒体整合能力，能够在不同平台上灵活转换，整合多种媒介资源，进行内容创作和传播。记者不仅需要会撰写新闻稿，还要能拍摄和编辑视频，以及设计图表和进行数据可视化传播。这要求学生不仅必须掌握广泛的技术技能，还能将这些技能整合应用于不同的传播渠道。

（二）数据处理与分析能力

大数据的涌现与算法的推演促使数据新闻逐渐成为新闻报道的重要形式之一。在这一报道形式生产过程中，媒体从业者需要具备数据处理与分析能力，能够从庞杂的数据中提炼出有价值的信息，并通过可视化技术将其转化为易于理解的新闻内容。这需要从业者不仅具备扎实的统计学科知识和数据分析思维基础，还要对数据伦理有深刻的理解，以确保新闻报道的公正性和准确性。

（三）创新与技术适应能力

新媒体技术的快速迭代要求新闻传播人才具备强大的创新与技术适应能

力。无论是人工智能在新闻报道中的应用，还是虚拟现实、增强现实等技术的尝试，媒体从业者都需要保持对新技术的敏感性，能够迅速学习并应用这些新工具来增强新闻的表现力和互动性。这种技术适应能力不仅体现在对新设备和软件的掌握上，还体现在对新兴传播方式的探索和创新思维的培养方面。

（四）国际视野与职业道德准则

在全球化进程加速的背景下，新闻传播行业要求从业人员具有较强的跨文化交流能力和宽广的国际视野，能够在不同文化背景下进行有效的宣传与报道。这不仅要求媒体从业者具备多语言能力，还要有敏锐的跨文化理解力和一定的全球视野，能够准确把握和分析对外传播中的文化差异和复杂性。全媒体环境下，信息传播的速度和范围空前扩大，媒体的社会影响力也随之增强，这要求媒体从业者具备强烈的社会责任感、恪守职业道德准则，能够在信息传播过程中自觉维护公众利益，抵制虚假新闻和有害信息的传播。同时，他们还需要在复杂的社会环境中，保持新闻报道的客观性和公正性，以维护媒体的公信力。

三、新文科导向下全媒体应用型人才培养的困境

新文科建设强调创新的同时，应该避免造成与传统新闻价值观的紧张关系。在高校教学中，新文科建设将整合新技术和跨学科方法教学，但要注意过度强调学科融合有时会忽略学科壁垒。在全媒体人才培养的过程中，教师需要取得平衡，确保创新不会扭曲定义新闻业的道德标准，以免对全媒体应用型人才培养造成负面影响。

（一）跨学科整合面临挑战

虽然将数据科学、人工智能和文化研究与新闻业相结合的想法具有一定的发展前景，但实际执行可能会面临一些困难。事实上，并不是所有新闻专业的学生都对编码或数据分析等技术学科具有学习能力或兴趣。这可能会导致不均衡的学习体验：一些学生成绩表现优异，另一些学生则在努力跟上进

度。此外，接受过数据新闻、人工智能和数字媒体培训的学生可能会在科技公司或新媒体平台上找到更多的机会，而不是在传统的新闻编辑室里，这种转变可能导致传统新闻业失去对人才的吸引力。

（二）教学资源不均衡和教师发展束缚

全媒体人才培养向新文科建设的过渡需要大量的资源，包括新技术、课程开发和教师培训等。然而，并不是所有的机构都有足够的资源来实现这些目标。教师，特别是那些有传统新闻背景的教师，可能需要多次再培训才能掌握新的教学理念、获取新的技能，这可能会造成院校之间的差异。此外，新文科的概念可能会因当地的教育文化而有不同的解释，导致不一致的实施方案和教学结果。

（三）缺乏融合深度和深入实践

新文科建设有利于开拓全球视野，全媒体人才培养的改革过程一旦采取肤浅简单的改革方法就容易造成偏差，简单地在课程中添加国际传播内容并不会自动导致对全球问题的深刻理解。

大数据挖掘可能会让学生获得广泛而肤浅的全球数据与不同文化之间造成的冲突，而无法有效获得驾驭复杂的全球问题所需的深度。

虽然新文科建设强调实践经验，但如果不精心进行课程设计，可能会让学生得出比较肤浅的结论。短期项目或模拟案例无法提供传统实习或长期报告所提供的深刻、持续的经验。学生离开时，可能会对新闻实践有广泛但肤浅的理解，缺乏在现实世界中处理复杂事务所需的经验。

（四）数字鸿沟和技术依赖

新文科建设对数字技能和技术的强调可能会无意中加剧现有的不平等：有的学生可能缺乏某些技术或数字读写技能，使他们与同龄人相比处于劣势。也就是说，数字鸿沟可能导致新闻教育的不平等机会和结果，特别是在一个越来越依赖先进技术的领域。

虽然数字和技术技能在现代新闻业中至关重要，但过分强调这些技能可能会牺牲批判性思维、创造力和叙事能力。新闻作品不仅仅依靠掌握的工具，更需要讲述能引起观众共鸣的、引人注目的故事。对技术熟练程度的过度关注可能会导致学生技术熟练，但缺乏撰写优秀新闻作品应具备的讲故事能力和思维能力。

（五）人工智能和大数据的伦理问题

在全媒体人才培养中，人工智能和数据科学整合到新闻报道的过程出现新的伦理问题，这些问题可能无法在教学中得到充分解决，比如算法偏见、数据隐私和人工智能在内容创作中的道德使用等问题需要进行批判性的审查。事实上，一旦这些问题没有得到充分解决，学生有可能在没有完全了解他们所使用的技术的道德影响的情况下就进入劳动力市场。

这些争议突出将新文科建设融入新闻和传播教育的复杂性。虽然总体方向是正确的，符合迅速变化的媒体格局的需要，但仔细研判这些问题对于确保学科建设的有效和公平至关重要。随着新文科建设的不断发展，平衡创新与传统、突破资源限制、加强伦理教育是需要不断解决的挑战。

四、全媒体应用型人才培养的国内外路径

（一）海外高校新闻传播学人才培养特色

随着全媒体环境的迅速发展，传统新闻传播学科的人才培养模式面临着前所未有的机遇与挑战。为了应对这一变化，海外相关教育机构纷纷探索新的教学模式，以培养能够适应全媒体环境的应用型人才。本文将分析美国和欧洲等国家和地区在这一领域的实践经验，以为我国的教育改革提供参考。

1. 美国新闻传播学科的人才培养模式

美国的新闻传播教育在全球具有一定的影响力，尤其在培养应用型人才方面，其创新性和实践性教学方法为世界各地提供借鉴。美国新闻传播学科的应用型人才培养模式通常强调与行业的紧密结合，通过校企合作和实习实践为学生提供丰富的实践机会。

根据美国新闻编辑协会（American Society of News Editors）2020 年报告，美国许多新闻传播院校通过与各大媒体公司深度合作，建立相对成熟的实习项目体系。这些实习项目不仅限于课堂教学，更延伸到真实的工作环境中。纽约大学（New York University）的新闻学院与《纽约时报》（The New York

Times)、美国广播公司（ABC）等媒体公司建立长期合作关系，为学生提供实习机会。这些实习项目通常以真实新闻事件为素材，学生在导师的指导下，参与从新闻选题、采访、写作到编辑、发布的全过程。通过这种方式，学生不仅能将所学理论应用于实践，还能接触到最新的新闻生产技术和流程，大大提高了他们的实际操作能力和就业竞争力。

除了实习项目，美国的新闻传播院校还重视项目制学习（Project-Based Learning，PBL）。这一教学模式要求学生在团队中合作完成一个与新闻传播相关的实际项目。这类项目通常由媒体公司提供课题，学生在导师和企业专家的共同指导下，完成从策划到执行的全过程。密苏里大学（University of Missouri）新闻学院的学生常常参与由当地电视台和报纸主办的调查性新闻项目，这些项目通常涉及复杂的社会问题，学生必须运用数据分析、调查采访、视觉设计等多种技能，产出高质量的新闻作品。通过这样的项目实践，学生不仅能够提高专业能力，还能够培养团队协作、时间管理和问题解决等技能。

2. 欧洲新闻传播学科的跨学科实验室模式

欧洲的新闻传播教育同样注重应用型人才的培养，尤其在跨学科融合与实验教学方面，许多院校走在前列。欧洲的许多新闻传播学院通过建立跨学科实验室，为学生提供多元化的学习和实践平台，促进技术与人文的深度融合。

以英国伦敦大学城市学院（City, University of London）为例，该校新闻系设有专门的跨学科实验室——"互动新闻实验室"（Interactive Journalism Lab）。该实验室将新闻传播与计算机科学、设计艺术等学科相结合，学生可以在实验室中学习如何利用虚拟现实、增强现实、数据可视化等技术进行新闻报道。实验室为学生提供了从构思、技术开发到内容制作的全流程实践机会，鼓励学生进行跨学科的创新尝试。例如，在一项关于难民问题的新闻项目中，学生使用虚拟现实技术制作了一个互动新闻报道，观众可以通过设备"亲历"难民的逃亡之旅，从而深刻理解这一社会问题的复杂性和人道主义关怀。这种跨学科的创新实践不仅能够增强学生的技术能力，还能够培养其批判性思维和跨文化理解能力。

德国的新闻传播教育在一定程度上体现跨学科实验教学的优势。慕尼黑大学（Ludwig-Maximilians-Universität München）新闻学院设立"新闻与数据实验室"（Journalism and Data Lab），该实验室致力于研究数据新闻、人工智能在新闻中的应用等前沿领域。学生可以在实验室中学习如何通过数据挖掘、算法分析等手段进行新闻报道，并将这些技术应用于社会调查、环境监测等实际问题中。例如，该实验室曾组织学生参与一项关于气候变化的新闻项目。学生通过分析大量气象数据，制作出一系列反映气候变化趋势的新闻报道。这种基于数据和技术的跨学科实践，显著提升学生的创新能力和专业素养。

从美国和欧洲的实践经验来看，全媒体应用型人才的培养需要在教学模式上进行创新，尤其是加强实践教学、跨学科融合和校企合作。这些经验为我国新闻传播学科的教育改革提供参考。借鉴国外的成功经验，我国的新闻传播学教育应在全媒体应用型人才培养模式上进行深入探索和实践创新，以应对日益复杂的全媒体环境带来的挑战。通过深化校企合作、推广跨学科实验教学和项目制学习模式，我们可以更好地培养适应未来媒体行业需求的复合型人才。

（二）我国高校新闻传播学人才培养特色

今天，我国的新闻传播学教育在全媒体应用型人才培养模式上进行多方面的探索和实践创新，取得一定的成绩，主要体现在课程体系改革、校企合作、实践教学平台建设以及跨学科融合等几个方面。

1. 课程体系改革强化实践能力，提升跨学科素养

目前，我国许多高校的新闻传播学科重新设计课程体系，以适应全媒体时代的要求。课程改革的目的是强化学生的实践能力，提升跨学科素养，具体体现在技术课程的引入、融合式课程设置、跨学科课程融合等方面。

复旦大学和中国传媒大学等院校开设数据新闻、数字媒体技术、人工智能与新闻传播等课程，这些课程旨在培养学生在新闻制作中使用数据分析、编程、数字化叙事等新技术的能力。

清华大学新闻与传播学院推出一系列融合式课程，涵盖从传统新闻写作到新媒体产品开发的多个领域。这些课程通常涉及多种媒体形式的运用，如文字、视频、音频、图形等，帮助学生在多平台、多渠道的媒体环境中灵活应对。

北京大学和浙江大学等高校积极推动跨学科教学，不仅教授新闻传播的专业知识，还涉及社会学、法学、经济学等学科，以全面提升学生的分析能力、加强社会责任感。

2. 产教融合为学生提供真实的行业体验

产教融合在我国新闻传播学教育中的重要性日益凸显。高校新闻传播学教育与媒体机构、互联网公司合作，通过共建实验室、联合课程开发和实习项目，为学生提供真实的行业体验。

中国传媒大学与腾讯公司合作建立"腾讯新闻实验室"，该实验室为学生提供一个高科技新闻生产的实践平台，学生可以通过实验室进行数据新闻、视频新闻等领域的实际操作。

上海交通大学与多家知名媒体和企业合作开发"新媒体运营"课程，通过企业和专家的参与，课程内容紧密结合行业需求，提升了学生的就业竞争力。

清华大学与中央广播电视总台、新华网等主流媒体共同开展长期实习项目，学生通过在这些平台的实习，能够参与到新闻生产的全过程，从而提升他们的实践技能和行业敏感度。

3. 实践教学平台建设搭建实践基地

为了更好地培养全媒体应用型人才，许多高校投入大量资源建设实践教学平台，这些平台成为学生进行新闻制作和多媒体内容创作的基地。

中国传媒大学建立"融媒体实验教学中心"，该中心配备先进的媒体制作设备和软件，涵盖电视、广播、网络和移动媒体等多种传播形式。学生可以在这个平台上进行多媒体新闻制作，模拟真实的融媒体新闻生产流程，提升在全媒体环境下的新闻实践能力。

复旦大学的"复旦大学新闻网"不仅是学校新闻发布的渠道，也是学生进行新闻采写、编辑和发布的实训平台。学生可以在真实的新闻环境中实践，积累实战经验。

一些高校联合建立实践平台。华中科技大学与武汉大学合作开设的"中部新闻传播创新实验室"，为两校学生提供跨校、跨区域的实践机会，拓宽学生的视野，增强学生的行业经验。

4. 跨学科融合呈多样态势

随着全媒体技术的发展，新闻传播学与其他学科的融合发展成为趋势，许多高校在人才培养中引入跨学科合作和研究的模式。

浙江大学在新闻传播学科中引入人工智能、数据科学等新兴领域的课程，培养学生的技术应用能力。学生可以学习如何将人工智能技术应用于新闻生产、内容分发和用户数据分析中。

有的高校注重将新闻传播与人文社会科学的研究相结合。北京大学的"新闻与社会"课程，探讨新闻传播与社会问题的关系，培养学生的社会责任感和人文关怀意识。中国传媒大学开设"数据新闻与分析""人工智能与媒体"等多个跨学科课程，将新闻传播与新兴技术相结合。这些课程帮助学生掌握新技术在新闻领域的应用，提高他们的技术素养和创新能力。

5. 实验室升级助力创新创业

为应对媒体环境的变化，一些高校还建立新媒体实验室和创新中心，以支持师生在新媒体领域的研究和创新。

南京大学的"新闻与新媒体实验中心"，配备先进的多媒体设备和软件，支持学生进行虚拟现实新闻、数据新闻等前沿领域的研究和制作。

暨南大学建立"全媒体新闻实验室"，该实验室为学生提供视频制作、音频剪辑、数据分析等全方位的实训条件，学生可以在实验室中完成从新闻选题到内容发布的全流程操作，提升自身在全媒体环境中的综合能力。

浙江传媒学院建立"多元化媒体实训平台"，平台包括新闻摄影实验室、网络新闻工作室、视频剪辑实验室等，学生可以在该平台进行多种媒体形式的新闻制作。该平台还支持跨媒体内容创作，让学生在新闻报道中结合文字、图片、视频、音频等多种形式，增强他们的多媒体表达能力。

不少高校还鼓励学生在新媒体领域进行创新创业，并提供资金、场地和导师支持。中国人民大学建立的"新媒体创新创业平台"帮助学生将创新想法转化为实际项目，甚至孵化出创业公司。

许多高校还与国外著名新闻学院开展交换生项目。北京大学与美国密苏里大学的交换生计划，学生通过参与国际化的课程和实践，拓宽全球视野。清华大学与美国哥伦比亚大学合作推出的新闻传播双学位项目，学生可以在两所大学接受教育，并有机会获得两校的学位，这有助于培养具有国际视野的全媒体人才。中国传媒大学与全球多所知名传媒学院建立合作关系，推出多个国际合作项目，如与英国、美国、澳大利亚等国的大学联合开设的双学位项目和交换生计划，为学生提供国际化的学习和实践机会，培养他们的全球视野和跨文化交流能力。

通过这些探索和实践，我国的新闻传播学教育正逐步走向国际化，致力于培养适应全媒体环境的高素质、创新型人才。

五、结语

在新文科建设背景下，新闻传播学教育正经历深刻的变革。这一变革不仅体现在教学内容和方法的创新上，更体现在人才培养目标的转变上。通过分析现有文献，本文强调跨学科融合、全媒体应用、媒介文化与人工智能技术在新闻传播学科中的重要性。未来，相关研究还需进一步探索如何在实践中有效结合这些要素，全面提升新闻传播学人才的培养质量。

参考文献

［1］American Society of News Editors. Journalism Education in the United States ［J］. Journal of Media Education 2020, 11（2）: 35-50.

［2］Johnson L. The Role of AI in Modern Journalism ［J］. Journalism Studies 2020, 21（7）: 854-871.

［3］University of London. Interactive Journalism Lab. ［EB/OL］. https: //www. city. ac. uk/research/centres/interactive-journalism-lab.

［4］Ludwig - Maximilians - Universität München. Journalism and Data Lab. ［EB/OL］. https: //www. lmu. de/en/research/journalism-and-data-lab.

［5］Smith A. Integrating Data Science into Journalism Education ［J］. Journal of Media Education, 2021 10（1）: 25-37.

［6］Johnson L. The Role of AI in Modern Journalism ［J］. Journalism Studies, 2020, 21（7）: 854-871.

［7］［1］周葆华，陆盈盈. 生成式人工智能影响下的新闻生产创新：实践与挑战 ［J］. 青年记者，2024（3）: 5-11.

［8］周茂君，柏茹慧. 新文科背景下新闻传播学本科专业人才培养研究 ［J］. 国际新闻界，2022, 44（2）: 133-156.

［9］李彪，高琳轩. 新时代卓越新闻传播本科人才培养：现状、问题及优化路径 ［J］. 中国编辑，2022（1）: 41-46.

［10］李良荣，魏新警. 论融媒体时代新闻传播复合型人才培养的"金字

塔"体系［J］.新闻大学，2022（1）：1-7，119.

　　［11］蔡斐.学科赋能、跨界驱动与人的回归——论新文科背景下新闻传播人才的培养［J］.中国编辑，2021（4）：77-81.

　　［12］程曼丽.新文科背景下的新闻传播教育［J］.中国编辑，2021（2）：8-11.

产业内需导向对文化创意产业
人才培养的探索与实践

人文与传播学院讲师　申素样

在新文科建设背景下，培养文化创意产业人才模式逐步成为教育改革的议题之一。当今世界，互联网正以更多新理念、新业态、新应用、新模式全面融入经济、政治、文化、社会、生态文明建设各领域和全过程，给人类生产生活带来广泛而深刻的影响。文化创意产业与其他产业的交叉融合不断增多，文化市场、策划观念、内容创意、产业运作等都出现一系列全新的变化，具备创意思维和能力的创意人才已经成为文化创意产业发展的重要驱动力量之一。

在办学实践中，三亚学院汉语言文学专业按照新文科的改革发展思路，始终坚持"走进校园的目的是更好地走向社会"的教育理念，以产品思维为导向，在文化创意产业人才培养模式上进行一系列的探索与实践。

一、教学内容：对接人才需求，完善课程体系建设

"新文科是后工业时代基于知识高度综合化、信息化、数字化的一种文科知识生产与再生产的新形态，是文科知识规训的新模式、新手段。"① 在新文科建设背景下，完善课程体系不仅是教育改革的需要，也是适应社会发展和产业需求的关键。该专业目标是培育文化创意产业的人才，因此在课程设计

---

① 崔延强，段禹. 新文科究竟"新"在何处——基于对人文社会科学发展史的考察 [J]. 大学教育科学，2021（1）：41.

时，始终要把培养创意思维作为关键要素，确保课程结构满足创意产业对创意人才的多方面需求。三亚学院完善课程体系建设，就是希望培养出更具创新精神、批判性思维的人才，为文化创意产业的发展提供坚实的人才基础。

面对不断变化的新形势，为了满足文化创意产业对人才的需求，三亚学院汉语言文学专业不断更新和优化课程体系，充分顾及社会与行业的发展要求；持续更新教学内容与方法，确保学生能够学到具有前沿性的知识。这样的课程体系不仅有助于提高学生在专业领域的综合素质，也为他们未来的职业生涯奠定坚实的基础。至今为止，三亚学院已经修订人才培养方案，着重培养学生的创新思维、实践能力和综合素质，并初步搭建创意文化产业相关的课程体系，比如创意写作、网络文学和文化创意产业理论与实践等课程。

2014 年，三亚学院成立创意写作中心。2015 年，创意写作课程成为首批小班授课试点之一。2019 年，该课程作为三亚学院首批"三度"课程建设立项。在此之后，创意写作课程实施一系列课程改革，如一专业一课程建设、期末考核改革、一流本科课程建设以及产品思维课程建设。创意写作课程在三亚学院经过九年的探索，已经成为汉语言文学专业的品牌课程。

创意写作课程整合传统基础写作模块与创意写作教学模块，分为创意导入、创意激发和创意进阶三大模块，全面提升学生的创意策划和创意写作的能力，为海南自贸港文化创意产业输送相关人才。学生毕业后大多从事文化创意、文学创作、影视制作、出版发行、广告宣传、文化会展、动漫游戏等与文化产业相关的创造性工作。

网络文学课程教学以主题设置的方式推进，包括网络文学的边界、门户网站探索、大纲设计、网络文学现存问题探究、IP 改编问题、人物小传、网文标签、网络文学作者群体等方面。该课程有助于提升学生的创意思维、文学素养和写作技巧，拓宽学生的文学视野，为学生成长为优秀的文化创意人才打下坚实基础。

文化创意产业理论与实践课程在深入开展调查研究的基础上，按照需求导向进行课程内容设计，学生学以致用，思维发散，以生产高质量产品为目的，致力于创作内容丰富、形式新颖的文创产品。

二、教学模式：加强实践环节，提升学生综合素质

新文科建设强调文科教育的改革方向应当由学科导向逐渐转向需求导向，着重于在学生实践活动中对其综合能力的全面培养。在新文科教育环境中，对创意产业人才的培养方法越来越强调实践的重要性。"高校要着力搭建多元化的专业实践平台，让学生在实践中建构知识和能力。"① 仅仅依靠传统的理论教学已不能更好满足创意产业对人才全面能力的要求，教学方式应积极向实践性转变。这不仅有助于学生在真实环境中锻炼创意能力、团队协作能力，还能让他们更深入地了解行业需求和市场动态，为未来的职业发展奠定坚实基础。在这种教学模式下，高校要鼓励学生将课堂所学知识与创意产业实践相结合，通过项目制学习、参与大赛、实训项目等方式，把理论上的知识转变为实际的操作技能。

（一）实施项目制学习

项目制学习具有明确的教学目标，教学方式多样灵活，学习环境自由开放。这种模式不仅能促进学生之间的经验交流和分享，而且能够激发学生的团队合作和创意思维，有助于文化创意产业人才的培育。创意写作这门课程基于小班制教学，将学生分为诗歌工坊、小说工坊、散文工坊、剧本工坊以及自媒体工坊，每个工坊共同合作完成工坊集的项目；网络文学课程采用组建小组→专题讨论→选择角度设计调查问卷→询问班级其他人的看法→小组讨论→形成结论的方式进行，并且在智慧课堂的 U 型教室授课，有利于小组成员之间的沟通交流，课堂氛围积极和空间平等；文化创意产业理论与实践课程分成不同的项目小组，可以开展关于海南文化实地调研，并以项目小组为单位形成项目计划书。

（二）注重以赛促学

参与大赛是对课堂教学的引导、完善、延伸和创新，一方面为学生搭建

---

① 唐衍军，蒋翠珍. 跨界融合：新时代新文科人才培养的新进路［J］. 当代教育科学，2020（2）：74.

有效的实训平台，有助于激发学生的学习兴趣，展示学生才华；另一方面也是检验教学的绝佳评价方式。为了配合课程取得成效，汉语言文学专业依托创意写作中心以及实习基地等实践平台，将培养文化创意产业人才理念贯穿始终。为了充分调动学生的创造性和积极性，三亚学院定期举办赛事活动，如原创诗歌大赛、微剧本大赛、讲书人大赛、数字人文创意文化节以及征文比赛等，同时依托三亚地域优势，充分利用各项国际性会议和赛事等优质平台，组织学生参与文化类社会实践活动。

（三）开展丰富的实训项目

在文化创意产业人才培养体系中，开展实训项目尤为关键。通过参与实训项目，学生能够深入体验文化创意产业的各个环节，多方位提高自己的专业技能和综合素质。一方面，学校可以成为学生的实训场所，学生充分运用学校提供的资源进行实战训练，如参加学校的文学社团、在大学生通讯社从事编辑工作、为微信公众号撰写推文等；另一方面，学校可以引导学生走出学校，把社会当作实训的场地。教师和学生实地采风，走进当地人的生活，边看、边学、边写。学校致力于将课堂学习与实际应用相融合，确保学生真正能够将所学应用到实际中。

三、协同实践：产学研一体化，培养文化创意产业人才

在新文科建设背景下，产学研一体化是高等教育改革的主要方向和构建大学生创新创业人才培养的重要途径。"产学研合作是指高校和产业两个属于不同领域的行为主体，通过相互影响产生协同作用，进而提升各自发展潜能的合作过程。"① 三亚学院汉语言文学专业以培养应用型人才为导向，结合办学定位和办学特色，构建产学研一体化的协同实践体系。

（一）将文化创意转为文创产品

文化创意产业人才培养的关键在于将丰富的文化创意转化为具有市场价

---

① 李晓溪. 高校文化创意产业人才培养研究 [D]. 上海：上海大学，2015：126.

值的文创产品。学校需要着重培养学生的跨学科思维与创新能力,鼓励学生深入探究文化内核,发掘独特的创意元素,并通过创新思维将其转化为具有市场竞争力的文创产品。目前,汉语言文学专业学生已经完成校园十景手绘明信片系列,并配有创意文案;设计出书签、笔记本、冰箱贴、钥匙扣、抱枕、登机牌等文创产品;绘制睡前小漫画,为失眠人群提供心理疗愈;为教师绘制人物漫画,让外界可以更直观地感受学院教师的专业与魅力。

(二)探索校企合作路径

在新文科建设背景下,学校与企业之间的联系应该更加紧密。通过校企的深度合作,学校为学生构建一个更富实际操作的学习空间,让学生在真实的实践场景中锤炼自己。同时,企业可以从学校中得到持续的创造力和人才资源,进一步推动文化创意产业创新和发展。为了更好地践行"产学研"这一理念,三亚学院汉语言文学专业正在探索如何将教学内容与文化创意产业融合,打造个性化的文化品牌,探索校企合作的新路径。

创意写作研究中心支持学生成立相关机构,进行会展、视频、创意等 IP 打造与服务,并成功举办中国创意写作教学暨青少年教育高端论坛。三亚学院组织学生策划某集团马岭社区文化天涯项目;参加某诗社组织的"为人民读诗"活动;参加三亚市作协主办、创意写作研究中心承办的"诗颂天涯——庆祝新中国成立 70 周年"诗会和"共建自贸港,共享新未来"诗歌邀请赛;与某文化传媒有限公司合作,组织《陵水谣》校园点映活动;与三亚市文联合作,建立三亚市文联新时代文学创作基地。

(三)开展写作公益课堂

在新文科建设背景下,为了拓宽学生的知识视野,提升他们的创意与写作能力,学校积极开展一系列的写作公益课堂。写作公益课堂不仅致力于传授写作技巧,更强调学生创新思维的培养和实践能力的锻炼。

创意写作研究中心的教师和学生积极参与公共文化服务和文学公益活动。该中心与吉阳区教育局合作,先后在第九小学、吉阳小学、南新小学开展创意写作公益课堂;与共青团海棠区委员会合作,在一林社会服务中心开展创意写作公益课堂;与吉阳区丹州社区合作,开展创意写作进社区活动。

（四）建立实习基地

在新文科建设背景下，文化创意产业的人才培养显得尤为重要，建立实习基地是实现课堂教育与教学实践相结合的关键一步。实习基地可以为学生提供真实的工作环境，让他们在实践中提升创意思维、团队协作等技能。同时，实习基地也有助于学生更好地理解文化创意产业的运作模式，培养他们的创新能力和市场敏感度。此外，实习基地还可以促进校企之间的交流与合作，为文化创意产业注入新鲜血液，推动产业的持续发展和创新。

四、教学评价：建立合理的考评体系，提升人才培养质量

"评价机制是直接关系新文科健康发展的根本问题，不能简单套用传统人文社会学科的评价体系，要有与时俱进的学科规划、学科评价指标与评价体系。"① 在传统文科背景下，人才培养评价以学生知识性内容获得为评价目的，导致高校评价普遍以陈述性知识、程序性知识等为主要评价内容进行标准化测试。在新文科建设背景下，文化创意产业人才评价方式要改变内容偏记忆型知识的倾向，提高体现学生实践性的综合素质内容的占比，突出新文科对文化创意产业人才适应现代化技术更新和思维能力的培养。同时，教学效果评价要既重视学生的创意成果，也重视学生的参与过程。与此相应，课程考核方式也更加多元化，为此学校要更加注重完善课程教学的评估体系。

（一）突出过程性评价

三亚学院与文化创意产业相关的课程，均突出过程性评价，占比高达50%。在教学评价中，课程评价坚持全过程动态考核，坚持目标与过程并重。过程性考核能较为客观地反映学生的考勤、作业的质量、课堂展示与讨论的参与度、成果的产出与成效等，比单纯的结果性考核更能客观反映学生的学习态度和综合素质。

考勤和课堂互动最能体现学生的学习态度，这是课程考核基本的构成要

---

① 方延明."新文科"建设：何以必要及如何可能 ［J］. 江海学刊，2020（5）：129.

素之一。这些要素关注的是学生在学习过程中的参与度和投入度，而非仅仅关注最终的学习成果。学生参赛获奖、在媒体发表成果、小组汇报、个人作品、小组作品以及作品转化成果是过程性考核构成要素，能够较为全面地体现学生的实践能力、创新能力、团队合作能力和成果意识。

（二）　增加考核评价主体

在评价文化创意产业中人才培养的各个考核环节，多元化评价主体的落实显得尤为关键。除传统的教师评估之外，学生的自我评价、小组互评等多种评价方式都应被纳入考核体系，这样更能体现评估过程的公平性、完整性和客观性。同时，利用多样化的评价方式，我们可以更深入地了解学生的学习情况、专业知识，为他们个性化的培养和全方位的发展提供强有力的支撑。建立这种评价机制，将有利于培育出更多能满足文化创意行业需要的高素质人才。

在汉语言文学的专业课程中，创意写作这门课将班级分成若干 9~12 人的团队，学生的作品首先由本人打分，然后是组员之间互相评分，最后由教师打分。这种方式不但确保评价过程的公正性，学生还能对学习过程进行反思，提升自我认知，小组之间的相互评价还有助于促进学生间的互相交流、学习，营造一个有益的学习环境。

（三）　引入多元评价标准

在新文科建设背景下，对文化创意产业人才的培养采用多元化的评价标准，是教育创新的关键之一。评价标准不仅关注知识和成绩的取得，而且关注实践体验和社交领域的反馈。用户的点赞和评论成为评价体系中的一个关键要素，可以直观地显示作品的社会影响力以及受众的接受程度。

用户点赞和评论这一评价方法的融入，体现教育和实践之间的紧密融合。学生的创新作品上传至互联网平台，欢迎用户评估和检验，有利于锻炼学生的创造力，提高市场敏锐度。用户点赞和评论都是对作品的反馈，可以帮助学生较好地适应市场需求，调整创作思路。此外，这一多元化的评估标准不仅有助于推动培养学生的批判思维，还能提升他们的自我反思能力。当学生面对各式各样的意见时，他们应该学会如何进行客观的分析，汲取宝贵的建议，不断完善自己的作品和创作。学生得到用户的反馈，会偏向探索具有创新性产品。这种探索精神会成为文化创意产业持续发展的驱动力，从某种程度上可以践行新文科的教育理念。例如，创意写作课程设有班级公众号，学生可以投稿，读者的点赞数量和评论内容被纳入考评体系；在网络文学课程的考核内容中，在番茄网、中文起点网、晋江文学城等网站发表网络小说，作品的点击量和人气量成为考评标准。

五、师资力量：打造复合型师资队伍，提供坚实人才支撑

在新文科建设背景下，文化创意产业人才培养需要一支具备高度专业素养和创新精神的教师队伍。然而，目前很多高校在文化创意产业领域的师资力量相对薄弱，缺乏具有深厚理论素养和丰富实践经验的教师。因此，学校应加强师资力量的建设，打造复合型师资队伍，为培养文化创意产业人才提供支撑力量。

（一）组建跨学科师资团队

新文科建设要求培养复合型人才。文化创意产业人才的培养越发强调跨学科知识的融合与创新，单一知识背景的教师已经不能应对复杂多变的教学环境。为此，组织跨学科师资团队成为关键举措之一。具有跨学科知识背景的教师能够多方位看问题，为学生提供不同的学习视角，帮助学生适应未来复杂多变的市场需求。

"在学校范围内进行人才的整合，加强不同学科之间教师的交流，进而实现知识的整合，基本能够满足文化产业人才培养的复合性与实用性要求。"[1]汉语言文学专业与创意文化产业相关的课程教师团队由文化产业专业的教师以及其他多学科背景的教师组成，共同打造多元化的教学环境。其中，文化产业专业的教师提供相对系统的文化产业知识和实践经验，具备较为丰富的行业经验和资源，帮助学生了解文化产业的最新动态和前沿趋势。民俗学教师可以带领学生深入调研民俗文化、非遗文化和文化旅游等领域，让学生亲

---

[1] 旋天颖，王玉晶，杨程. 我国文化产业人才培养模式的现状分析及其改进策略 [J]. 中国人民大学教育学刊，2014（2）：46.

身体验和感受传统文化的魅力。同时，他们还可以指导学生进行相关的创作，如民俗故事的写作、非遗技艺的传承等，培养学生的创新能力和实践能力。现当代文学和外国文学的教师则能从文学的角度为学生解析文化现象，将文学作品与文化产业实践相结合，帮助学生理解文化产业的创意来源和表达方式。网络新媒体教师可以传授新媒体技术、数字营销、社交平台运营等方面的知识，帮助学生掌握现代媒体传播的技巧和方法。同时，他们还可以引导学生利用新媒体平台进行文化产品的推广和传播，提高学生的产品意识。

（二）提升教师自身能力

在新文科建设背景下，文化创意产业人才培养对教师提出较高的要求。为了适应这一趋势，教师需要不断提升自身的综合能力。此外，教师还应积极参与行业实践，深入了解文化创意产业的最新动态和市场需求，将实践经验融入课堂教学，提高学生的实践能力和市场适应能力，以期培养出适应新文科建设背景下文化创意产业发展需求的高素质人才。

汉语言文学专业鼓励教师参与国内外学术交流和合作，通过研讨会、工作坊、学术会议等形式，促进教师之间的学术交流和知识共享，提升教师的核心竞争力；课程团队教师不仅有自己的产品思维课程改革项目，也会指导大学生创新创业项目，强化教师的实践教学能力，提高学生的实践操作能力和创新能力；为了促进"双师"型教师的发展，教师应与企业或相关行业保持密切的合作关系，可以前往企业进行挂职实践，增强实践能力。

（三）灵活引进师资

在新文科建设背景下，为了提升文化创意产业人员培养的有效性，我们应进一步优化教师资源配置，吸引更多优秀人才从教，并邀请学科专家和行业导师走进校园。这些教师资源能够带来前沿的知识和行业操作经验，也能够将他们的创意思维和专业知识融入教学实践，为学生提供更宽广的学术视野和多样化的实践机会。

汉语言文学专业外聘相关领域专家做教学指导，比如与上海大学建立友好的关系，聘请创意写作领域专家定期开展短学期教学和讲座，为教师和学生带来前沿的学术资源；邀请行业导师进校园参与教学和指导，定期开展讲座，帮助学生修改作品。

六、结语

在新文科建设背景下，三亚学院汉语言文学专业通过一系列的探索与实践，取得了一定的改革成效，为文化创意产业输送部分人才，也为行业发展注入一定活力。我们通过完善课程内容体系和加强实践性教学，不仅能够增强学生在专业领域的素养和综合能力，也能够让他们更加适合行业不断发展的需求。但是，在创意人才的培养与实践过程中，我们也面临诸如课程设置体系不够完备、实践教学环节仍需进一步加强、评估体系难于实现量与质的融合，以及教师资源短缺等一系列挑战。

三亚学院汉语言文学专业将继续秉承应用型的教学理念，坚持"新文科"的改革发展思路，不断探索和创新人才培养模式，为文化创意产业的创新发展提供更加坚实的人才保障。

参考文献

[1] 覃健，徐薇婷. 新文科视野下应用型高校中国语言文学类专业与新闻传播学类专业"跨界·融合"改革探索 [J]. 广西教育学院学报，2021 (5)：173-179.

[2] 姚伟均. 高校文化创意产业人才培养现状与创新的思考 [J]. 福建论坛 (人文社会科学版)，2011 (2)：14-16.

[3] 向勇. 学科范式的转换与身份认同的构建——文化产业学科建设的目标与对策 [J]. 学术月刊，2010，42 (8)：8-12.

[4] 金元浦. 文化市场与文化产业的当代发展 [J]. 社会科学战线，1995 (6)：38-41.

[5] 尹鸿，孙俨斌，洪宜. "文化产业学"的学科体系研究 [J]. 民族艺术研究，2018，31 (5)：54-59.

[6] 沈佳璇. 我国文化产业管理专业本科人才培养问题研究 [D]. 上海：华中师范大学，2018.

[7] 李明华. 文化创意产业人才培养的问题与对策研究 [D]. 北京：北

京大学，2020.

　　[8] 谢传仓. 中国文化产业发展的价值取向 [J]. 吉首大学学报（社会科学版），2015，36（3）：116-122.

　　[9] 黎铮. 文化创意产业背景下的创意人才培养研究——以湖南大众传媒职业技术学院为例 [D]. 长沙：湖南师范大学，2012.

　　[10] 明琰，傅才武. "新文科"背景下我国文化产业学科的困境与出路 [J]. 同济大学学报（社会科学版），2023，34（1）：31-43.

数智化背景下全媒型新闻人才
培养的困境与路径探析

人文与传播学院助教 刘琴

全媒型新闻人才，是指能够适应全媒体需要而完成内容采集、制作和发布的新闻人才。全媒型新闻人才应该有思想观念、传播理念、业务技能等不同层面的要求。媒介融合背景下全媒型新闻人才的内在要求包括以马克思主义新闻观指导业务活动、树立正确的思想观念立场，具备适应融媒体发展需要的全媒体素质和能力，践行深入基层、深入群众的工作作风等。

有学者认为，全媒体是指一种业务运作的整体模式与策略，即运用所有媒体手段和平台来构建大的报道体系。[①] 全媒体传播，本质上是数智化赋能下传统媒体和智能媒体深度融合后，"人、媒介、物"三者一体发展"万物皆媒"的传播体系。[②]

一、数智化背景下的全媒型新闻人才需求

全媒体发展离不开技术的更新迭代。随着数字技术尤其是人工智能技术在媒体领域的广泛应用，新媒体与传统媒体深度融合，大众传播环境发生深层次的结构性变化。云计算、物联网、大数据、移动互联网、人工智能等技术交融渗透，打破不同媒介之间的技术壁垒。广播、电视、网络、报纸等媒

---

① 彭兰. 媒介融合方向下的四个关键变革 [J]. 青年记者，2009（6）：22-24.
② 陈维龙，张静，曾静平. 5G 时代全媒体传播体系建构、实施路径和生态管理策略 [J]. 中国广播电视学刊，2022（1）：36-39，63.

介形态得以融合，不同媒介资源形成合力，优势互补，使得信息传播方式更加立体化、具象化、个性化。同时，新闻的采编、内容生产、分发方式等环节也发生诸多变化。随着信息采集工具、智能写作工具、算法、数据分析工具等辅助性技术在新闻领域的广泛运用，新闻生产和媒体运营流程得以优化，新闻生产效率大大提升，全媒体内容资源不断丰富，新闻产品和媒体行业服务推陈出新，受众多元化的信息获取需求得到满足。全媒体传播体系和生态的建构，不仅需要技术层面的突破与革新，也需要全媒体运作的理念与技能、思维模式层面的与时俱进，这对全媒型人才的培养提出了新的要求。

新闻学教育应紧密结合传媒行业背景、社会环境的变化，改变自身教育模式和策略，以更先进的教学工具和方法促进学生系统地掌握新闻学理论知识以及相应的专业技能，使学生能够灵活运用多种媒体手段进行内容生产和传播，适应时代发展和行业需求。

二、当前我国新闻学教育存在的问题

随着新媒体技术日新月异，新闻产品的内容、形态和传播方式不断演变，这对教师的知识更新速度、行业动态敏感度提出较高的要求。

（一）传统教学内容、理念与方法滞后

当前，新闻学教育实际面临的问题包括学生在学习过程中接触到的教材、教学案例、理论和技能很可能已经过时，教师无法及时掌握行业的最新动态与变化，传媒行业的最新成果、热点话题无法在课堂上得以呈现，教学内容无法与业内的最新趋势接轨，授课内容无法因时而动，从而限制学生的眼界和创造力。

除了教学内容比较滞后外，一些教师的教育理念仍偏向知识灌输式教育。新闻学理论性相对较强，新闻的基本概念等理论知识较为抽象，教师在知识传授过程中和学生的互动偏少。部分学生缺乏学习兴趣和积极性，较少主动参与知识的探索，只是把课程学习当作不得不做的任务来完成。除此之外，传统教学方法局限于课堂讲授、课堂讨论、案例分析等方式，这样的授课模式不利于学生参与到新闻生产的实践中，有的学生无法体验到学习的乐趣，

所学理论和实操部分存在脱节现象，无法真正提升学生的新闻创作能力和创新意识。

（二）教学场景脱离全媒体新闻实践

传统的新闻学课堂局限于教室空间和有限的学时之内，教室内部的设备和实验室无法满足大多数学生的多媒体技术的学习与实践需求，限制了新闻实践的开展，课程的知识习得模式停留在纸上谈兵的层面，学生无法理解所学理论知识的应用价值和实际运用场景，难以将理论知识活学活用，不能将新闻学知识、概念和原理内化为自身能力并运用到实践操作中，更无法形成较强的知识迁移能力。

如今，传媒行业广泛使用媒体人工智能平台完成新闻线索和素材的智能化采集、自然语言处理、音视频剪辑、图片识别、机器人写稿、机器人拆条、新闻内容的可视化呈现、智能审核、传播效果检测与评估等功能，这为新闻的制作、分发和效果评估带来智能化、高效的解决方案。如果学生无法接触到这样的内容，缺乏对新媒体技术和智能平台的实际操作与应用，无法到现实情境中进行实训和实践，就会对新闻学人才培养带来巨大困难。"重理论、轻实践"的教学模式造成学生在实习和毕业后的工作实践中缺乏实用性的专业技能，所学的理论知识和应用实践一定程度上脱节，课堂讲授内容无法有效支撑学生进行全媒体新闻实践，学生毕业后不能迅速胜任工作任务，需要较长的适应期。

（三）学科交叉融合性较差，无法适应全媒体传播体系发展需求

目前，国内高校的新闻传播学教育大多是在细分化的专业方向下进行的，如新闻学、广播电视新闻学、网络与新媒体专业、编辑出版学等，这种按照媒介形态划分专业的结果是不同专业的课程设置也是分开进行的，容易造成学生的学科知识结构单一，无法将传媒类相关专业的知识融会贯通，所学知识难以形成体系，知识和技能缺乏互补性。全媒体新闻实践需要具有创新性的复合型新闻人才。当下，媒体内部工作分工的界限越来越模糊，这对新闻从业者的跨专业、跨领域的知识和技能有了更高的要求，比如新闻采编、报道环节对新闻记者、编辑的视野、新闻专业素养、全媒体操作能力、多学科知识的交叉与综合应用能力要求越来越高，单一的知识结构和学科背景已经

无法适配新闻行业对于从业者一专多才、一岗多能的要求。

全媒体传播体系除了对新闻人才的知识结构和学科知识背景有较高的要求外，数智化背景下新闻生产中的各个环节越来越与智能技术息息相关，这要求新闻工作者不仅掌握自己专业内的学科知识，还需要不断提升行业必备的技能水平，提高运用现代媒介技术的能力，习得专业性较强的新闻软件的使用方法，掌握音视频剪辑技术，具备和岗位相适配的编程能力、数据处理和分析能力，了解新闻生产和分发规律，对不同平台的运作机制和运营方式有深入的认知。事实上，高校新闻类课程的设置存在理论课程占比偏高，缺少可以进行实践和技术操作的实践课程与项目，一些具有新闻学背景的教师因为受到自身知识结构和技能的局限，无法讲授符合行业发展趋势的技术类课程。

三、全媒型新闻人才的培养路径探析

当今新闻行业对精通全媒体新闻采编流程、技术、运营与创意策划等技能的复合型人才有迫切需求，这对新闻人才的综合素养提出更高的要求，需要高校从学科设置、教学方法、培养模式、教学场景等方面的改革入手进行探究。

（一）积极推进以新闻学为中心的多学科交融与拓展性学习

新闻学教育越来越重视学科的交叉融合性、多元性，新闻学课程与其他学科的交叉融合是培养具备综合能力新闻人才的重要途径。例如，美国哥伦比亚大学新闻学院要求研究生必须学习经济、法律等领域的课程，弗吉尼亚大学传媒系采用"多媒介、多形态"的课程立体架构，通过研究型课程来突破传统新闻传播课程的边界，实现哲学、艺术学、美学、信息技术等多学科的融合。① 新闻学和其他学科的交叉融合可以使学生将新闻学知识和其他学科知识有机结合，帮助他们构建更系统、完善的知识结构，为学生提供更全面、

---

① 阮久利，吴垠，夏煜峰. 全媒体时代背景下的国外新闻传播学教育［J］，教育传媒研究，2023（4）：28-32.

多元化的新闻事件解读资源，能够赋予他们更多元化的学科视角对社会现象和新闻事件加以分析和解读。

在多学科视角和理论、技术工具的赋能下，记者可以借助算法、软件、社会学调研等方法深入挖掘数据和新闻事件之间的关联和相关性，挖掘新闻事件折射出的深层社会问题，揭示新闻背后的意义。拥有跨学科的学习背景可以使未来的新闻从业者面对日益复杂的社会环境和不同的社会群体，更好地进行新闻报道和传播，如新闻学和心理学、传播学、社会学的交叉融合，可以帮助新闻从业者透彻地了解受众的用户画像、接受心理、信息需求和受众行为；新闻学、统计学和计算机科学的交叉融合可以让学生具备一定的编程能力、数据挖掘和处理能力，可以使新闻信息采集的智能化程度大大提升，在整理和收集新闻素材时能够使用技术手段挖掘出有价值的信息和线索。多学科背景可以使新闻工作者用综合性的视角和批判性的思维深入分析新闻信息，筛选出真正具有报道价值和意义的新闻事件，提升新闻报道的深度、准确性和传播的效果。

作为新闻学专业的学生不仅要掌握本专业的相关知识，还要涉猎经济学、社会学、心理学、政治学、哲学、法律、计算机科学等学科领域的知识，这样未来的新闻人才不仅能创作出专业性强、具有新闻价值的作品，也有能力面对和解决现代媒介技术所带来的一系列诸如数据隐私泄露、新闻伦理、数据垄断等社会问题。因此，高校可为新闻学学生开设跨专业选修课程，也可以通过举办校园跨学科讲座、论坛等活动实现不同学科的知识共享，推动新闻学与其他学科的交叉融合，为学生提供更多的课程选择，满足学生多样化的兴趣和需求，帮助他们更好地适应瞬息万变的信息社会。

（二）教学理念与方法的创新

在课堂教学理念和方法的创新上，教师应以建构主义的教学原则为指导，通过项目教学法、自主探究法、校媒合作建立实践平台等途径，激发学生的学习和自主探索的热情，培养学生主动学习的好奇心与内驱力。

1. 建构主义的教学原则与方法

建构主义理论倡导在学习过程中，以学习者为中心，以教师为主导，教师扮演的角色不应是知识的灌输者，而应是学生的引导者。在新闻人才培养的过程中，教师除了课堂讲授一些基础知识和核心理论、原理外，可以通过项目教学的方法鼓励学生自己去探索、发现知识，建构知识结构，提升技能水平；可以将课堂讲授内容所占比例设为 50%，项目教学内容占比设为 50%，教师负责项目教学过程中的指导，学生可以以小组为单位参与项目的具体实施。项目教学强调学生的主体性与实践性，鼓励学生在项目中自己发现、探究问题，建构知识和能力，从而提升学生的综合素养和创造力。

将建构主义教学原则运用到项目教学中，可以让学生和现实的市场环境与市场需求产生联结。美国密苏里大学新闻学院是世界上第一所新闻学院，该学院的特色是将课堂教育与新闻实践相结合，"密苏里模式"的核心是"边做边学"，学院自办多个媒体，这些媒体机构的主要编辑、记者均为学院学生。[①] 通过让学生参与一项相对独立的项目，可以增强学生对知识的内化、吸收能力。以问题为导向的项目教学方式，可以让学生在方案设计、项目执行的过程中，自己把握项目进程、执行方式等环节，思考如何运用自己的知识储备和经验解决新闻学领域的实际问题，这既是对学生学习成果的检验，又可以提升学生学习的内驱力，使学生的学习更具针对性和应用性。学生可以围绕项目主题展开自主探索、发现，并在项目实施的过程中边学习边建构知识和经验，同时，项目式教学方式鼓励学生在真实的环境中检验自己的工作成效，支持学生对项目实施过程进行反思与总结，从而使学生的创造性思维、沟通能力、团队协作能力、应变能力和解决实际问题的能力得到提升。

2. 微课等数字化学习资源在教学中的应用

近些年，很多高校建立自己的芯位平台，学生可以通过观看芯位平台上录制好的微课进行课内内容课外学习。新闻学专业可以将微课等数字化学习资源应用在教学中，与传统 45 分钟的课堂相比，每节微课的时间大约在 5~15 分钟，微课内容通常聚焦于教科书中的一些新闻学核心知识点、重要概念和原理，将教学中的重难点以碎片化、焦点化的方式呈现。在表现形式上，微课往往通过结合一些图片、动画特效、视频等元素让课程内容更具趣味性、生动性，微课深入浅出的表达方式可以帮助学生通过具象化的图解、视频等方式深入理解一些抽象、难懂的知识。学生可以在课前通过微课学习做好上课前的预习准备，如果对课程内容有疑问可以在课堂上和教师进行讨论，从而提升学习的针对性和学习效率。

---

① 纪楠. 国外新闻传播教育现状及对我国的启示 [J]. 青年记者, 2020 (33): 106-107.

　　微课可以应用于翻转课堂中，学生可以通过微课提前学习新闻理论和概念的部分，在课堂上将学习中的困惑提出来，教师和学生展开互动、讨论，帮助学生答疑解惑。这种先学后教的教学模式，可以让学生根据自己的需求和学习节奏安排学习，并在教师的引导下自主建构知识和技能，真正实现以学生为中心、以教师为主导的教学理念。

（三）高校与媒体机构合作建立实训基地

　　高校可以与资源互补的媒体机构建立教学实践基地，为新闻学学生提供模拟的工作环境，让学生在真实的工作环境中，切实体验新闻工作的各个环节与流程，提前了解新闻行业的工作要求和标准、行业动态和发展趋势。2020 年，内蒙古大学文学与新闻传播学院与鄂尔多斯市东胜区融媒体中心建立新闻学专业教学实践基地，创新新闻传播人才培养模式，打造教学实习基地和培养从业人员基地，实现在人才、技术、信息以及融媒体产品共同研发等方面资源共享、合作双赢。鄂尔多斯市东胜区融媒体中心可为内蒙古大学学生提供实训实习岗位，双方合作开展媒体融合方面的项目研究，进行新媒体产品开发等。[①] 实训基地可以聘请新闻行业导师向学生传授新闻生产与传播领域知识，指导学生进行媒介设施与软件的操作，为学生提供一个主动融入全媒体新闻生产与运营的实训环境，切实做到理论与实践相结合。

　　校媒合作可以让新闻学专业学生沉浸式体验和感受传媒行业的工作流程、节奏与氛围，实训基地的建立可以为学生提供一个学习和工作预演的机会，在工作实践中激发他们的创新思维、学习与实践热情，鼓励他们大胆创新，在工作中勇于试错，通过具体的实习、实践工作加深他们对岗位、行业现状和发展趋势的认知和理解，从实践中总结和积累行业经验，而这些实践经验可以使学生在激烈的市场竞争中更具优势，学校也可以从学生的工作实践体验中得到反馈，并根据学生的意见反馈，调整授课内容和教学方案。

　　加强新闻院系和新闻行业的互动，不仅可以为学生提供能力锻炼的平台，也能保证教师教学不与行业脱节，让教师参与到媒体机构的实训项目合作中，积极开展国际、国内项目交流，使教师熟悉新媒体运作模式、最新技术和创

---

　　① 内蒙古大学文学与新闻传播学院. 我院与东胜区融媒体中心建立新闻学专业教学实践基地 [EB/OL]. (2020-11-09). [2024-6-14] https：//imu. edu. cn/info/1053/5012. htm.

新理念,更新其知识结构,提升专业素养与教学能力。同时高校也可以邀请熟悉全媒体新闻策划、新闻采编、制作与传播、媒体管理等领域的媒体从业者到校授课,弥补课堂教学信息量的不足。

(四) 完善全媒型新闻人才的考核与评价体系

对学生的考核与评价是高校人才培养质量检验的重要一环,教师也可以通过科学合理的考核与评价体系更好地了解学生,从而改进教学方法,优化教学内容。新闻学专业不能单一地将试卷成绩作为考核标准,应当增加对新闻实践能力的考核。

新闻学专业的考核与评价需要将考试内容与学生的知识、能力、素养相结合,让学生通过考试充分了解自己的优劣势,也可以为教师优化授课方案提供依据。

考核方式包括理论知识测试,考查学生对新闻学基础理论、概念、原理和基本规律的掌握情况,除了理论知识考核,还可以通过新闻策划方案、新闻作品撰写、新闻评论等开放性主题的作品创作方式评估学生的采编、创作能力、社会责任感、新闻伦理价值观、职业道德以及人文关怀意识。撰写调研报告也是一种考查学生新闻敏感度、调研能力的方法,通过让学生研究和分析新闻现象、社会热点,考核和测试学生的知识综合运用能力、研究能力、新闻价值判断能力和新闻真相挖掘能力。同时,新闻学专业考核可以将项目实践纳入考核范围,学生需要面对实际工作中的问题与挑战,并根据项目目标,制定解决方案,项目实践可以考核他们对知识、技能的综合运用能力、创新能力和应变能力等。

考核方式除了以上考核维度之外,教师也可以根据学生的论文发表、竞赛获奖、校外技能培训等情况对学生的课外实践能力进行评价,给予学生额外的加分,以此来激励学生在掌握课堂学习内容的同时,积极参与学术研究、校外技能培训、各类竞赛项目,进而提升学生学习的内驱力、成就感和自我价值感。

此外,学生成绩的评价主体也应该多元化,应包括教师、行业导师对学生新闻知识和技能的考核与评价,教师对学生的项目实践、新闻作品创作和调研报告的评价。同时,评价也应让学生参与到实践项目和新闻作品创作的自评、互评中来。学生的自评、互评,主要包括学生对项目实践产出、新闻作品创作情况的自我反思,以及学生之间的互评、建议等。

四、结论

在数智化背景下，新闻业需要的是高素质的复合型人才。高校的新闻传播类专业应及时调整和转变观念，将人才培养方案与数智化时代发展背景相结合，及时更新课程体系，创新教学理念与方法，以学习者为中心，以教师为主导，让学生通过实践项目"边做边学"；开展跨学科合作，积极推进以新闻学为中心的多学科交融；将微课等数字化学习资源运用到辅助教学或翻转课堂中，使教师更有针对性地为学生答疑，提高教学效率；高校可以与媒体机构合作建立实训基地，为学生提供实践机会，让学生在真实的项目中磨炼与学习，在基地的实训环境中接受培养与锻炼；完善全媒型人才的考核与评价体系，采用多元化的考核方式，不仅考核学生对知识、技能的综合运用能力，还应通过新闻作品创作考核学生的社会责任感、新闻伦理价值观、职业道德和人文关怀意识等。

新闻学教育应紧密结合传媒行业背景、社会环境的变化，改变自身教育模式和策略，以更先进的教学工具和方法促进学生更系统地掌握新闻学理论知识以及相应的专业技能，以能够灵活运用各种媒体手段进行内容生产和传播，适应时代发展和行业需求。

参考文献

［1］彭兰.媒介融合方向下的四个关键变革［J］.青年记者，2009（6）：22-24.

［2］陈维龙，张静，曾静平.5G时代全媒体传播体系建构、实施路径和生态管理策略［J］.中国广播电视学刊，2022（1）：36-39，63.

［3］阮久利，吴垠，夏煜峰.全媒体时代背景下的国外新闻传播学教育［J］，教育传媒研究，2023（4）：28-32.

［4］纪楠.国外新闻传播教育现状及对我国的启示［J］.青年记者，2020（33）：106-107.

［5］王嘉，王利.新文科视野下地方本科院校新闻学人才培养的路径

［J］. 教育理论与实践，2022，42（30）：23-26.

［6］顾天娇. 新文科背景下高校新闻学人才培养路径创新研究［J］. 传奇故事，2023（38）：24-26.

［7］刘娅. 高校全媒型人才培养模式的现状及改变路径［J］. 新闻爱好者，2017（2）：91-94.

［8］雷晓艳，石玉婵. "互联网+"时代全媒型人才培养初探［J］. 西部学刊，2019（13）：108-111.

［9］黎勇. 全媒型人才培养的三个维度［J］. 青年记者，2017（10）：22-23.

［10］姚福. 媒介融合视域下的新闻传播变革与新闻教育改革［J］. 科学咨询，2023（23）：75-78.

［11］童兵. 新文科建设和新闻教育改革路径的拓展［J］. 中国编辑，2021（2）：4-7.

数智技术革新对广告影视传播
人才培养模式的效应研究

人文与传播学院助教　杨洋

一、引言

在新文科建设的背景下，广告学与影视传播教育面临前所未有的挑战与机遇。新文科建设是一种教育革新，特别强调实际技能的培养，旨在满足信息时代对人才培养的新需求。对于广告学与影视传播专业而言，这意味着必须超越传统教育模式，融入数字媒体和互联网技术等新技术，以培养具有创新能力和实际操作能力的应用型人才。

面对数字技术的迅猛发展和消费者行为的演变，传统广告的策划、制作及传播方式需与时俱进。同样，新兴的传播技术如流媒体、虚拟现实技术和增强现实技术要求影视传播专业的从业者不仅拥有传统技能，更完全掌握新技术、新技能进行内容创新。

因此，探究并实施一种新的教育模式，以适应这些变化并应对行业面临的挑战，对于提升教育质量、满足市场需求、增强学生职业竞争力具有一定的意义。教师需要通过理论与实践的紧密结合，培养学生的专业技能与创新思维，以期为广告学与影视传播行业输送更多符合时代要求的人才，推动行业的持续健康发展。

二、新文科建设背景下广告学与影视传播教育面对的挑战与机遇

(一) 行业需求分析

今天，人工智能、大数据、虚拟现实和增强现实的广泛应用正在重塑广告学与影视行业标准和人才需求。这不仅要求从业者精通传统的创意和制作技能，还必须熟练掌握数据分析和技术应用。

同时，随着数字媒体的普及，尤其是社交平台和流媒体平台的兴起，用户的媒体消费习惯已经发生显著变化。这要求教育者在培养广告与影视专业人才时，不仅重视课程内容的创造和传播，更需强化新媒体策略和跨平台生产的教学。此外，行业内部的跨界融合也在推动教育领域突破学科壁垒，融入更多学科知识，需要培养能够适应快速变化市场需求的复合型人才。

如何应对这些挑战？广告学与影视传播教育必须创新人才培养模式，通过理论与实践的紧密结合，为学生在全媒体时代扮演关键角色做好准备。

(二) 新文科教育理念

通过对传统文科与现代科技的整合以及对实际技能培养的重视，新文科教育理念为广告学与影视传播专业的教育模式带来深刻的创新与实质的转型。

这种教育模式的关键在于强化实用技能教学。例如，通过计算机科学与数据分析教育学生优化广告策略，以及应用心理学和社会学理论帮助学生更深入地理解受众行为，从而在复杂的行业环境中更有效地应对挑战。于是，广告学与影视传播专业的学生不仅能够获得解决实际问题的能力，也能够灵活地适应行业的快速变化。

新文科理念强调理论与实践的密切结合，促进教育模式向实践方向发展。通过与行业的合作，设置实习机会和实际项目，学生可以在真实的工作环境中应用他们所学知识，这不仅有助于加深他们对专业知识的理解，还能够增强他们的职业技能和就业竞争力。

新文科建设推动教育内容与最新科技相结合，如将人工智能、虚拟现实和增强现实技术融入课程中。这让学生能够在学习期间接触和掌握前沿技术，为将来在广告与影视行业中使用这些技术打下坚实的基础。

这种教育模式还特别强调创新思维的培养，通过项目导向学习和创意实验，激发学生的创造力和独立思考能力，使他们能够在未来的职业生涯中不断推动技术和内容的创新。

总之，新文科教育理念不仅仅是更新课程内容或教学方法那么简单，它是对整个教育系统的一次深远的改革，旨在培养能够适应快速发展和高度竞争的广告与影视行业需求的、具备高级技能和创新能力的人才。这种教育模式的实施，无疑将极大地提升教育质量，并为行业的持续发展贡献人才。

三、应用型人才培养的理论与实践基础

（一）教育理论回顾

在广告学与影视传播教育领域，应用型人才的培养在一定程度上依赖情境学习理论和项目基础学习方法。

情境学习理论，由让·莱夫和爱丁纳·温格提出，主张学习应发生在真实的社会文化环境中，强调通过实践活动和社会参与来构建知识。这种方法特别适用于广告和影视传播教育，因为它鼓励学生直接参与到真实或高度模拟的广告策划与影视制作项目中。通过这种沉浸式学习经验，学生能够更深刻地理解与应用专业技能，掌握如何在实际环境中解析市场动态和捕捉消费者心理。

项目基础学习（PBL），一个由汤姆·马卡姆等人推动的教育方法，在广告学与影视传播的教学中占据一定地位。该方法强调通过实施以学生为中心的、问题解决导向的项目，促进深度学习和技能综合。在广告和影视制作课程中，这意味着从市场研究、媒体策划、内容制作及效果评估的每一个环节，学生都需承担起实际的职责。这种学习方式不仅能够培养学生的专业技能，也能够加强他们在团队协作、项目管理和创新解决方案开发中的能力。

通过结合这些理论和方法，广告学与影视传播专业的教育模式能够提供一个框架，支持学生在学术和职业技能上全面发展。这种教育实践的结合不仅可以提升教育质量，更可以有效地为广告与影视行业培养出能够适应快速变化并能够驾驭未来挑战的高素质应用型人才。

（二）现有模式评述

广告学与影视传播教育的传统模式虽然在一定程度上适应行业的基本需求，但面对行业的快速变化和技术进步，其显示出某些局限性。广泛的学术研究和行业反馈均指出，现有的教育体系在连接理论教育和实际操作技能之间存在断层。特别是在新媒体领域，其教育内容需要更好地整合最新技术和传统媒体操作技能，以便学生能够有效应对不断变化的行业环境。

在新文科建设背景下，广告学专业的教育模式需要通过创新的教学方法和协同教育来优化人才培养路径，从而显著提升学生的创新能力和实际操作技能。也就是说，建立一个符合广告行业标准的课程体系尤为重要，这不仅需要课程设计具有前瞻性，更需要强调现实应用，以确保学生能够将学到的知识和技能有效地转化为职场竞争力。同时，教育模式的创新也应该包括对新闻传播学专业的课程改革，以应对新兴技术和媒体形态的挑战。这涉及如何通过教学创新，使课程内容不仅跟得上技术的最新发展，还能预见未来的技术趋势，从而更好地准备学生面对将来可能遇到的新挑战。

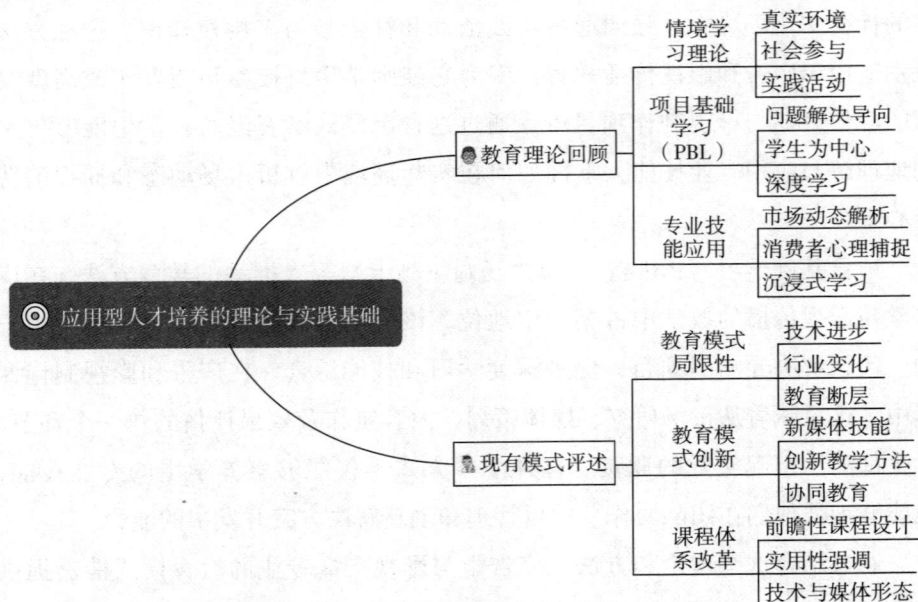

图 1　应用型人才培养的理论与实践基础

这些研究表明，广告与影视传播教育模式需要不断地进行自我革新，以期培养能够适应快速变化的行业环境和技术发展的应用型人才。改进措施应涉及教学内容和方法的及时更新，并强化教育体系与行业实践的紧密结合，同时融合创新思维与先进技术技能。通过这样的教育模式创新，学生的职业竞争力和行业适应性将得到显著提升，从而为广告与影视传播行业带来持续的动力和活力。

四、开发新模式：结合新文科的广告与影视传播教育策略

（一）课程设计

在新文科建设背景下，广告学与影视传播教育的课程设计必须充分体现前瞻性和创新性，帮助学生能够迅速适应变革。这要求学校深度整合实践经验和最新技术，采用项目导向的学习模式，有助于学生面对行业挑战时展现出一定的应对能力和创新思维。

课程内容的设计必须跟上广告与影视传播技术的最新发展，如引入社交平台算法分析、数字营销策略以及先进的视频编辑技术。通过实际操作这些工具，学生不仅能掌握行业所需的技能，还能通过技术的应用推动创新思维的发展。课程设计可以包括一系列的实验室作业，学生在学习如何利用工具生成文本、图像甚至视频的同时，还可以实际操作数据分析软件，学习如何收集和解析大规模消费者数据，以预测和解释消费者行为模式。这些实践活动不仅加深学生对理论知识的理解，而且通过实际操作提高他们解决问题的能力，为将来在广告和影视行业中应用这些技术奠定坚实的基础。

项目导向的学习模式是此教育策略的关键，它鼓励学生从概念发展到项目完成的整个过程中深度参与。与真实的商业环境或广告机构合作，设计从市场调研到广告投放的完整项目，不仅提升学生的专业技能，更锻炼他们的项目管理、团队协作和战略规划能力。这种实际操作的经验对学生的职业生涯至关重要，能够显著提高他们适应快速变化行业环境的能力。

理论与实践的结合是教学内容设计中不可忽视的一环。通过案例研究和批判性思维训练，学生可以深入理解广告和影视传播中的理论知识，并能够将这些理论应用于如何解决实际问题。课程可以设计一个详细的模块，专门

让学生分析一系列国内外的广告案例，这些案例既包括大获成功的，也包括未能达到预期效果的。在这个环节，学生将被引导深入探讨每个案例中广告理论的具体应用，分析哪些理论有效促进广告的成功传播，哪些实践可能导致项目的失败。此外，课程还会重点讨论如何在未来的广告项目中避免犯类似的错误，探索如何有效地利用广告理论来指导实践。通过这样的分析，学生不仅能够将理论知识与实际案例相结合，提高理解和应用能力，还能够通过批判性分析提升解决问题的技巧，为未来的职业生涯打下坚实的基础。

通过这种深层次的、结合理论分析和技术实践的教育模式，新文科建设背景下的广告学与影视传播教育不仅能够培养学生的技术技能和创新能力，也能够帮助他们以高度适应性和前瞻性思维在未来的广告与传媒行业中取得一定的成绩。这样的教育模式完全符合新文科建设的要求，以期为行业培养出具备实际操作能力和创新视野的应用型人才。

（二）教学方法与技术应用

广告学与影视传播教育在新文科建设推动下必须进行深刻的革新，以更好地应对技术进步和教育环境变迁带来的挑战。具体说来，教育模式的更新涉及以下几个关键领域：互动式教学法、跨领域的项目合作以及技术与创新工具的融合。

互动式教学法，特别是翻转课堂，通过让学生在课前通过在线资源自学理论基础知识，课上则用于进行深入讨论、实际操作和问题解决，极大地增强学生的学习主动性和参与感。这种方法不仅有助于学生提高理解问题的深度，还有效激发他们的批判性思维，使他们能够在分析和解决实际问题时更加具有独立性和创造性。

在项目合作方面，教育机构与行业之间的合作为学生提供实践机会。通过参与从概念萌发到市场执行的完整项目，学生能够直接应用他们在课堂上学到的知识和技能，如市场分析、创意开发、内容制作和结果评估等。这些合作不仅增强学生的职业技能，还帮助他们理解团队动态以及如何在压力下有效开展工作。

技术与创新工具的融合则是现代教育不可或缺的一部分。通过将数据分析、人工智能、虚拟现实和增强现实等先进技术融入课程中，学生可以在掌握传统技能的同时，获得操作这些工具的体验。课程主要包含使用人工智能生成内容的实践环节。这部分内容旨在帮助学生了解和掌握人工智能工具在广告创意过程中的应用。学生学习如何使用这些工具自动生成吸引人的文案、图像或视频，进而分析这些自动生成的内容如何影响广告的吸引力和效果。此外，课程也将引入虚拟现实技术的使用，让学生探索和创建沉浸式的用户体验。通过具体的项目学习设计和实施虚拟环境，学生能够模拟真实世界的互动体验，从而更深刻地理解虚拟现实技术在营销和广告中的潜在应用。

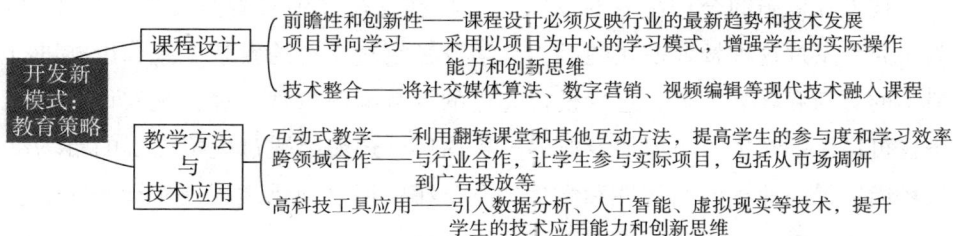

图 2　开发新模式：教育策略

五、模式实施与评估

(一) 实施策略

实施新文科建设背景下的广告学与影视传播教育模式要求一个全面且持续的改革过程，以确保教育改革与教学实际需求及行业发展紧密对接。课程内容的优化不只是将最新的行业技术和市场动向纳入教学中，更关键的是将这些前沿知识与现有的学术框架有效结合，开发一系列课程，如数据驱动的市场分析等，不仅涉及传统的统计学和市场研究方法，也包括使用最新的大数据技术分析消费者行为。此外，课程还包括互动媒体策略和新媒体内容创造，如教授学生如何利用社交平台进行品牌推广和市场互动。通过这些课程，学生能够直接操作和应用广告与传播行业中的先进技术和方法，增强其实际操作能力和市场适应性。

教师的专业化发展是教育改革中至关重要的一环，对于确保教学内容的现代性和教学方法的有效性尤为关键。教育机构必须承担起为教师提供必要资源和支持的责任，确保他们能够及时更新教学内容，以匹配行业的最新发展和技术进步。这包括定期组织专业培训工作坊等方式，让教师学习使用最新的数字工具、在线教学方法和互动式学习平台等教育技术和教学策略。此外，教育机构应当鼓励和支持教师参与相关学术研讨和行业会议，以获得前沿知识和交流机会。教育机构还应该建立与行业实践的桥梁，通过安排教师短期实习或访问行业领先机构，帮助他们从实际应用中学习和获取灵感。通过这些综合措施，教育机构可以帮助教师不仅保持教学内容的先进性，还能够不断提升其教学技巧，从而更有效地培养学生应对未来挑战的能力。

技术和设施的合理配置在支持新文科教育模式中起着至关重要的作用。为了充分发挥这种教育模式的潜力，学校必须对现有的教学工具和设施进行科学的更新和合理配置，包括投资先进的视频编辑软件和虚拟现实设备。这不仅可以协助学生制作更加专业的广告内容，还能够通过模拟真实的市场反应环境，提高课程的实用性和学生的参与感。通过使用虚拟现实设备，学生可以在一个可控的虚拟环境中测试和优化他们的广告策略，可以较好地增强学习体验和教学效果。

此外，为了确保这些设备的持续有效运行，学校建立一个强大且可靠的技术支持系统是不可或缺的。这个系统应由经验丰富的技术人员组成，他们负责所有教学设施的日常维护和必要的技术升级。技术支持团队的职责不仅仅是保持设备的正常运行，还包括在教学过程中遇到紧急技术问题时提供即时解决方案。此外，该团队还应负责对教师和学生进行相关培训，帮助他们有效利用最新的教育工具。这种培训通常包括定期的工作坊和研讨会，其中不仅介绍如何操作新设备，还教授如何将这些技术整合到教学策略中，以最大化其教育潜力。

与行业的紧密合作是新文科教育模式中至关重要的一环，因为它可以为学生提供与实际工作密切相关的学习机会。通过与国内外相关机构的合作，学生不仅有机会参与实习和项目中，还能够通过参加由行业专家主持的讲座和研讨会，近距离学习和接触到最新市场动态和专业技能的第一手信息。这种互动不仅提升学生的学习动力，还增加教学内容的实际应用价值。此外，这种合作提供一个独特的视角，让学生了解不同市场和文化背景下的广告策略，开阔他们的国际视野和增强市场敏感度。

这些策略不仅有助于教学内容与行业最新发展保持一致，还可以提高教学的实践性和互动性，使学生能够在真实的工作环境中应用所学知识，有效提升学生的市场适应性和职业竞争力。这种综合教育模式有效地链接学术理论与实际操作，为学生提供丰富的学习机会和职业发展的平台，有助于培养出能够迎接未来市场挑战的高素质人才。

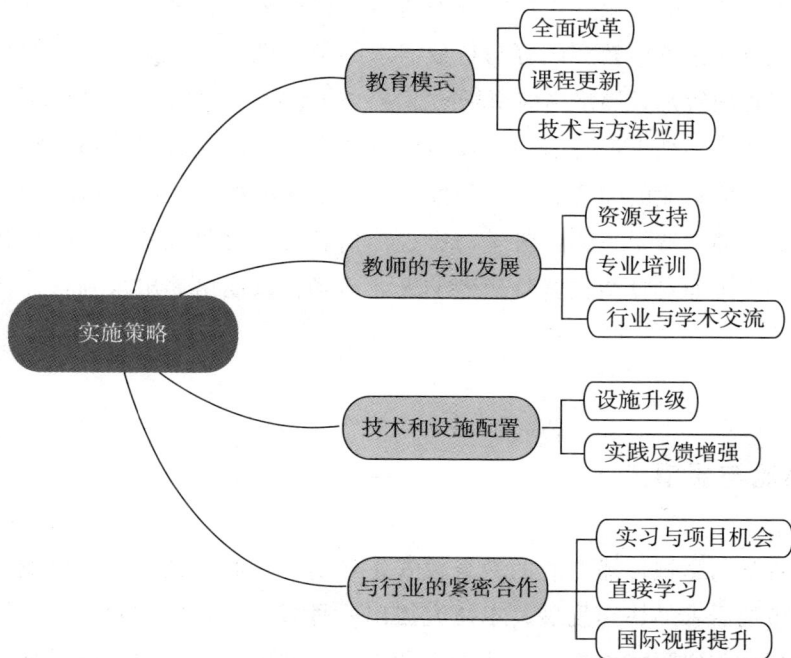

图 3 实施策略

（二）效果评估

评估新文科建设背景下广告学与影视传播教育模式的有效性是一个多维度的过程，它需要综合考量学生反馈、职业表现以及行业反馈，以确保教育模式不仅理论上符合教育目标，而且在实际应用中真正促进学生的职业发展。

学生反馈是评估教育模式成功与否的第一手资料，可以通过实施系统的问卷调查、定期的面对面访谈以及组织焦点小组来收集。在这些数据中，学生可以评价他们的课程内容、教学方法、教育技术应用、资源可用性和整体的学习体验，帮助教育机构识别课程设计的优势和不足，并提供改进的具体方向。同时，跟踪和分析毕业生的职业表现也是评估教育模式成效的关键。通过与毕业生保持联系，定期收集他们的就业情况、职位变动、职业成就和行业认可等信息，学校可以评估他们在工作中如何应用在学校学到的技能，以及这些技能对于他们职业成功的具体影响。这种跟踪不仅反映教育模式的实用性，也显示其在准备学生应对实际工作挑战方面的有效性。

此外，定期从行业专家和雇主处获取反馈同样重要。这些反馈可以通过组织与行业代表的会议、工作坊或通过行业咨询委员会来实现。专业人士和雇主的意见对于评估教育内容与行业需求的契合度至关重要，他们的观点可以体现课程内容是否满足当前市场的需求，毕业生的技能是否符合行业标准。

将这些评估结果汇总后，学校需要定期审视和调整教学策略，修正教育模式持续适应行业的演变和技术的发展。通过这种相对全面且持续的评估流程，新文科建设背景下的广告学与影视传播教育模式可以不断得到优化，更好地帮助学生面对复杂且竞争激烈的人才市场，以期培养出得到行业认可的专业人才。

六、结论与展望

广告学与影视传播专业的教育模式正经历一场必要的变革，以响应技术进步和市场需求的快速发展。本研究提出一种较为新颖的教育策略，深度整合现代科技与实际操作经验，特别强调项目导向的学习方法，以增强学生的实战能力和创新思维。这种模式不仅促进理论与实践的紧密结合，还积极引入如人工智能、大数据分析及虚拟现实等前沿技术，提升教育的实用性和前瞻性。同时，笔者考虑到行业的不断演化，教育内容需持续更新，教师的专业发展不断加强，且须与行业保持紧密的合作关系。本研究希望为高等职业教育探索有效的教学策略，旨在培养能够面对未来职业挑战的复合型、创新型人才。未来，笔者将进一步评估跨学科教育模式的长期效果，观察技术融入的最佳实践，以期通过国际合作提升学生的全球竞争力，持续适应教育需求和行业挑战的动态变化。

参考文献

[1] 闫伟华，周艺瑾. 新文科背景下网络与新媒体专业人才培养的瓶颈与突破 [J]. 新闻论坛，2023，37（5）：116-120.

[2] 赵心. 新文科背景下广告学双创人才培养路径探析 [J]. 大众文艺，

2023（12）：193-195.

[3] 申雪凤，文宰鹤. 新文科建设背景下卓越广告人才培养的课程群建设 [J]. 传媒，2023（6）：86-88.

[4] 周茂君，柏茹慧. 新文科背景下新闻传播学本科专业人才培养研究 [J]. 国际新闻界，2022，44（2）：133-156.

[5] 张子娟. 新文科背景下民办高校广告学专业创新人才的培养路径探析——以珠海科技学院为例 [J]. 传播与版权，2021（6）：113-115.

[6] 王云松，刘巧云. 新文科视域下传媒类专业协同育人模式的探索——以广告学双创人才培养为例 [J]. 质量与市场，2021（3）：142-144.

[7] 唐衍军. 新文科教育引领新闻人才培养理念创新 [J]. 新闻论坛，2020，（2）：111-114.

高校与企业一体化办学模式在网络
与新媒体专业人才培养中的应用探析

人文与传播学院副教授 张玲

随着互联网技术的迅速发展，新媒体行业规模逐年扩大，对人才的需求也不断增加。高校作为行业人才的主要输出地，其专业人才的培养是否能满足行业需求，学生走上相应岗位后是否能胜任工作，这在很大程度上取决于高校专业教育中的产教融合改革是否成功。在网络与新媒体专业的人才培养中融入产教融合的理念，将教学与产业紧密结合起来，使二者相互促进、相互支持，形成专业与企业一体化的办学模式，是有效提升学生创新创造能力和行业实践能力的有效途径。

从当下的网络与新媒体专业人才培养来看，虽然在产教融合方面取得一定的成绩，但是进程缓慢，且效果有限，并不能真正地推动专业人才的高质量培养。明确网络与新媒体专业的特征和产教融合理论的内涵，探索科学的专业人才培养发展路径，是优化网络与新媒体专业人才培养方案的题中应有之义。

一、网络与新媒体专业的人才培养与产教融合的内涵

（一）网络与新媒体专业的人才培养

网络与新媒体专业作为一个新兴的专业，其设立和发展都与相关行业的发展密切相关。新媒体快速发展让越来越多的企业看到新媒体未来发展的潜力，企业开始数字化转型的布局，随之而来的行业人才缺口促使高校开设相关专业。2010年，教育部开启新媒体与信息网络、媒体创意、网络经济等三

个专业的申报工作。2011 年，南京传媒学院作为第一所高校开始新媒体与信息网络专业的招生。2012 年，教育部在本科专业目录中正式增设网络与新媒专业，并在同年的《普通高等学校本科专业目录》中将之前的新媒体与信息网络和媒体创意两个专业合并为网络与新媒体专业，归属在新闻传播学大类中。2013 年，首批 28 所高校网络与新媒体专业开始招生。2014 年，设立新媒体专业并开始招生的高校新增了 20 所，2015 年新增了 29 所，2016 年新增了 47 所。截至 2022 年，全国有 300 余所高校开设网络与新媒体专业。可以说，网络与新媒体专业是伴随着相关行业的发展而发展起来的，这也造就专业人才培养突出实践性、迭代性和创新性等特点。

理论知识一直以来都是网络与新媒体专业学生的必修课。网络与新媒体专业涉及的内容十分广泛，包括计算机技术、传播学、营销学等多个学科领域。学生需要掌握扎实的理论知识，才能够更好地理解和应用多种技术和方法。因为他们只有具备坚实的理论基础，才能够更好地应对未来行业发展和市场变化带来的挑战。当然，所有的理论知识都是服务于实践的，实践能力才是提高网络与新媒体专业学生行业竞争力的主要因素之一。学生通过创作实践掌握专业技能，通过媒体实践了解行业发展和市场需求。

新媒体行业发展日新月异，从其出现至今，短短的时间里已经实现数次的迭代更新。伴随其而设立的网络与新媒体专业在人才培养中需要对行业的迭代性发展进行观照，不断地修订更新人才培养的内容，引入新技术、新内容，这样才能实现高质量人才培养的目标。近年来，人工智能、大数据、云计算等前沿技术逐渐融入网络与新媒体领域，改变了信息传播的方式和效率。专业教育需要紧密跟踪这些技术的发展趋势，不断更新课程设置和教学内容，帮助学生掌握最新的技能和知识。同时，高校应关注行业未来的发展趋势，与时俱进，致力于培养学生具备敏锐的市场洞察力，找准发展方向。

网络与新媒体专业人才的创新能力培养是教学的重点也是难点。当下，创新能力已经成为行业竞争和发展的关键，只有具备创新思维和创新能力的人才提出新的观点、创作新的内容、开发新的应用，才能在激烈的竞争中脱颖而出，推动整个行业的进步。创新能力的培养需要一个包容、开放且鼓励尝试的环境，同时专业需要跳出传统的知识性培养，进行跨专业、多领域的交叉融合。这要求学生具备跨专业和学科的视野，进行多角度的思考，从而形成创新性解决方案。

围绕这样的人才培养，有学者对跨学科传媒人才、复合型传媒人才、应用创新型传媒人才等不同类型的传媒人才的培养进行探索。随着新媒体行业的发展，针对相关政策和不同媒体环境下的人才培养，学者也提出诸多见解，如大数据时代新闻传播人才培养模式的探讨，"四全"媒体时代新型传媒人才培养，媒体云驱动传媒人才实践创新能力培养，以及网络多屏视域下传媒人才培养新模式的探讨等。这些研究成果为媒体人才培养积累丰富的理论依据，但是总体来说，更多是站在高校的角度对专业人才培养进行审视，一定程度忽略行业的实际需求。

2017年12月，《国务院办公厅关于深化产教融合的若干意见》发布，文件指出，当前"人才培养供给侧和产业需求侧在结构、质量、水平上还不能完全适应，'两张皮'问题仍然存在。深化产教融合，促进教育链、人才链与产业链、创新链有机衔接，是当前推进人力资源供给侧结构性改革的迫切要求，对新形势下全面提高教育质量、扩大就业创业、推进经济转型升级、培育经济发展新动能具有重要意义"。这份文件点明产教融合在人才培养中的重要性，为媒体行业的人才培养指明方向。

（二）产教融合的内涵

从宏观层面上看，"产教融合"是指产业（行业、企业）与教育（主要是学校教育）的融合，主要涉及产业发展与教育发展的协调性问题；从微观层面上看，"产教融合"是指生产与教学的融合，主要涉及生产过程与教学过程的对接。产教融合的具体内容包括专业与产业对接、学校与企业对接、课程内容与职业标准对接、教学过程与生产过程对接。依据融合程度，可以将产教融合分为三种类型："完全融合""部分融合"与"虚假融合"。从产业与教育的关系来看，产业为教育的发展提供资金、场地等方面的帮扶，教育则为产业发展提供人才保障，双方各要素优势互补，共同促进各自效益的最大化。

以产业需求为导向是产教融合的基本原则。高校是人才的输出地，人才去向对应产业结构，供需关系决定产业的需求是专业人才培养的重要考量之一。教学要紧密对标产业的发展趋势及市场需求，根据其变化及时调整专业课程设置和内容，优化教学方法，力求人才培养切实符合相关行业的人才需求。同时，以产业为导向的原则也能保证教学具有较强的针对性和实用性，学生在这样的培养中形成更强的专业实践能力和就业竞争力。这意味着高校和企业之间的合作需要得到进一步的加强，通过资源共享、优势互补等方式，实现教育与产业的深度融合。高校在人才培养计划、专业课程设计、实训基地建设、相关课题研究等工作中鼓励企业参与，并与之开展广泛的深度合作。

资源共享和优势互补是产教融合的主要手段。高校和企业可以建立资源互通机制。高校拥有完备的教学设施、科研设备和丰富的人才资源，企业则拥有生产场景、市场需求和丰富的行业经验。其实，双方的资源共享和优势互补可以实现效益的最大化。对高校教学而言，企业所提供的资源，一方面有利于提升实践教学效果，促进学生在实践中获得成长；另一方面可以大大缩短科研成果转化为实际应用的时间，提升转化效率。对于企业来说，企业则可以借助学校的相关资源推动技术创新和产业升级，同时实现企业专业人才的储备，提升企业选拔优秀人才的效率和质量。

教育和产业的双赢是产教融合的目标。在学校的层面，学校通过产教融合可以突破教育和产业之间的信息壁垒，及时获取行业前沿信息，掌握产业发展趋势，并将其融入实际的教学中；同时，产教融合有利于优化人才培养方案，让学生走入实际的生产中，掌握生产技能，提升就业竞争力。产教融合对于企业而言则可以降本增效，减少企业不必要的投入和浪费，提高资源利用的效率。通过不断地优化合作机制、拓展合作领域，高校和企业之间可以深入合作，共同应对市场变化和技术挑战，保持竞争的优势和创新的能力，真正实现教育和产业双赢的目标。

将产教融合理念融入网络与新媒体专业人才培养具有以下几点意义：其一，促进实践教育的发展。网络与新媒体专业将实践能力培养作为专业人才培养的重要环节，注重提升学生的实际动手能力和媒体职业素养。产教融合可以将企业的实际生产项目和案例引入专业教学中，让学生参与现实的项目生产，在实践中切实提升个人的动手能力和职业素养。其二，满足专业人才培养方案的快速迭代性需求。网络与新媒体专业的人才培养方案的不断更新和完善，是为了更好地满足行业对人才的需求。可以说，网络与新媒体专业的人才培养方案的迭代性是产教融合理念融入专业人才培养方案制定的必然结果。而在人才培养方案的制定中将生产实际作为重要的考量因素，可以为其内容的迭代更新提供更明确的目标和方向。其三，对学生创新能力的培养提供有效的路径。企业资源是学生创新能力培养的重要支撑，能够为学生提供丰富的行业知识和实践经验。学生通过企业资源实现与行业内的交流，了解行业的运作规律和发展趋势，掌握前沿技术和市场动态，能够有效地激发学生的创新灵感和培养他们的创新性思维。

二、网络与新媒体专业人才培养和行业人才需求现状

从 2012 年正式作为专业设立至今，网络与新媒体专业经过十几年的发展，截止到 2024 年，全国已经有 360 余所高校设立该专业。专业在招生环节文理兼收，但是在人才培养中大部分学校还是设计偏文科的培养路径，基本上是按照以传播学为专业理论基础，融合摄影摄像、数据分析、文字处理等几方面的专业技术能力培养。部分高校结合自身优势，加入文化素养提升或者新媒体平台搭建能力养成内容，形成自己的专业特色。总体来看，当下高校的网络与新媒体专业人才培养在路径上大同小异，特色并不突出。

（一）网络与新媒体专业人才培养中的问题

第一，人才培养目标定位相对模糊，缺乏专业特色。网络与新媒体专业在设立之初大多依托传统的高校优势专业，比如广告专业、新闻专业、广播电视学专业等。其设定的人才培养方案对这些传统专业多有借鉴，甚至在很大程度上存在复制的嫌疑，这就导致在人才培养目标上缺乏专业性，出现新媒体专业培养的是广告人才、新闻人才或者广播电视行业的人才等情况。其实，但凡对新媒体有所了解，大家都能够发现其与传统传媒专业有着较大的差异。在一定意义上，披着新媒体的外衣，在人才培养中却仍然走传统媒体人才培养的老路子，这只会与新媒体的发展背道而驰，无法真正地满足新媒体行业的人才需要。

2017 年，针对新媒体应用型专业的人才培养，《国务院办公厅关于深化产教融合的若干意见》就明确人才培养的要求，即促进人才培养供给侧和产业需求侧结构要素全方位融合，培养大批高素质创新人才和技术技能人才，为加快建设实体经济、科技创新、现代金融、人力资源协同发展的产业体系，增强产业核心竞争力，汇聚发展新动能提供有力支撑。

2018 年，教育部、中共中央宣传部印发《关于提高高校新闻传播人才培

养能力实施卓越新闻传播人才教育培养计划 2.0 的意见》，进一步明确提出培养造就一大批适应媒体深度融合和行业创新发展，能够讲好中国故事、传播好中国声音的优秀新闻传播后备人才。

第二，专业的课程设置上缺乏系统性，连续性。专业的人才培养是一个连续的过程，贯穿整个学制。专业课程的先后顺序，课程与课程之间的合理承接，甚至课程之间的配合协作都是这种系统性人才培养的重要表现。一些网络与新媒体专业的课程设置，往往缺乏对课程体系结构以及课程之间关系的思考，课程安排缺乏总体的规划。落实到具体的课程教学，各自为政，很难对学生形成全面持续的专业能力培养。部分专业课程陈旧过时，与网络与新媒体专业的关联度较低。这些课程依托于传统媒体的环境和工作流程，与今天新媒体行业发展现状有较大的差异。同时，还有部分课程在教学内容上并没有跟上新媒体行业的发展，无论是在理论阐述还是在案例使用上都较多地运用过时的素材，与新媒体日新月异的行业发展脱节，不能达到良好的教学效果。

第三，相对盲目追求外在技术能力的培养，忽略核心竞争力的挖掘。不可否认，新媒体技术发展迅速，几年就会经历一次平台的提升和更迭，在专业人才培养上也面临更新迭代对学生技术能力培养的巨大压力。在人才培养设置上，部分高校过多侧重技术类课程的比重，忽略学生内在素养的提升。这种类似技术培训班式的培养模式，也许能培养出精通各种技术的人才，但是离"讲好中国故事、传播好中国声音"的高素质复合型人才的培养目标还很远。毕竟，技术只能呈现"故事"，但是"讲好故事"却是需要历史、文化、艺术等多元素养的共同支撑。

（二）新媒体行业中的人才需求

针对新媒体行业对人才的需求，一些学者和行业从业者从不同的角度进行探讨，其中发表于 2023 年的《从招聘启事看融媒体时代报业人才需求新趋势》和《智媒体时代传媒人才需求转向——基于 243 份招聘启事的内容分析》两篇文章结合行业招聘，以媒体招聘启事为研究蓝本，将行业对人才的需求做了一个细致的分析。前一篇文章比较全面地收集和分析以报社为代表的媒体对人才的要求，后者则选择全国省一级传统媒体与新媒体企业作为研究对象，力求真实全面地将行业对人才的具体需求进行分析和呈现。

《从招聘启事看融媒体时代报业人才需求新趋势》一文中收集的数据涉及585人的招聘岗位，其中采编人员招聘394人，包括编辑、记者、评论员、主持人等多个岗位。虽然是传统媒体，但是在岗位描述中突出强调新媒体素养的需求。比如，《齐鲁晚报》要求应聘者"喜欢传媒，喜欢新媒体，擅长视频直播等新媒体传播手段"，《北京日报》要求"熟练使用图片、视频处理软件"等。显然，在媒体深度融合的大环境下，招聘单位对新媒体人才需求旺盛。在招聘人员的能力要求上，文章将从所有招聘启事中汇总的14种能力素养进行排序，其中被提及最多的是"新媒体产品制作能力"，总共被提到45次，其次才是"较强的文字功底"和"良好的语言表达和沟通能力"等。而实际上，"较强的文字功底"和"良好的语言表达和沟通能力"也可以看作"新媒体产品制作能力"的一部分，毕竟，以短、平、快为特色的新媒体产品，对语言和文字表达能力的要求比传统媒体要求更高。在这些招聘启事中，我们还可以发现一个现象，那就是在专业背景上，对应聘者的要求不再局限于新闻传播、汉语言文学以及新闻学等常规的"对口"专业，经济学、法学以及历史学等专业背景也被多次提及，甚至部分媒体还提出了民族学、理学类、管理学等与新闻媒体相关性较低的专业背景诉求。

《智媒体时代传媒人才需求转向——基于243份招聘启事的内容分析》一文则通过相关数据分析，提出媒体行业招聘需求的5个转向，分别是在知识层面的从"普通人才"到"专家人才"的转向，凸显运营策划知识；在学科层面的从"新闻传播学"到"跨学科交叉"的转向，更加强调数据素养和美学修养；在技能层面的从"图文采写编"到"全媒体策采写编发"的转向，更加重视多频道网络（MCN）工作经历和科研能力；在人际层面的从"松散型人际关系"到"紧密型团队合作"的转向，更加强调团队学习；在道德层面的从"遵纪守法"到"家国情怀"的转向，更强调向上的价值导向。

媒体"招聘难"和学生"就业难"问题频频同时出现，是高校人才培养同行业人才需求错位的结果。正是因为网络与新媒体专业的发展缺乏与行业的交流与合作，在人才培养中并不能很好地适配于行业的切实需求，使得学生毕业的时候出现就业难，相关企业却面临无人可用的窘境。将产教融合的理念融入专业人才培养是解决这一问题的关键。

三、以产教融合理念引导新媒体专业人才培养

媒介环境的变化带来新的挑战，媒介技术的迭代更是对媒体行业发展提出新的要求。在这种背景之下，学科与产业的结合与通力合作才是走出困境、实现共赢的最佳方式。在新媒体人才的培养过程中，高校要跳出传统模式，明确学生、高校和企业在专业人才培养中目的的一致性，共同参与到优化人才培养的工作中来，打造全新的人才培养模式。

（一）学生层面：积极参与校企合作项目，形成正向的专业学习认知

媒体行业发展迅速，对于将来要从事媒体工作的学生来说，具备终身学习的能力是其从事相关行业的基本素质和专业学习的内涵。在专业学习中，学生应该不断提升自己的理论素养，对媒体行业的发展保持敏锐的洞察能力，学会提出问题，并利用学校的学习资源去解决问题，不断地实现自我提升。要达到这个目标，学生仅仅依靠课堂学习远远不够，需要借助更丰富的校企合作平台，深入行业，积极地参加各类实习实践项目。在这样在具体的实践中，学生一方面能够掌握新媒体生产和传播的基本逻辑，形成专业的价值导向；另一方面，学生也可以不断练习内容制作技能，熟练掌握文字、图片、音频、视频等多媒体形式的采写、编辑、制作和传播的技巧，将课堂作业的作品思维向产品思维进行转变，打造自身的商业价值。在实习实践中，学生还可以参与各类新媒体平台的传播活动，真正了解新媒体活动管理和平台运营的方式。

（二）专业层面：加强校企合作，打造良好的育人生态

企业进校园是产教融合的必要步骤。打破高校教学与企业发展之间的壁垒，加强校企合作，将企业的人才需求融入教学活动之中，是产教融合的要求。通过校企合作，教师可以深入企业，了解媒体行业的发展现状，并将其融入具体的课程教学，对教学内容和教学方法进行改革和完善，达到更好的教学效果。同时校企合作可以让业界专家参与到部分的教学活动中，运用其行业经验对学生进行培养。校企合作的好处有三：一是可以强化学生的职业

规划和就业指导，让学生更好的了解行业动态和招聘需求，形成更为明确的学习目标。二是可以通过这种方式将第一手的行业信息和工作经验传递给学生，对学生的未来发展形成助力。三是将企业的科研需求与专业教师的科研项目进行对接，让教师带着学生参与具体的项目，构建项目驱动式学习模式，让学生在项目实践中得到锻炼和提升，同时实现科研成果的商业转化，达到企业与高校之间的双赢。

（三）媒体层面：积极参与专业人才培养，提升人才质量

媒体企业作为新媒体人才的需求方，其在人才培养中发挥着关键的作用，能够通过多种方式参与专业的人才培养，提升专业人才培养的质量，进行人才储备，为企业未来的发展打下良好的基础。

媒体企业提供便捷的实习实践机会，开展实践训练营、实践项目等活动，引导学生参与到企业的媒体实践中，让学生感受行业氛围，提升学生对企业的信任感和认可度，做好企业的人才储备工作。媒体企业可以设立导师制度，对初入职场的学生提供专业技能指导，便于学生适应从学生到职员的角色转变，顺利步入职场。

总之，网络与新媒体专业人才的培养不应局限于高校和专业知识。在产教融合理念引导下，学生作为教学活动的主角，企业作为人才的需求方，共同参与新媒体人才培养的每个环节，才能真正实现人才培养方案的优化。

参考文献

［1］薛勇. 产教深度融合：高校人才培养模式的制度生成［J］. 中国高等教育，2020（10）：58-60.

［2］卢应涛. 产教融合视域下现代职业教育改革路径研究［J］. 黑龙江教师发展学院学报，2024，43（6）：107-110.

［3］马媛. 高校产教融合育人模式实施策略探究［J］. 产业创新研究，2024（10）：196-198.

［4］郑勇华，王文雨. 智媒体时代传媒人才需求转向——基于243份招聘启事的内容分析［J］. 贵州师范学院学报，2024（2）：72-78.

［5］徐宁. 从招聘启事看融媒体时代报业人才需求新趋势［J］. 传媒评

论，2023（2）：52-54.

　　[6] 龚芬.基于"产教融合"视角的地方本科院校应用型人才培养模式研究 [J].长春大学学报，2018，28（4）：46-49.

　　[7] 张丽娟，葛运旺，王新武.深化产教融合的本科人才培养研究与实践 [J].实验技术与管理，2020，37（7）：169-172.

产教融合背景下网络与新媒体
专业实践教学路径探索

人文与传播学院助教　曾迟

党的二十大报告指明了教育发展的新方向："统筹职业教育、高等教育、继续教育协同创新，推进职普融通、产教融合、科教融汇，优化职业教育类型定位。"应用型高校在办学治校过程中，要逐步深入强化行业主导性、产学研融通性与人才培养实践性。

一、产教融合

产教融合是指产业与教育的深度合作与融合。具体来说，它是指生产和教学的融合，主要涉及生产过程与教学过程的对接，形成相互支持、相互促进的关系，使学校成为一个集人才培养、科学研究、科技服务于一体的实体。这是一种跨界融合，旨在通过产业与教育之间的融合发展，实现人才培养与产业需求的紧密结合。由此，教育可以更好地了解市场需求和行业发展趋势，进而调整课程设置和教学内容，提高人才培养的质量和适应性。同时，产教融合还有助于提高学生的综合能力和职业素养，增强他们就业和创业的竞争力。

产教融合对于地方经济高质量发展也具有积极的影响，为当地经济建设提供一定的示范效应。产教融合发展得好的学校培养的人才走上工作岗位后，能够成为多领域的行家里手，有助于带动当地经济结构的优化，促进地方经济的繁荣和发展。

产教融合是一种具有深远意义的合作模式，它通过整合产业与教育资源，为培养符合市场需求的高素质人才、推动区域经济高质量发展以及促进社会进步提供有力的支持。

二、网络与新媒体专业特性

与新闻传播学科其他本科专业不同，网络与新媒体专业作为一个融合信息技术、传播学、社会学、心理学等多学科知识的专业，有着技术应用性、交叉融合性、专业整合性、实践创新性强的特点。该专业注重文理交叉、内容与技术融合。从网络与新媒体专业发展的态势来看，招生规模不断扩大表明国内对网络与新媒体专业人才的旺盛需求。

（一）技术应用性

技术应用性是网络与新媒体专业的主要特性之一。随着互联网的飞速发展和新媒体技术的不断创新，该专业时刻关注技术前沿，将最新的信息技术应用于媒体内容的生产、传播与互动中，包括但不限于以下几个方面。

第一，数字化内容创作，主要是指利用视频编辑软件、音频处理工具、图形设计软件等技术手段，进行多媒体内容的创作与编辑。

第二，社交平台运营，包括熟悉微博、微信、抖音、快手等多种社交平台、视频分享平台、直播平台的运营规则、运营策略和操作技巧，能够有效管理和优化平台账号，提升内容曝光度和用户参与度，进行内容发布、用户管理、数据分析等工作。

第三，数据分析与可视化，具体体现在运用大数据分析工具，对新媒体传播效果进行量化评估，能够深入挖掘用户行为数据，为决策提供数据支持，并通过数据可视化技术直观展现分析结果。

（二）交叉融合性

网络与新媒体专业的交叉融合性体现在网络与新媒体专业涉及多个学科的交叉与融合，它不仅要求学生掌握传媒学的基础知识，还需具备计算机科学、心理学、社会学、市场营销等相关领域的知识。例如，传媒学与信息技术的融合将传统媒体理论与新媒体技术相结合，探索信息传播的新模式和新途径；心理学与社会学的应用需要理解用户需求与行为模式，关注社会热点，把握舆论导向，运用心理学原理进行内容策划与传播策略制定；传媒学与经济学的整合要求学习如何将新媒体技术应用于品牌推广、产品营销等领域，实现营销效果的最大化。

（三）专业整合性

网络与新媒体专业的整合性要求学生在掌握各专业知识的基础上，能够将其整合运用到实际工作中，形成系统解决问题的能力，具体体现在以下几个方面。

第一，跨平台整合传播是指根据不同媒体平台的特点，制定差异化的传播策略与跨平台的整合传播策略，实现信息的多渠道、多形态传播。

第二，内容生产与运营一体化要求从内容创意、制作到发布、运营，形成完整的产业链思维，提升内容质量与传播效率。例如，在危机公关与舆情管理方面，从业者需要掌握危机公关的处理技巧，及时、准确地应对突发事件，维护品牌形象和声誉；在用户关系管理方面，通过有效的用户互动和社群管理，建立和维护良好的用户关系，提升用户黏性和忠诚度。

第三，技术与人文的深度融合表现在追求技术创新的同时，注重人文关怀，使新媒体技术更好地服务于社会与公众。比如，根据受众需求和平台特点，制定科学的内容策划方案，对内容进行筛选、编辑和排版，确保内容的吸引力和可读性。

（四）实践创新性

网络与新媒体专业强调理论与实践相结合，鼓励学生参与各类实践活动，培养创新思维和解决问题的能力。教师以项目驱动式教学方式，让学生通过参与新媒体运营、短视频创作、网络直播等项目将所学知识应用于实践中；基于学校创新创业等项目，指导学生立项，鼓励学生提出新思路、新想法，并通过创业实践将其转化为现实成果。

此外，网络与新媒体专业学生作为准媒体人，除了应加强专业教学，培养技术和管理层面的能力，还应在多方面培养强烈的社会责任感和使命感。因为，他们成为行业从业者后，作为主流信息的传播者应传播积极向上、有价值的信息，抵制虚假、低俗内容的垃圾信息，营造风清气正的网络环境；

他们也应具备一定的舆论引导能力，能够在重大事件报道或热点话题讨论中，通过专业、客观的分析和研判，引导公众形成正确的舆论导向；他们还必须在信息传播和媒介运营过程中，严格遵守国家法律法规和道德规范，维护良好的职业形象和社会声誉。

三、网络与新媒体专业实践教学现状与问题

随着新媒体技术的快速发展，网络与新媒体专业必须直面新文科建设的机遇与挑战，实践教学体系的具体化全面化系统化是必然路径。然而，目前部分高校在实践教学改革方面仍滞后于实际教学模式的发展，这主要体现在三个方面：一实验实训教学改革与实际教学模式匹配度不高，二是理论课程的教学模式实践融合程度较低，三是产教融合的实践水平偏低。

（一）实验实训教学改革与实际教学模式匹配度不高

实验实训教学改革要素不能完全覆盖教学模式，部分高校的实验实训内容还停留在传统媒体的范畴内，如报纸编辑、电视制作等，缺乏对短视频制作、大数据分析、社交平台运营等新媒体应用的深入探索。

实际教学还存在教学评价模式单一、教学反馈要素缺失等问题。传统教学模式往往注重理论知识的传授，忽略实践环节的重要性。在实验实训中，学生往往只是按照既定的步骤进行操作，缺乏独立思考和解决问题的能力。具体说来，实验实训课程教学改革呈现以下特点：注意到全方位教学改革的重要性，但仍未能实现教学系统性变革；注重以技术驱动教学方法改革，但一定程度上将"教学改革"与"教学模式创新"混淆；强调新理论、新理念的运用，但弱化对已有教学规律、教学理论的总结和检验。

（二）理论课程的实践融合度较低

网络与新媒体专业的课程设置通常包括理论课程和实践课程两部分。在实际教学中，部分高校在设置课程时，将理论课程与实践课程分开安排，导致学生在理论学习时缺乏实践支撑，在实践操作时又难以将理论知识应用于实际情境中。理论课程教学缺乏与新媒体行业紧密相关的案例教学，导致学

生对理论知识的理解停留在表面，难以深入理解和应用。换句话说，理论课程与实践课程的融合度往往较低，导致学生在理论学习与实践操作之间出现脱节现象，未能有效达成人才培养目标，教学质量和效果并不十分理想。

（三）产教融合的实践水平低

实践课程体系是网络与新媒体专业教学中不可或缺的一部分。目前，部分高校的实践课程体系仍不够具体和完善，无法满足学生全面发展的需求，也无法支撑专业人才的培养目标与产教融合模式相适配。

第一，课程体系不健全。部分高校在实践课程体系设置上缺乏系统性和连贯性，课程之间缺乏衔接和互补，导致学生在实践过程中难以形成完整的知识体系。

第二，实践环节单一。部分高校的实践课程环节主要集中在实验室操作和课程作业上，缺乏与企业合作、社会实践等多元化的实践形式，使得学生的实践能力难以得到充分锻炼。

第三，评价体系不完善。在实践课程评价体系方面，部分高校仍采用传统的考试形式进行评价，无法全面反映学生的实践能力和创新成果。

网络与新媒体专业作为与产教融合发展的新兴专业，其培养的是适应产业需求、具有较强动手实践能力的专业人才。网络与新媒体专业应用领域广泛，要求学生掌握多领域的知识。在人工智能内容生产、计算传播、大数据应用、社交平台与短视频内容运营，甚至是当前直播领域直播 PM、视觉中控、直播运营、主播、助播、客服专业等岗位，都必须采取实战化的教学模式，才能使学生在实践中掌握相关知识和技能。而实战化实践教学的缺乏，即便部分高校已采取项目模拟方式（学生以个人独立运营的方式制作与生产新媒体内容，或者在抖音平台进行直播）进行弥补，让学生积累一定的经验，但实际成效远没有达到预期的培养目标。

四、网络与新媒体专业实践教学场域构建

2022 年 4 月，习近平总书记在中国人民大学考察时强调，希望广大青年用脚步丈量祖国大地，用眼睛发现中国精神，用耳朵倾听人民呼声，用内心

感应时代脉搏，把对祖国血浓于水、与人民同呼吸共命运的情感贯穿学业全过程、融汇在事业追求中。

实践出真知。实践是行之有效的教育形式，是创造价值的教育过程，是发现新问题的起点。网络与新媒体专业教学的核心任务是应用型教育，主要包含理论教学和实践教学，专业应用型人才培养目标的实现需要将实践的理念贯彻始终，通过"实践课程实验实训式教学、理论课程多维融合式教学、考核方式情境式教学"的模式，重新构筑应用型本科院校网络与新媒体专业实践教学体系，弥补专业教育实施过程中实践性与课堂的融入性较低，以及实践体系缺失的问题。

（一）实践课程采取实验实训式教学

目前，数字化浪潮席卷全球各行各业，掌握以数字技术为基础的专业实践素养已成为全社会对高水平人才的基本要求。实验实训教学是培养学生专业实践能力的重要环节，是一般课程教学的子概念。因此，一般教学理论中的教学要素框架，同样适用于对实验实训课程进行分析。在实际的教学改革中，改革内容往往指向教学过程中的"客体性要素"，即包括教学目的、教学课程、教学方法、教学环境与教学反馈在内的五大要素。接下来，本文将主要从教学课程这一要素分为第一课堂场域与第二课堂场域来剖析实验实训课程教学案例的改革内容。

第一课堂场域指以班级为单位的课堂教学。课堂教学严格执行教学计划和课程内容，完成课堂上规定的教学任务，校内教室作为第一课堂场域是大学生接受专业教育的主阵地。第一课堂场域立足于将重点理论问题讲深、讲透，提高网络与新媒体专业学生对知识的理解能力，并引导学生运用理论知识分析解决专业的实际问题。第一课堂场域主要特点为"严"，严谨的授课计划与教案、规定的教学时间、确定的教学场所，教师应采用行为导向教学法。一方面，教师要善于挖掘课程思政元素，通过互联网技术将课程所需的实践场景带入课堂，利用各项任务设计，在教学中将理论与实践有机结合。教师在课堂上确定实践任务，让学生开展案例讨论、角色扮演、演练辩论等活动，并通过分析点评得出决策建议，激发学生探求知识本真的欲望、想象与求知动力；同时，让学生在实践任务中应用知识，提升思政素养。另一方面，通过主题问卷调查、课堂实践练习、新闻事件课堂模拟等方式，学生带着课堂分配的任务深入实践，在学习专业知识的同时，自主有效地完成德育培养。

第二课堂场域是创设"竞争"实践教学场境的必然路径，是第一课堂场域的延伸，能与第一课堂相融合，并实现有机统一。第二课堂场域是以大学生为主体开展的专业性竞赛，在紧密结合课程教育的基础上，参赛者根据竞赛要求制订主题和内容，运用所学专业知识分析问题、解决问题，在此过程中促使自身产生创新思维、创新理念，挖掘创新潜力，提升创新能力的课外实践平台，第二课堂场域的特点是"全"：主题突出，内容丰富，跨学科，知识专业性、应用性和实践性较强，能全面提升学生的实践能力和专业素养。

实验实训课程作为我国高校培养学生技能技术的主阵地，是绝大多数学科和专业课程体系的重要组成部分。实验实训课程的教学目标是将学生掌握的理论知识在现实条件下进行验证，并要求学生正确操作实验实训的仪器设备，提升学生对专业知识概念与定义的理解和运用能力，促进学生创新能力与创新意识的发展。在课程体系中，实验实训课程是专业知识与问题解决能力培养体系的组成部分和重要支撑。基于上述背景，实验实训课程的教学改革在教学目标、教学内容、教学方法、教学环境等方面与知识传授型课程的教学改革有较大差异。

（二）理论课程多维融合式教学

随着信息时代的快速发展，传媒行业的网络化发展趋势加快，新闻专业的理论课程可以将主流媒体的"中央厨房"融媒体中心建设导入课堂，以网络新闻的选择、采集、编辑、加工、改写、整合与延展这几个层面为基本框架，系统梳理网络编辑工作的原理及具体操作方法，完成文字、图片、音频、视频等多种网络信息的编辑与多元传播形式。其融合教学的具体内容可以包含多个维度，如 SVG 互动图文制作、网络信息编辑工作、网络信息筛选、网络内容编辑、网络稿件标题制作、网络专题策划与制作、网络社区管理、网络时评等。

"中央厨房"采编发模式作为一种新型的媒体运作方式，以其高效、精准的特点逐渐受到广泛关注和应用，可以将其"一次采集，多种生成"的生产方式与平时作业与课程考核相融合。接下来，本文将从采编流程一体化、集中采集多元生成、多渠道分发传播、精准定位与个性化、技术平台支撑、协作与数据共享以及效果评估与优化等七个方面，对"中央厨房"采编发模式与课堂融合进行详细的阐述。

1. 采编流程一体化

"中央厨房"采编发模式的关键在于实现采编流程的一体化。整合新闻采集、编辑、审核、发布等环节，打破传统媒体各部门之间的壁垒，形成高效协同的工作机制，这种一体化模式有助于提升新闻生产的效率和质量，减少重复劳动和资源浪费，确保信息的准确性和时效性。

2. 集中采集多元生成

在"中央厨房"模式下，新闻采集实现了集中化和规模化。统一的采集渠道和平台，实现对各类新闻资源的快速获取和整合；同时，根据不同媒体平台的特点和受众需求，对新闻内容进行多元生成和加工，以满足不同受众群体的阅读需求。

3. 多渠道分发传播

"中央厨房"采编发模式注重信息的多渠道分发传播。构建多元化的传播渠道和平台，如报纸、电视、网络等，实现新闻信息的广泛覆盖和深度传播，这种多渠道传播策略有助于提升媒体品牌的知名度和影响力，增强媒体的市场竞争力。

4. 精准定位与个性化

"中央厨房"模式强调对受众的精准定位和个性化服务。通过大数据分析和用户画像技术，对受众的兴趣、需求和行为进行深入挖掘，为受众提供定制化的新闻内容和个性化服务。这种精准定位和个性化服务有助于提升受众的满意度和忠诚度，增强媒体与受众之间的互动和黏性。

5. 技术平台支撑

"中央厨房"采编发模式离不开强大的技术平台支撑。构建先进的信息技术系统，实现对新闻采集、编辑、发布等环节的自动化和智能化管理，利用云计算、大数据等技术手段，提升数据处理和分析能力，为媒体运营提供有力的技术保障。

6. 协作与数据共享

在"中央厨房"模式下，各部门之间的协作和数据共享变得尤为重要。建立高效的协作机制和数据共享平台，实现新闻资源的共享和互补，促进不同部门之间的信息共享和协同作业。这种协作与数据共享有助于提升新闻生产的整体效率和水平，推动媒体行业的创新发展。

7. 效果评估与优化

"中央厨房"采编发模式注重效果评估与优化。对新闻生产的各个环节进行定期评估和分析，及时发现存在的问题和不足，并采取有效措施进行优化和改进；根据受众反馈和市场变化，调整新闻内容和传播策略，更好地满足受众需求和市场变化。

因此，融合新闻类课程以"中央厨房"融媒体中心建设为课程框架，展开理论知识的教学，不仅能够增强理论课程内容教学实践性，更有利于提升学生的综合素质。

（三）考核方式情境式教学

情境式教学通过创设真实或模拟的现实环境，引导学生自主探究或合作探究，其教学包含主体在客体中的活动状态，具有"身临其境"的特征，适用于渐进的、深入的学习，强调根据教学特点创设一个有关的情境，激发学生的学习兴趣、积极性和创造力。

针对网络与新媒体专业学生的情景式教学方式，高校可以从课程考核方式着手，分为两大类情境式教学方式，一是影视创作类课程创设真实工作情境，二是平面设计类课程模拟经典竞赛虚拟情境，具体如下。

1. 影视创作类课程——电视化舞台演出

基于专业能力实践锻炼的结果导向目标，影视制作类课程以节目制作为课程考核过程，以班级为单位进行节目制作与创意的比拼——栏目名、栏目logo 设计以及各个分节目；以小组为单位进行不同类型节目的内容设计与制作，如新闻类节目、资讯类节目、娱乐类节目、访谈类节目等。

此过程让学生对不同类型栏目策划的理论知识有了直接的理解，更锻炼了学生的专业实践能力，这也是网络与新媒体专业整合性教学实践的体现。在电视化舞台演出的课程考核方式下，学生可深层次锻炼的专业实践能力包括掌握商业影视制作流程（总导演、编剧、策划、制片人、后期等职位的分工与团队协作）、学生的节目策划能力、栏目合成包装能力以及新媒体创意思维的形成。

2. 平面设计类课程——以赛为题

竞赛以学生为中心，以提高知识综合应用能力和创新实践能力为导向，以赛促建、以赛促学、以赛促教为目的，锻炼学生专业知识运用能力、数据分析能力、沟通协作能力、语言表达能力等，其本质是知识的应用性和实践性。区别于基础教育的学科竞赛，高等教育竞赛可分为学科类竞赛和综合类竞赛两类。学科类竞赛重在网络与新媒体专业设计知识的掌握运用和创新。综合类竞赛重在考量学生方案设计的创新性、市场需求的创业性。竞赛是专业知识与实践课堂的融合，可显著培养学生的实践能力与团队合作能力等。

高校以项目制鼓励学生积极参加各类竞赛，开展专题性、主题性的综合教学活动，指导学生基于真实情境开展设计与实践，激发学生学习兴趣，培养学生自主创新精神及团队合作精神。竞赛选题大多来自实际生活与课堂灵感。学生通过选择感兴趣且具有现实意义的课题，在专业教师的指导下，按照竞赛规则，提交课程成果，在实践中学习新知识和新技能，进而达到"以赛促学、以赛促教"的目的。

五、结语

在产教融合的背景下，探索网络与新媒体专业的实践教学路径，不仅是适应新媒体行业快速发展的必然要求，也是提升教育质量与促进学生全面发展的关键举措。通过对当前网络与新媒体专业特性以及其实践教学现状与问题的深入分析，我们可以清晰地看到，构建高效、系统的实践教学体系，对于培养具有创新精神和实践能力的网络与新媒体专业人才至关重要。

本文在总结产教融合模式下网络与新媒体专业实践教学路径的探索过程中，强调了以下几点关键要素。首先，实验实训教学改革需紧密结合行业发展趋势，及时更新教学内容，引入最新技术和方法，确保学生所学知识与市场需求相契合。其次，加强理论课程与实践课程的深度融合，通过案例教学、项目驱动等方式，使学生在理论学习中融入实践思考，在实践中深化理论理解。最后，完善实践课程体系，构建多元化的实践平台，为学生提供更多元、更广泛的实践机会，培养其解决实际问题的能力和团队协作精神。

产教融合背景下的网络与新媒体专业实践教学路径探索，是一项长期而艰巨的任务。产教融合将继续深化，为网络与新媒体专业的实践教学注入新的活力。高校只有不断探索、勇于实践、持续创新，与行业紧密合作，共同制定人才培养方案，优化课程结构，构建资源共享、优势互补的产教融合生态系统，才能培养出更多适应时代需求、具备核心竞争力的网络与新媒体专业人才，推动我国新媒体行业的繁荣发展。

参考文献

[1] 李静. 数字商务类专业工程化实践教学体系构建研究 [J]. 商业经济，2024（6）：188-192.

[2] 罗杨洋、周国辉、刘畅. 数字化转型背景下我国高校实验实训课程教学改革特征分析及优化策略研究 [J]. 高等理科教育，2024（2）：32-44.

[3] 陈志勇. 用心上好社会实践"必修课" [EB/OL].（2022-06-16）[2022-12-29]. http：//www. qstheory. cn/dukan/qs/2022-06/16/c_1128738827. htm.

[4] 杨洋. "专思创"融合下旅游管理专业"田野+"实践教学场域构建. 科技创业月刊 [J]. 科技创业月刊，2024（5）：133-136.

[5] 王亚辉. 产教融合背景下新型学徒制人才培养路径研究——以河南省为例 [J]. 南方农机，2024（11）：191-193.

[6] 李琴. 基于"思政+专业"的情景剧教学法在高职思政课实践教学中的应用 [J]. 科教文汇，2024（10）：44-47.

[7] 裴晓东、吴征艳. 全方位培养自主学习与实践创新能力的教学体系构建与实践 [J]. 高等学刊，2024（15）：72-75.

网络与新媒体专业教育的
文化传播实践研究

人文与传播学院助教　梁明子

进入 21 世纪以来，互联网技术蓬勃发展。手机和移动互联网已经深入我们生活的各个领域，在我们社会生活的方方面面发挥巨大的作用。2012 年 9 月，根据专业实际发展情况，教育部特增加"网络与新媒体"专业。网络与新媒体专业是高等学校本科专业教育中一门兼具文化艺术与信息技术的文科专业，该专业要求学生不仅具备互联网特色的生产创作、辩证思维、文化创新、综合运用等信息传播能力，而且掌握新闻传播在策划、拍摄、制作、网络等技术层面的应用能力，旨在培养能从事新媒体行业、政府宣传或互联网行业的复合型信息传播人才。

在全球文化互融共通的背景下，科技飞速发展，世界文化交流碰撞。通过自己的讲述让世界认识发展变化中的中国，了解中国道路、中国理论、中国制度、中国文化，了解中国对世界的责任和担当，这是中国媒体人的职责和使命。2021 年 5 月 31 日，习近平总书记在十九届中央政治局第三十次集体学习时指出，讲好中国故事，传播好中国声音，展示真实、立体、全面的中国，是加强我国国际传播能力建设的重要任务。这一重要任务具体到高等教育层面，要求教育工作者在遵循教育理论与教育实践相结合的前提下，形成"以技术促进艺术、以艺术丰富技能"的教育实践模式，将我国艺术文化与新媒体专业教育实践相结合，实现学生专业技能与艺术修养的同步提升，这是高校教育工作者值得探讨的课题。

一、文化传播视角下网络与新媒体专业教育实践的挑战

基于互联网属性，新媒体具有开放性、竞争性和快速迭代等特征。作为文化传播的载体，新媒体技术的应用实践与艺术文化传播发展密切相关。对于网络与新媒体这一新兴专业来说，围绕新媒体技术展开的教育实践不能忽视艺术的重要性。

（一）高校新文科建设的目标指引

2018 年，教育部高等教育司主要负责同志在教育部产学合作协同育人项目对接会上提出，要全面推进"新工科、新医科、新农科、新文科"等建设，形成覆盖全部学科门类的中国特色、世界水平的一流本科专业集群。新文科建设突破传统文科的单一模式，注重跨学科融合与文理交叉，强调逐步推进新学科建设与文化交融、创新发展。2020 年 11 月，新文科建设工作会议召开，会上发布《新文科建设宣言》（以下简称《宣言》）。《宣言》指出："新时代新使命要求文科教育必须加快创新发展。"推进新文科建设，对于构建具有中国特色、中国风格、中国气派的学科体系、学术体系、话语体系具有重要意义。

教育是文化传播的重要途径，为传承中华优秀传统文化发挥潜移默化的培育功能。在高校教育中，信息技术逐渐成为文化传播的手段，为开拓文化新表达提供渠道支持。网络与新媒体专业是一门新兴学科，基于应用层面，其课程设置和产教融合目标围绕培养"互联网+"应用型人才展开，符合新文科建设中学习、掌握、应用现代信息技术的发展要求。该专业的教育发展如《宣言》中强调，要坚持走中国特色的文科教育道路发展方向，坚持立足国情，守正创新，不断从中华优秀传统文化中汲取力量，实现文科教育高质量发展。因此，网络与新媒体专业教育实践必须注重文化内涵和传播价值的介入，把握高校新文科建设的目标指引。

（二）实践学习赋予意义导向的需要

互联网时代，新媒体技术的产生与发展逐渐影响高校教育的传播方式，

课程设计应该突破课堂教学的时空界限，赋予师生极具互动性、趣味性、快捷性的学习模式。在教学中，教师要注重对新媒体技术原理、基本操作、综合运用的实操性内容，也不能忽略针对新媒体发展脉络、经典史料、重要概念的理论性指导。基于此，教师在本专业的教育实践中要注重指导学生对精神价值、思政文明的把握，避免让技术固化思维，避免因机会主义而背离学习意义，要让文化表达介入教育实践当中，让学生感受到技术的温度和传播的意义。

在摄影摄像类课程教学中，教师可以将思政元素融入课堂案例，分享解析富有时代价值的影像作品，布置学生拍摄有温度、有烟火气的人文影像作业，以期实现学生在学习与创作过程中达到"用镜头记录文明、用影像传播文化"的目的。在平面创作类课程中，课程实践可以结合二十四节气、传统节日、地方特色文化等相关元素创作海报、书签、H5 动画、文创产品（钥匙扣、油纸伞、文化衫等），指导学生将中国文化与平面技术相结合，创新文化传播的表达形式，产出可触摸、可应用的产品和内容。同时，在学生实习阶段，教师要鼓励学生积极参与实践活动并提供机会，将课堂设置在实践场所，鼓励学生深入媒体单位，参与时政新闻策划、产出和发布的全流程，学习网络新闻编辑的工作方式以及网络新闻伦理与法规，遵循新闻传播规律和新兴媒体发展规律，强化互联网思维，并坚持正确的舆论导向。

技术是手段，内容作支撑。从报纸、广播、电视，到互联网，媒介不断更新迭代，互联网技术日新月异，网络与新媒体专业的教学也需要与时俱进。技术学习固然重要，也仍然要把握好实践过程中对人文精神的观照，强调人文社会科学知识的积累，强化现代人文素养的提升。其实，科技创新的最终目的是服务于经济社会发展和广大人民群众。对于学生来说，技术是基本技能和应用手段，精神价值与意义导向才是掌握技能的核心，这也对网络与新媒体专业教育实践提出更高要求。

二、文化传播视角下网络与新媒体专业教育实践途径

对网络与新媒体专业的学生来说，教育实践不应仅聚焦技术应用层面，更要注重文化与技术的交融与碰撞。高校可以从课堂实践、社会实践、创新

实践三个角度实现网络与新媒体专业教育实践的文化传播效果。

（一）循循善诱：课堂实践中融入文化表达

"大学作为一种文化存在，必须注重大学精神和大学文化建设，要根植于五千多年文明历史所孕育的中华优秀传统文化，做好创造性转化和创新性发展，来建设大学文化。"高校教育实践始于课堂教学，网络与新媒体专业不仅注重传授技术层面的理论指导，其教学内容所蕴含的文化底蕴、艺术表达和价值取向更能对高校人才培养产生一定作用。因此，在本专业的课堂教学中，高校教育工作者要把握文化艺术与专业技能的有机融合，以新媒体技术为载体，注重文艺内容的表达。

首先，深入挖掘文化艺术在教学内容中的表现与意义。网络与新媒体专业培养课程设置涵盖通识类课程、公共基础课程、专业基础课程与专业核心课程。在专业基础与核心课程中，教师应凸显中国特色文化和别具一格的艺术风格，在教学互动中展现科技与文化的融合，在课堂实践中发挥新媒体媒介承载文化内容的表现与意义，从内容层面实现教学实践的文化传播。在数字摄影摄像、非线性编辑等基本操作类课程中，教师可着重引用蕴含传统文化、地域文化、民族文化等人文情怀浓厚的案例展开叙述，将实操训练聚焦各类文化领域，在实践中展示知识技能。在网页设计、数据分析等技能课程中，学生应把握好技术与内容之间的平衡，明白文化信息的整合与传播是最终成果。在网络编辑与媒体策划等应用课程中，学生要注重实践中的文化修养，传递正确的价值导向，避免因缺乏文化积累造成意识形态的偏差。在教学中，教师要打破"技术至上"的理念，培养学生成为能够熟练运用传统和现代的技术，成为有认识和判断能力、有职业精神、会寻找和挖掘有传播价值的故事的人。

其次，开展跨学科内容整合教学与实操训练。响应新文科建设的目标指引，网络与新媒体专业培养计划可以开设艺术类和中文类选修课，如美术鉴赏、诗词鉴赏、中国现当代文学等课程，拓宽学生在文化艺术层面的学术视野，指引学生将其他学科的知识融入专业知识的实践操作中，补短板也要创特色。此外，教师队伍可以围绕"以技术促传播"的主题，将不同学科交叉融合，在学院内开展知识实践活动，鼓励网络与新媒体专业的学生踊跃与其他专业的学生分享知识，共同创新；以影像作品、多媒体产品、新媒体交互产品等形式，结合其他学科内容进行二次包装，将诗词、绘画、小说等以新兴视觉形式呈现、传播，迈出勇于尝试文化创新的第一步。此外，教师还要引导学生学会批评与自我批评；在实现个人知识点的更新与升级中，强化对文化艺术的技术性表达；鼓励学生敢于评鉴，敢于上手，敢于实践，在失败中进步，在创新中超越。

（二）力学笃行：社会实践中凸显文化价值

高校教育实践的关键环节在于社会实践。于大学生而言，社会实践是补充课堂所学的拓展性实践活动，专业层面，要求学生在此过程中掌握独立思考、创作、表达的能力；思想层面，打开学生观察社会的一扇窗，在实践中知国情、察国事、探民意，针对实际问题发挥所学而非"纸上谈兵"；文化层面，实践是一种社会化的精神教育活动，是一次文化传播的测验。网络与新媒体专业尤其注重社会实践的考核，通过针对性的专业实践与艺术性的体验实践融入文化价值的表现，实现文化传播的核心要求。

加强产教融合，把握价值引领。高校新媒体领域的专业实践须紧跟时代步伐，深入社会，努力身处行业前沿，推动网络与新媒体专业与相关产业转型升级相适应，寻求现代信息技术、数字创意、智能制造等相关产业与本专业实践的契合点。这就要求学生必须掌握最新媒介技术的发展，强化具备灵活应用各种媒介形态开展工作的能力，从中挖掘媒介与文化的融合拓新。高校可以通过加强校企合作、产教融合，将教育实践基地更多地落实到具备文化传播能力、肩负社会责任的媒体单位或宣传部门，聘请专业导师，提供工作指导和实践经验，树立实时监督、成果总结的有效反馈机制，构建产教协同、文化育人的教育体系，帮助学生更快更好地提前融入社会。通过千人千面的历练，最大限度地激发文化创新和传播实践的更多可能。

开展艺术活动，传承文化底蕴。高校应提升网络与新媒体专业在文化艺术层面的学习效能，积极联系所在地区相关文化机构及权威部门，协同构建文化传承与创新教育的新格局。当前，海南自贸港建设如火如荼，高校可以基于地域文化特点，结合本专业知识体系与民间文化形态开展相应的实践活动，发挥新媒体技术的引擎作用，借用跨学科的内容整合，为小众文化走向大众、走出中国做好"传声筒"、搭好"连心桥"。对此，海南地区人文风物是艺术主题活动开展的天然素材库。海南"黎族传统纺织染绣技艺"于2009

年被联合国教科文组织列为非物质文化遗产的急需保护名录。学生可以通过学习黎锦纺织、挖掘历史故事、黎族服饰试穿等沉浸式体验积累创作灵感，尝试拍摄纪实作品或剧情短片传播黎锦文化；或采用 H5 技术制作交互游戏产品，实现用户深入体验黎锦文化；或结合创意策划与网络营销，扩大黎锦衍产品传播范围。

(三) 与时俱进：创新实践中表达文化精神

文化传播是双向的，是传播者和接受者之间的交流与沟通。基于技术视角，网络与新媒体专业的应用实践要最大限度地获得实操的机会，在此过程中取得技术与文化之间的链接。基于文化传播视角，在应用实践过程中，网络与新媒体专业的学生可以将中国的传统文化、民族文化、地域文化乃至城市人文等多种元素植入作品中，寻求展示与表达，激发思维创新，借作品传递文化表征，传达文化精神，具体可以从以下两个方面去做。

鼓励参赛创作，以符号喻文化。教师可以组织学生踊跃参与国内外的相关权威赛事，借参赛作品传播文化精神。无论在中国还是世界的赛事舞台上，网络与新媒体专业的学生都要充分把握每一次参赛机会，以"创作第一、竞技第二"的理念为导向，以技能为载体传播中国文化。赛事中，参赛者们可以通过社交平台讲述不同国家和地区的故事。赛事后，学生可以学习借鉴优秀获奖作品的策划与设计，为己所用。其实，学生参加比赛不仅有利于提高创新实践的能力，也有助于提高文化传播的意识，进一步坚定文化自信。由中华出版促进会全媒体人才专业委员会举办的 2022 年全国大学生全媒体作品展播大赛立足于中国出版文化建设，致力于有效推进中华出版和文化走向世界，为包括网络与新媒体专业的大学生提供展示的舞台，取得了较好的效果。2022 年，国家林业和草原局宣传中心联合新华社新媒体中心和中国绿色时报社组织开展"绿水青山·美丽中国"第三届全国短视频大赛活动，旨在积极践行习近平生态文明思想，展示新时代林草工作与山河风貌。此外，"一带一路"百国印记短视频大赛、2024"世界因你而美丽"影像故事全球征集活动，为青年学生展现中华优秀传统文化提供平台。

开展国际交流，以作品宣传文化。高校可以开展多种形式的文化交流活动，鼓励网络与新媒体专业学生与留学生交流合作，分享专业知识与应用技术，感受异国文化，沉浸式体验异域风情。高校可以开展游园活动、全球文化旅等主题活动，融入美食、历史、服饰、歌舞等，鼓励网络与新媒体专业学生以新媒体作品作为活动成果，充分发挥专业技能与文化传播的魅力。此外，学生还应该充分利用抖音短视频、b 站、微信公众号等新媒体平台展示个人成果，在实时互动中表达观点，交流经验。

三、文化传播赋予网新专业教育实践的重要意义

（一）加强高校精神文明建设

文化与教育有着十分密切的关系，文化是教育产生与发展的最重要基础；教育是文化延续并不断创新的第一动力。基于文化传播，网络与新媒体专业的教育实践不仅强调对技术性和应用性的实践指导，更着重表现出文化性和价值性的实践意义。课堂实践，融入跨学科知识，丰富网络与新媒体专业学生对于不同文化的吸收和表达；社会实践，围绕主流文化或小众文化展开系列活动，拓宽文化内容的实践路径；创新实践，国内外学生围绕文化与技术进行深入研讨，促进高校教育中的国际交流与文化传播。教育实践融入文化传承、文化创新、文化传播的文化品格，有助于本专业强化对社会主义核心价值观的正确引导与塑造，加强高校教育精神文明建设。

（二）提高师生美育素质与文化修养

网络与新媒体专业的教育实践在文化传播的价值引领下，更加重视文化艺术在应用技术上的发展与创新，为高校文化传播提供丰富、完善的实践平台。对于教师而言，这有助于积累教学实践经验，把握技术教育背后的文化引领，做到以美育人、以文化人。对于学生而言，他们面对的是有温度的技术、有情感的艺术，传播文化、实现价值是学习的最终目的，最大限度地借助专业技能实现文化的二次开发与拓新，有助于提高个人综合能力和素质，实现自我价值。文化传承、文化创新、文化传播的理念有利于提高师生的美育素质和文化修养，避免高校教育者陷入"重技术、轻文化"的窠臼，避免学生成为过分依赖信息技术而缺乏人文修养的新媒体人。

（三）培养技艺兼备的新媒体人才

文化是一个国家、一个民族的灵魂。高校培养的不单单只是懂技术、通技能的媒体从业人才，更要教育出能够讲好中国故事、传播好中国声音的新媒体人才。这要求赋予网络与新媒体专业教学实践以文化功能与传播效能。对于网络与新媒体专业低年级的学生来说，教学要使其兼备掌握新媒体技术运用的能力和文化传承与发展的意识。对于高年级的学生来说，教学要使其能够具备一定的应用技术和技能，成长为满足当今社会需求的全能型人才。

四、结语

文变染乎世情，兴废系乎时序。习近平总书记强调，要加快构建中国话语和中国叙事体系，更加充分、更加鲜明地展现中国故事及其背后的思想力量和精神力量。网络与新媒体专业教育实践要脚踏实地，基于文化传播视角，教师带领学生结合书中理论和手中技术，从课堂实践、社会实践和创新实践三个方面，以现代信息技术作媒介，以知识体系作内核，创作出有意味的文化作品，向世界展现可信、可爱、可敬的中国形象，培养出具有文化传承与创新意识的全媒体技术人才。

参考文献

[1] 郑嘉伟. 2018 年教育部产学合作协同育人项目对接会在京举行 [EB/OL]. （2018-05-24）［2022-09-14］. https：//www. chinanews. com. cn/cj/2018-05-24/8521835. shtml.

[2] 教育部.《新文科建设宣言》正式发布 [EB/OL]. （2020-11-03）［2022-09-14］. https：//www. eol. cn/news/yaowen/202011/t20201103_2029763. shtml.

[3] 范以锦，陶达嫔. 新媒体教育：技术与理念并举 [J]. 新闻战线，2010（4）：69-70.

[4] 张大良. 扎根中国大地办大学 做出中国大学应有贡献 [J]. 中国高教

研究，2018（12）：5-7.

[5] 何志武，董红兵. 新闻传播教育改革的逻辑 [J]. 新闻与传播评论，2019，72（5）：37-45.

[6] 丁智擘，张弛. 新文科语境中网络与新媒体专业交叉课程建设路径——以"新媒体产品设计与实践"为例 [J]. 汕头大学学报（人文社会科学版），2021，37（6）：42-48，95.

[7] 国务院办公厅关于深化产教融合的若干意见 [EB/OL].（2017-12-19）[2022-09-14]. https：//www. gov. cn/zhengce/zhengceku/2017-12-19/content-5248564. htm.

[8] 蔡劲松，刘建新. 关于大学文化传播的几点思考 [J]. 北京教育（高教），2020（1）：43-45.

[9] 杨丽娜. 新文科建设背景下网络与新媒体专业课程考核方式现状分析与研究 [C] // Proceedings of 2022 2nd International Conference on Higher Education Development and Information Technology Innovation 香港：香港新世纪文化出版社. 2022.

[10] 崔柳，何海菊. 融与通：新文科视域下网媒专业人才培养模式的建构 [J]. 宁德师范学院学报（哲学社会科学版），2024（2）：161-165.

新文科建设背景下高校行政
管理的创新与实践探析

人文与传播学院助教　刘美辰

一、引言

（一）背景和意义

当前，新文科建设正如火如荼地进行。新文科建设强调学科融合、创新发展和服务社会，为高校行政管理带来全新的视角和挑战。高校行政管理作为高校运行的保障，其效率和质量直接影响着高校的教学、科研和社会服务水平。在新文科建设背景下，创新高校行政管理模式，提高行政管理效率，对于推动高校高质量发展具有重要意义。

第一，新文科建设要求高校培养具有跨学科素养、创新能力和社会责任感的高素质人才。这就需要高校行政管理部门提供更加高效、便捷和人性化的服务，为教学和科研创造良好的环境。第二，新文科建设强调学科融合和创新发展，这对高校行政管理的协调能力和创新能力提出更高要求。行政管理部门需要打破传统的部门壁垒，加强跨部门合作，推动学科融合和创新发展。第三，当下，高校面临激烈的竞争和挑战，需要通过创新行政管理模式，提高管理效率和服务质量，提升高校的核心竞争力。

（二）研究目的

本研究旨在探讨新文科建设背景下高校行政管理的创新与实践，分析创新理念在高校行政管理中的作用，总结案例中的成功经验和挑战，探索未来发展趋势，并提出相应的建议和展望。通过本研究，期望为高校行政管理的改革与创新提供理论支持和实践建议，推动高校实现高质量发展。

二、新文科建设背景下高校行政管理的理论基础

（一） 新文科建设的特点

1. 学科融合

新文科建设强调不同学科之间的交叉融合，打破传统学科界限，培养具有跨学科素养的创新人才。学科融合不仅拓宽了学生的知识面，也为解决复杂的社会问题提供了新的思路和方法。

2. 创新发展

新文科建设鼓励创新思维和创新方法，推动教学、科研和社会服务的创新发展。在教学方面，高校可以采用多元化的教学方法，如案例教学、项目驱动教学、翻转课堂等，培养学生的创新能力和实践能力。在科研方面，高校应加强跨学科研究，鼓励创新成果的转化和应用，为社会发展提供智力支持。

3. 服务社会

新文科建设强调高校的社会责任和服务功能，要求高校紧密结合社会需求，培养适应社会发展的高素质人才。高校行政管理部门应积极推动产学研合作，为教学和科研搭建与社会对接的平台，促进高校与社会的深度融合。

4. 国际化视野

新文科建设要求高校培养具有国际化视野的人才，加强国际交流与合作。高校行政管理部门应积极推动国际化办学，引进国外优质教育资源，提高教师和学生的国际化水平。

（二） 高校行政管理的概念

高校行政管理是指高校为实现其教育、科研和社会服务等目标，对学校内部的人、财、物等资源进行计划、组织、协调、控制和监督的活动。高校行政管理涉及教学管理、科研管理、人事管理、财务管理、后勤管理等多个方面，是高校运行的重要保障。高校行政管理具有以下特点。

1. 服务性

高校行政管理的主要目的是为教学和科研服务，为师生提供良好的学习和工作环境。行政管理部门应树立服务意识，提高服务质量，满足师生的需求。

2. 专业性

高校行政管理涉及多个专业领域，如教育管理、财务管理、人力资源管理等。行政管理部门的工作人员应具备相应的专业知识和技能，提高管理水平。

3. 协调性

高校行政管理需要协调学校内部各个部门之间的关系，以及学校与外部社会的关系。行政管理部门应发挥协调作用，促进学校的和谐发展。

4. 创新性

高校行政管理应不断创新管理理念和管理方法，适应时代的发展和学校的需求。行政管理部门应积极推动改革创新，提高管理效率和服务质量。

三、创新理念在高校行政管理中的作用

（一）创新理念的定义及重要性

创新理念是指在管理活动中，突破传统思维模式，引入新的思想、方法和技术，以提高管理效率和质量的观念。创新理念在高校行政管理中具有一定意义，主要体现在以下几个方面。

1. 提高管理效率

创新理念可以促使高校行政管理部门采用新的管理方法和技术，优化管理流程，提高管理效率。高校采用信息化管理系统，可以实现办公自动化、信息共享和快速决策，提高工作效率。

2. 提升服务质量

创新理念可以推动高校行政管理部门树立服务意识，不断改进服务方式和方法，提升服务质量。高校开展一站式服务，可以为师生提供更加便捷、高效的服务，提高师生的满意度。

3. 促进学科融合

创新理念可以鼓励高校行政管理部门打破传统的部门壁垒，加强跨部门合作，促进学科融合。高校成立跨学科研究中心，可以整合不同学科的资源，推动跨学科研究的开展。

4. 增强高校竞争力

创新理念可以帮助高校行政管理部门不断创新管理模式，提高管理水平，增强高校的核心竞争力。在新文科建设背景下，高校面临着更加激烈的竞争，只有不断创新，才能在竞争中立于不败之地。

（二）创新理念在高校行政管理中的应用

1. 管理体制创新

高校行政管理部门应积极推动管理体制改革，建立健全科学、高效的管理体制；可以实行校院两级管理体制，赋予学院更多的自主权，激发学院的办学活力；同时，加强学校层面的宏观调控和协调服务，提高管理效率。

2. 管理方法创新

高校行政管理部门应不断创新管理方法，提高管理水平；可以采用目标管理、绩效管理等方法，明确管理目标，提高工作绩效；同时，加强过程管理，及时发现和解决问题，确保管理工作的顺利进行。

3. 服务方式创新

高校行政管理部门应树立服务意识，不断创新服务方式和方法，提高服务质量；可以开展网上服务、预约服务、上门服务等，为师生提供更加便捷、高效的服务；同时，加强与师生的沟通和交流，及时了解师生的需求，不断改进服务工作。

4. 信息化建设创新

高校行政管理部门应加强信息化建设，推动管理信息化、教学信息化和科研信息化；积极建立信息化管理平台，实现办公自动化、信息共享和快速决策；同时，加强教学资源信息化建设，为教学提供更加丰富、便捷的教学资源；加强科研信息化建设，提高科研管理水平和科研成果转化效率。

四、实践案例分析

(一) 高校行政管理创新的成功案例

1. 长安大学的校院两级管理体制改革

长安大学积极推进校院两级管理体制改革，赋予学院更多的自主权。学校制定科学合理的校院两级管理体制方案，明确学校和学院的职责权限。学院在教学、科研、人事、财务等方面拥有更多的决策权和管理权，激发了学院的办学活力。同时，学校加强对学院的宏观调控和协调服务，建立健全的考核评价机制，确保学院的办学方向和质量。通过校院两级管理体制改革，长安大学的管理效率和办学水平得到显著提高。

2. 三亚学院的一站式服务中心建设

三亚学院建立一站式服务中心，为师生提供便捷、高效的服务。一站式服务中心整合学校多个部门的服务资源，设立若干服务窗口，涵盖教学、科研、人事、财务、后勤等多个方面。师生可以在一站式服务中心办理各种业务，无需再跑多个部门。一站式服务中心还建立网上服务平台，师生可以通过网上服务平台进行业务咨询和办理，提高服务效率。通过一站式服务中心建设，三亚学院的服务质量和师生满意度得到显著提高。

(二) 高校行政管理创新的挑战与应对策略

1. 挑战

(1) 传统观念的束缚

高校行政管理部门的一些工作人员受传统观念的束缚，缺乏创新意识和创新能力。他们习惯于按部就班地工作，不愿意尝试新的管理方法和技术。

(2) 部门壁垒的存在

高校内部各个部门之间存在着一定的壁垒，缺乏有效的沟通和合作。这使得创新理念在高校行政管理中的应用受到一定的限制。

(3) 资源短缺的问题

高校行政管理创新需要一定的资源支持，如人力、物力、财力等。一些高校由于资源短缺，无法为行政管理创新提供足够的支持。

（4）制度保障的不足

高校行政管理创新需要健全的制度保障，如激励机制、评价机制等。一些高校由于制度保障不足，无法有效地激励和评价行政管理创新工作。

2. 应对策略

（1）加强培训和教育

高校行政管理部门应加强对工作人员的培训和教育，增强他们的创新意识和创新能力；可以通过举办培训班、研讨会、学术讲座等形式，向工作人员传授创新理念和创新方法。

（2）打破部门壁垒

高校行政管理部门应加强跨部门合作，打破部门壁垒；可以通过建立跨部门工作小组、开展联合项目等形式，促进各个部门之间的沟通和合作。

（3）争取资源支持

高校行政管理部门应积极争取学校和社会的资源支持，为行政管理创新提供保障；可以通过申请项目、合作办学、社会捐赠等形式，筹集人力、物力、财力等资源。

（4）完善制度保障

高校行政管理部门应建立健全激励机制、评价机制等制度保障，鼓励和评价行政管理创新工作；可以通过设立创新奖项、开展创新评价等形式，激励工作人员积极参与行政管理创新工作。

五、新文科时代高校行政管理的未来发展趋势

（一）发展趋势预测

1. 智能化管理

随着人工智能、大数据、物联网等技术的发展，高校行政管理将逐渐走向智能化。智能化管理可以实现办公自动化、信息共享、快速决策等功能，提高管理效率和质量。采用智能办公系统，可以实现文件自动处理、会议自动安排、任务自动分配等功能；采用大数据分析技术，可以对学校的教学、科研、人事、财务等数据进行分析，为学校的决策提供科学依据。

2. 协同化管理

新文科时代强调学科融合和跨部门合作，高校行政管理将逐渐走向协同化。协同化管理可以打破部门壁垒，加强跨部门合作，提高管理效率和质量。建立跨部门工作小组，可以整合不同部门的资源，共同完成学校的重大任务；开展联合项目，可以促进不同学科之间的交流与合作，推动学科融合和创新发展。

3. 服务化管理

高校行政管理将更加注重服务质量和师生满意度，逐渐走向服务化。服务化管理可以树立服务意识，不断改进服务方式和方法，提高服务质量和师生满意度。开展个性化服务，可以根据师生的需求提供定制化的服务；建立服务评价机制，可以及时了解师生的需求和意见，不断改进服务工作。

4. 国际化管理

新文科时代要求高校培养具有国际化视野的人才，高校行政管理将逐渐走向国际化。国际化管理可以加强国际交流与合作，引进国外优质教育资源，提高教师和学生的国际化水平。开展国际合作办学，可以引进国外先进的教学理念和教学方法；建立国际交流平台，可以促进教师和学生的国际交流与合作。

（二）建议与展望

1. 加强规划

高校行政管理部门应加强规划，明确未来发展方向和目标。规划应结合学校的发展和新文科建设的要求，制定科学合理的行政管理创新规划。同时，高校行政管理部门应加强对规划执行情况的监督检查，确保规划的顺利实施。

2. 推动人才培养

高校行政管理部门应加强人才培养，提高工作人员的素质和能力；可以通过引进高层次人才、开展内部培训、鼓励在职学习等形式，提高工作人员的专业素养和创新能力；同时，应建立健全人才激励机制，吸引和留住优秀人才。

3. 加强信息化建设

高校行政管理部门应加强信息化建设，推动管理信息化、教学信息化和科研信息化；可以通过加大信息化投入、引进先进的信息化技术、培养信息化人才等形式，提高信息化建设水平；同时，应加强信息安全管理，确保信息的安全和可靠。

4. 深化国际交流与合作

高校行政管理部门应深化国际交流与合作，提高学校的国际化水平；可以通过开展国际合作办学、引进国外优质教育资源、加强教师和学生的国际交流与合作等形式，提高学校的国际化水平；同时，应积极参与国际教育组织和学术活动，提升学校的国际影响力。

六、结论及展望

新文科建设为高校行政管理带来新的机遇和挑战。创新理念在高校行政管理中具有一定作用，能够提高管理效率，提升服务质量，促进学科融合，增强高校竞争力。本文案例分析表明高校行政管理创新已经取得一定的成功经验，但也面临着一些挑战。未来，高校行政管理将逐渐走向智能化、协同化、服务化和国际化。为了适应新文科发展要求，高校行政管理部门应加强规划制定、人才培养、信息化建设和国际交流与合作等工作。

展望未来，我们相信在新文科建设背景下，高校行政管理将不断创新发展，为高校的高质量发展提供有力保障。同时，笔者期待更多的学者和实践者关注高校行政管理的创新与实践，共同推动高校行政管理的改革与发展。

参考文献

［1］严远林. 新时代高校行政管理模式创新路径探究——评《中国高校行政管理执行力研究》［J］. 领导科学，2023（5）：155.

［2］杨峻玮. 信息化时代高校行政管理创新路径探析［J］. 中国多媒体与网络教学学报（上旬刊），2022（10）：98-101.

［3］周宏伟. 新公共服务理论视域下高校行政管理水平提升路径研究［J］. 教育探索，2022（6）：71-74.

［4］董蕊. 新文科视阈下地方高校行政管理专业实践教学模式探究［J］. 应用型高等教育研究，2021，6（2）：61-66.

［5］罗向菲. 基于学科价值的行政管理专业人才培养模式变革［J］. 陕西行政学院学报，2022，36（1）：43-46.

下

篇

传播伦理与法规类课程思政案例库建设探赜[*]

人文与传播学院教授　高晨

在多元主体传播格局下，网络与新媒本传播中的价值取向存在一定的多样化趋势。传播伦理与法规课程通过伦理理论理解时代精神和传播使命，透过法规了解国家政策和传播规范，激发大学生树立符合社会主义核心价值观的传播观念和责任感，使其走上新闻传播类工作岗位后，能够坚守大众传播基本准则和法规，自觉服务于党和国家工作大局，始终坚守新闻理想、职业精神和爱国情怀。传播伦理与法规类课程在专业培养体系中属于思政课程，应承担建设系统的课程思政案例库，为思政案例教学提供有效助力，为专业课程储备思政案例资源。

一、多种需求背景下的课程思政案例库建设目标

传播伦理与法规是新闻学、传播学一级学科下属专业的基础课程之一。传播伦理是全媒体职业行为规范的科学，传播法规是传播行为的底线。传播伦理与法规类课程包括传播学、伦理学和法学等学科知识，处于思政教育体系中的关键节点。因此，传播伦理与法规类课程思政案例库的建设目标由学生、教学和专业三方面的多种需求决定。

首先，学生需求。新时代大学生是伴随着互联网成长的一代，是网络舆论的主要参与者，受特定身份和舆论环境影响而呈现出差异化的特征。作为

* 本文系海南省高等学校教育教学改革研究项目"高校传播伦理与法规类课程思政案例库建设与研究"（项目编号：Hnjg2023-116）阶段性研究成果。

新媒体内容的接受者，他们被新媒体展现出来的内容吸引，欣赏一些标新立异的观点；作为自媒体的创作者，他们喜欢自由表达个性化的言论和丰富绚丽的表现手法；作为传播行业的准从业者，他们深知自身的职业理念、职业态度、职业纪律、职业责任等。在传播伦理与法规类课程的教学中，学生面对纷繁复杂的新闻事件，可能会感到一定的伦理困惑和道德压力，引发课堂的教学焦虑和学习疑虑。在传播伦理与法规类课程中开展思政教育，应用温暖、正向、积极、体系化的思政案例系统展示社会主义核心价值观的丰富内涵，帮助青年学生把正确的道德认知、自觉的道德养成、积极的道德实践紧密结合起来。

其次，教学需求。传播伦理与法规类课程具有很强的理论性，与学生的接受能力有一定距离。既要懂传播伦理理论，又要懂相关法规，还要懂历史与现实，才能形成一种综合的能力和水平，这不但对于学生，就是对于教师来说也是很大的挑战。案例教学法可以建构思政教学情境，激活学生的思政教育体验，有效帮助学生深入理解思政学习内容，达到提升思政素养的目标。因此，设计与课程体系融合为一的课程思政案例系统，建设课程思政案例库，形成可持续发展的思政资源，成为题中应有之义。

最后，专业需求。当下，人人都有麦克风，人人都是传播者。传播伦理和相关法规不仅是面向从业者的职业伦理和法律规范，也是全体网民应该遵守的道德底线和法律红线。传播伦理与法规类课程帮助学生提升分析和判断传播行为是否符合职业伦理与法律法规的能力，增强新闻传播伦理方面的意识，提高法治素养。另外，由于传播伦理与法规类课程具有专业思政课程的特征，挖掘该课程思政元素，建设课程思政案例库，成为奠定专业思政案例库的基础。

基于学生、教学和专业三个层面的需求，建设传播伦理与法规类课程思政案例库的目标包括以下几个方面：第一，需依据跨学科、全媒体的课程结构，建构符合课程要求的思政案例库基本框架；第二，需满足以学生为中心、以成果为导向的课程内在需求，设计以组合链、聚合集为支撑的案例库思政框架；第三，需坚持持续改进、多样化考核的教育理念，使思政案例库建设深入课程教学，建立可持续的改进机制。

二、"双坐标"搭建课程思政案例库的四维框架

　　课程思政案例教学是一种情境式教学。在案例教学过程中，思政内涵的教与学达到交互理解和观念共通。一方面，案例库是课程思政案例的系统化建构和资源储备，传播伦理与法规类课程思政案例库一方面依据跨学科、全媒体的课程结构，搭建二维基础框架。另一方面，本着以学生为中心、以成果为导向的教育理念，从思政学习目标出发设计思政案例体系，建设由组合链、聚合集坐标支撑的二维思政案例框架。表 1 显示，"双坐标"穿插组成课程思政案例库的四维框架。

表 1　传播伦理与法规类课程思政案例库的四维框架表

课程板块（跨学科）	知识点（全媒体）	思政学习目标（组合链）	思政案例体系（聚合集）
传播伦理板块	主流媒体的重要作用	让学生深入体会主流媒体在传播党的创新理论、宣传党的政策主张、反映群众呼声心声、凝聚社会共识方面发挥着十分重要的作用，进一步增强责任感和使命感	1. 中央广播电视总台党的二十届三中全会报道。2.《光明日报》巴黎奥运会赛事报道。3. 中央广播电视总台"3.15"晚会……
	传媒人风范	引导学生向优秀传媒人学习，严以修身，明大德、立大德，坚守高尚道德标准，培养高尚道德情操，要对职业心怀敬畏，秉持正确的价值观	1. 中国新闻奖获得者。2. 长江韬奋奖获奖者。……
	道德规范和法律法规	让学生认识到法律和道德都具有规范社会行为、调节社会关系、维护社会秩序的作用，教育学生自觉遵守法律法规，恪守职业道德和新闻伦理	1.《感动中国》2023 年度人物盛典。2. 中央电视台公益广告。3. 中央电视台《今日说法》栏目……
……			

续表

课程板块 （跨学科）	知识点 （全媒体）	思政学习目标 （组合链）	思政案例体系 （聚合集）
传播伦理 板块	影视伦理	让学生感受优秀的中国影视作品如何讲好中国故事、传播中国文化，展现可信、可爱、可敬的中国形象	1. 主旋律影视作品的伦理内涵。 2. 获国际大奖的中国影视作品。 ……
	网游伦理	让学生深入了解中国电子竞技发展之路和海外网络游戏中的中国文化元素，增强民族自豪感和自信心，提高学生的网游传播素养	中国电子竞技发展进程。 传播中国文化的网络游戏。 ……
	人工智能伦理	让学生了解新一代人工智能发展规划，激发学生爱国主义的青春热情	1. 全球人工智能安全峰会。 2.《生成式人工智能服务管理暂行办法》。 3.《新一代人工智能伦理规范》。 ……
		……	
传播伦理 分析方法 板块	舆情大 数据分析	让学生通过案例了解中国在大数据领域的国际地位和在舆情治理中发挥的作用，点燃学生的科技自信心，增强学生的安全感	1. 2023 中国国际大数据产业博览会。 2. 人民网舆情数据中心。 ……
	公共数据服务	加深学生对中国公共数据服务平台的了解，增强学生对社会公共服务的信任感	1. 上海市公共数据开放平台。 2. 第九届上海图书馆开放数据竞赛。 ……
	大众传播 伦理抉择模式	让学生了解传播学者为解决大众传播伦理困境所做出的努力及其背后的故事，增强学生的职业荣誉感、自豪感和归属感	1. 新闻传播中的道德伦理抉择模式。 2. 中央电视台《焦点访谈》栏目。 ……
		……	

续表

课程板块 （跨学科）	知识点 （全媒体）	思政学习目标 （组合链）	思政案例体系 （聚合集）
传播法规 板块	《中华人民共 和国网络 安全法》	让学生了解《中华人民共和国网络安全法》的立法过程，以及该部法律的重要作用，帮助学生提高网络安全意识，预防网络犯罪，保护个人信息安全，共同维护清朗的网络空间	1.《中华人民共和国网络安全法》立法背景、主要内容和重要意义。 2. 网络安全应急技术国家工程实验室。 3. 电视剧《扫黑风暴》。 ……
	《网络主播 行为规范》	让学生了解《网络主播行为规范》基本内容，帮助学生强化社会责任，进一步推动网络表演、网络视听行业持续健康发展	1. "村晚"直播。 2. 网络主播正式成为国家新职业。 ……
	《中华人民共 和国广告法》	让学生了解《中华人民共和国广告法》的基本内容，知道这部法律是为了维护市场秩序、保护消费者权益、规范广告行为而制定的	1.《互联网广告管理办法》。 2. 公益广告展播。 ……
……			

第一坐标，"跨学科、全媒体"的思政案例库基本框架

课程思政案例库应围绕课程结构设计案例库的基本框架，以确保思政案例与课程内容契合，使思政案例教学成为课堂教学的有效助力，在知识目标、能力目标达成的基础上提升学生的思政素养。传播伦理与法规类课程结构具有跨学科和全媒体两个维度的特征，从而搭建思政案例库的第一层坐标。

第一维度，跨学科。传播伦理与法规类课程是立足传播学，横跨伦理学、社会学和法学的学科背景，课程结构为传播伦理、传媒伦理、传播伦理分析方法和传播法规四个板块。传播伦理板块是整体，侧重培养学生传播行为的伦理自律观念。传媒伦理板块是部分，深入挖掘各种传播媒体的职业伦理。传播伦理分析方法是手段，主要解决学生在传播中的伦理困惑问题。传播法规是不可触碰的底线，是不可逾越的红线。"总-分-总-总"的板块逻辑关系能够有效解决跨学科理论课程知识结构复杂的难题，易于建构系统的思政目标。

第二维度，全媒体。这里的全媒体指报纸、广告、影视、直播等多种媒体伦理与法规的全面覆盖，区别于全程媒体、全息媒体、全员媒体、全效媒体。传播伦理与法规类课程以培养未来进入各类大众传媒机构（平台）的从业者为目标。在跨学科课程板块下，该课程可划分为全媒体知识点，包括新闻、影视（短视频）、广告、直播、网络游戏、NFT平台、元宇宙技术、人工智能平台等媒体及传播环境技术的伦理与法规知识点。

第二坐标，"组合链、聚合集"的思政案例库逻辑框架

课程思政案例库应"以学生为中心、以成果为导向"，从思政目标出发设计思政案例体系。因此，从思政学习目标组合链和系列思政案例聚合集两个维度搭建思政案例库的第二层坐标。

第一维度，思政学习目标联结的组合链。思政案例库的逻辑框架是承接案例库的基本框架。思政学习目标是每个课程知识点应达到的思政学习成果，必须准确而清晰，所有板块的学习目标只有以组合链的形式构建思政学习总体目标，才能有效解决学生的学习困惑，有助于反向推导和建构课程思政案例库的逻辑框架，指导思政案例的选取。

第二维度，系列思政案例共存的聚合集。与明确的思政学习目标不同，思政案例必须围绕同一个目标多元并存，达到储备思政案例资源的目的。因此，每一个思政学习目标都以多层次的形式，聚合思政案例体系。例如，知识点"主流媒体的重要作用"的思政学习目标是"让学生深入体会主流媒体在传播党的创新理论、宣传党的政策主张、反映群众呼声心声、凝聚社会共识方面发挥着十分重要的作用，进一步增强责任感和使命感"，选取中央广播电视总台党的二十届三中全会报道、《光明日报》巴黎奥运会赛事报道、中央广播电视总台"3.15"晚会等，从不同角度和多个层次挖掘思政案例，以期形成符合思政学习目标的案例体系。

三、四阶循环的课程思政案例库改进机制

从某种程度上说，传播伦理与法规类课程思政案例库是一种教学工具。其服务于教学，可以帮助学生达到学习目标。案例库需要随着时代的发展和社会的变化而不断更新，成为教学助力。

高校传播伦理与法规类课程思政案例库本着"以学生为中心、以成果为

导向，多样考核方法、经典案例传播"的建设理念，在四阶循环体系中高效运转，精进发展。（如图 1 所示）具体说来，案例库主要包括课程思政案例启发课上讨论阶段、多元思政实践的课后小组项目阶段、案例检验的课程思政考核阶段和线上经典思政案例沉淀阶段，构成思政案例库循环改进系统，四阶环环相扣，最终形成一个集讨论、实践、评价、提炼于一体的线上线下混合式课程思政案例库。

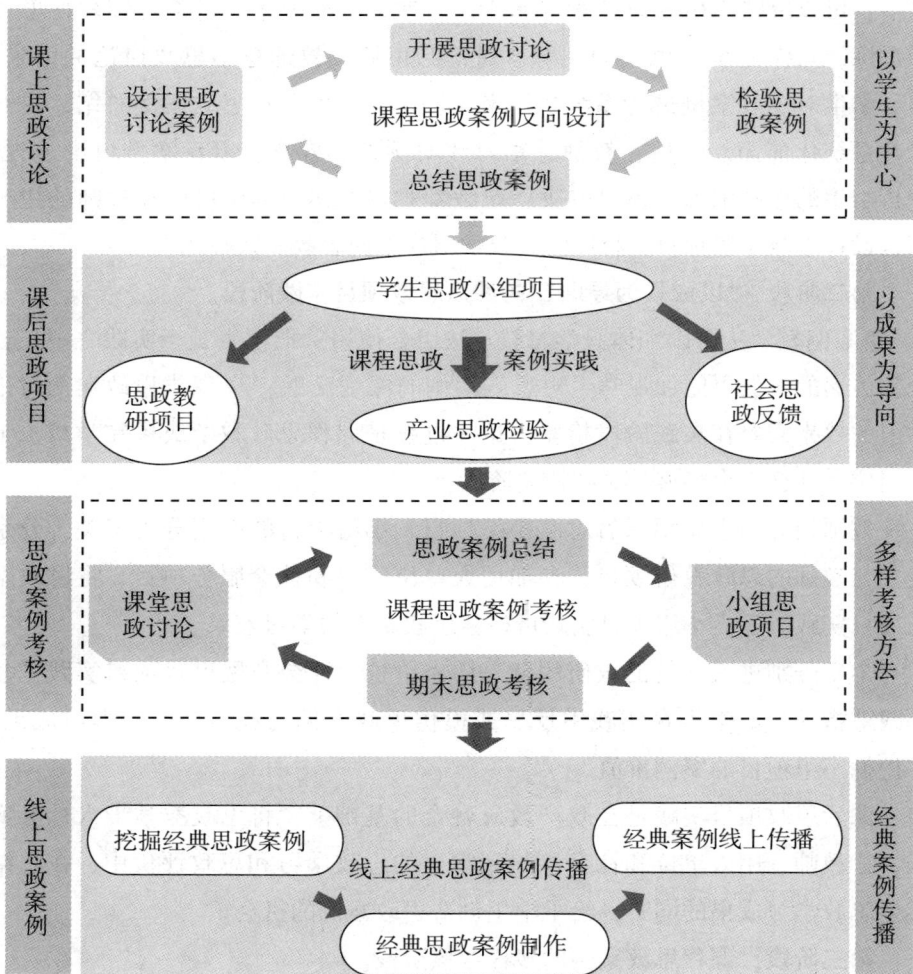

图 1　四阶循环课程思政案例库改进机制

第一阶段，"以学生为中心"的课上思政案例讨论阶段。

在课程场域中，课程思政应"以学生为中心，以成果为导向"。教师应以思政学习目标设计案例教学，在教学过程中开展案例讨论，并及时将课程思政案例归纳整理入库。其实，课堂思政案例讨论是课程思政场域中的初级阶段。

首先，课前，教师依据教学大纲设计思政案例组合，学生准备相关讨论资料。这一步是教师引导学生进入思政情境的关键，也是思政教学的开端。其次，课堂上教师引导学生开展思政案例讨论。此步骤将学生逐步带入思政情境，可以反映学生的思政素养水平。再次，一般说来，讨论是碎片化思考的提炼，写作是统化思维的训练。讨论结束后，教师总结思政讨论的结果，引导学生对思政案例进行系统化思考。课后，学生撰写思政案例总结，提升思政系统化能力。最后，教师总结思政案例教学效果，复盘案例讨论过程，分析学生的思政困惑，提出解决思政教学难点方案。学生可以在教师的指导下，设计思政小组项目，将课堂思政学习成果向思政实践转化。

第二阶段，"以成果为导向"的课后思政项目实践阶段。

"案例教学法可以和体验学习教学法组合使用，把学生置于实践之中，较课堂传递的案例更能加强学生对思政案例的深刻反思。"① 课堂思政案例讨论学习的效果需要在实践阶段检验，这一过程是课程思政教学成果在学校、工作岗位和社会三个场域的系统检验阶段。

教师指导学生规划课后思政小组项目。小组项目的类型分为三类，分别是参与教师的思政教研项目、参加用人单位实习和社会服务项目、将思政融入项目实践。三类小组项目实践可检验思政案例的学习效果。

学生分别进入学校的教研团队、用人单位、社会开展思政项目实践，教师跟踪指导，让学生在实践中反思或模仿思政案例的经验，检验学习成果，并挖掘小组项目的案例价值。

课后思政项目实践是在政产教研融合的基础上，将思政教学带入社会实践，让教师、用人单位和社会参与到学生的思政学习和思政评价中，在总结学生思政学习成果的同时，给予学生创造思政案例的机会。

第三阶段，课程思政案例的多样考核阶段。

课程思政考核阶段，是对学生的思政学习成果和思政案例库教学效果的评价系统的考核过程，其分散在思政教学的每个环节中。在尊重学生个体差

---

① 叶王蓓. 思想政治案例教学的组织与实施 [J]. 思想政治课教学，2023，10（10）：38-41.

异的基础上，该阶段检验学生思政素养的动态提升效果，反思案例库中案例选取的合理性和有效性，主要分为以下四类考核方式。

第一类，课堂思政案例讨论主要检验学生的课前思政的准备程度，考核应用思政案例库的能力，总结碎片化思政观点的能力，以及思政情感和观点的互动能力。思政案例讨论帮助学生融入课堂思政情境，可以起到一定的教育作用。第二类，总结课后思政案例可以使学生练习思政分析能力，锻炼系统思维能力，提高课题论证能力。课程思政案例总结需要在案例讨论的基础上，将碎片化思政观点聚合成思政体系。第三类，思政小组项目综合教研、用人单位和社会的反馈，可以检验学生的研究能力、实践能力和服务能力，将思政融入各类传播实践之中，提高学生的实践素养。第四类，期末思政案例考核，可以对每个阶段的思政学习效果做出评价，检验课程思政案例库在提升学生的综合素养和应用能力中的效用。

传播伦理与法规类课程思政案例库的多样化考核在课程实践中形成，并通过与教研团队、用人单位和社会各界的合作中逐步完善。

第四阶段，线上经典思政案例传播阶段。

课程思政案例库经过前三个阶段的评估和考核，从课程思政案例库中提炼出成熟的思政案例，制作成文本和视频，上传网络平台。一方面，成熟的课程思政案例可以接受线上评价，不断改进，逐步形成线上课程思政案例库。另一方面，课程思政案例库可以回报用人单位和社会，形成课程、学校、用人单位和社会四大思政场域共建共享的大思政案例库系统。

四、结语

个体价值观的形成会受到社会、学校与家庭环境的影响，当代大学生的价值观呈现出多样化特征突出、主体意识增强的特点。传播伦理与法规类课程作为培养合格的大众传播从业者的专业基础课程，理应用案例教学强化课程思政教育，提升学生的思政素养。为了更好地开展课程思政案例教学，将碎片化的思政案例系统化，建设适应培养需求的思政案例库，通过政产教研融合和多样考核的途径，建设可持续发展的案例库改进机制，为思政案例库的建设提供可资借鉴的资料，应该是学校和相关领域教师努力的方向。

全媒体时代新闻采编课程转型路径的思考

人文与传播学院副教授 潘娴

全媒体时代，媒体行业的迅猛发展开阔了人们的视野，也丰富着人们获得信息的渠道，提高人们在信息交流过程中的参与度，受众对于新闻内容的获取有了新的要求。在这种背景下，新闻采编课程的教学如果仅以传统的教学模式指导学生进行学习，则无法满足时代的需要和受众的需求。因此，相关课程需要从学生的职业发展方向和媒体环境出发，通过深入了解全媒体的特征和行业现状，探索切实可行的转型路径，以积极且慎重的态度面对全媒体时代带来的机遇与挑战，将自身转型与发展作为未来的重要工作目标，创造出应有的社会价值。

一、全媒体时代对新闻采编课程转型的要求

（一）建立全媒体思维

全媒体时代，传统媒体若要通过转型谋求进一步的发展，首先在思维上应有所突破。传统媒体的新闻传播渠道具有明显的单一化特征，如纸媒仅能以静态方式呈现文字及图片内容；电视则只有动态这一呈现方式，不具备回溯或暂停的功能支持；广播更是仅有声音这一传播载体。这意味着受众仅能被动接受新闻内容，且由于受众与媒体交互成本较高，致使传统媒体高度重视新闻的真实性，较少思考与用户互动的可能。但在进入全媒体时代之后，互联网强大的功能满足受众的交互需求，以受众为中心的理念在全媒体时代得到空前发展，已成为新闻媒体生存发展不容忽视的核心理念之一。同时，由于信息技术的高速发展和智能化趋势的增强，传统新闻内容生产方式发生

极大变化。在课程的内容教学方面，教师应尽快接受新媒体思维，从不同角度考量传统媒体与新媒体各自的优势、缺陷及不同，通过合理统筹实现从传统媒体思维向全媒体思维的转向，进而为受众提供丰富、个性化特质的新闻服务。

（二）掌握信息深度解读能力

互联网信息技术的高速发展，使网络中的信息数据在总量上始终表现出海量增长趋势。而数量庞大的数据中存有大量冗余信息及无意义信息，如果新闻中出现这类信息，无疑会增加用户理解新闻内容的难度与成本，也会影响用户的新闻阅读体验。

全媒体时代，用户更倾向于以"短、平、快"的方式，从新闻内容中直接获得事件结果。为了满足用户的这种需求，相关的课程设计需要具备深度解读不同信息的能力，能够在跟进单一新闻事件时，迅速明确各种相关信息与事件主干内容的相互关系与影响，并在海量信息中有效筛选出有用信息，全面提升新闻内容的质量。

（三）全方位强化专业能力

全媒体时代，新闻报道需要整合视频、图片等内容，确保报道内容支持观众自由选阅，如复制文字或回放等。因此，课程教学设计必须引入一定的视频制作技术，即视频、图片、音频的简单剪辑、处理、格式转换等内容，保证与行业标准一致，做到新闻内容能够与互联网平台要求、规范相契合，同时又能满足受众对新闻的个性化需求。从另一角度来讲，互联网覆盖面积广、传播速度快的优势，使得多种信息在这一渠道上广泛生成及流传。记者应具有一定的网络信息资源筛选技术，通过各种方法来获取所需要的信息与新闻内容。同时，为确保新闻报道的内容具有及时性、真实性，记者在利用互联网工作时，还需根据需求选择相应的新闻采编方法，保证新闻内容的准确性与真实性。以上种种内容，无疑增加相关课程在全媒体时代下寻求转型的难度和成本，也成为全媒体时代评判高校培养的人才的综合能力的重要指标。

二、全媒体时代新闻采编课程实现转型的有效路径

(一) 以时代需求为基准提高职业道德修养

全媒体时代,媒体间的竞争日益激烈。少数社会机构和个人注意到技术发展为媒体行业创造的巨大潜在利益之后,纷纷涌入自媒体行业中,并以无序化的运营方式恶化互联网生态。对此,教师应教育学生坚持马克思主义新闻观和新闻真实性原则,自觉遵守国家法律法规,恪守新闻职业精神职业道德,增强自律意识,做良好职业形象的守护者。

这就需要课程设计在寻求转型的过程中强化马克思主义新闻观的学习,深入了解相关法律法规、政策要求、职业规范;持续深化理论武装,使学生树立正确的世界观、人生观和价值观,进一步提升政治素质、业务素能、职业道德素养,确保在任何情况下都不可为了获得收视率或流量恶意夸大、虚假营造新闻。

(二) 以用户为出发点树立全媒体工作意识

全媒体时代,随着信息技术日新月异,不仅信息无处不在、无所不及、无人不用,信息格局从"人找信息"变为"信息找人",传播方式、传播角色也发生巨大变化。面对崭新的传播态势,媒体人和相关工作者要树立以受众为中心的观念,在深刻领悟上级精神的同时"吃透下头",切实从受众出发,根据受众的特点安排传播内容、形式和节奏,统筹开展大众化、分众化、差异化传播。唯其如此,信息才可能在汪洋大海中有效触达受众,入脑入心。

全媒体时代,新闻生产者与接受者的身份不再固定,且用户可在内容生产者与传播者之间实现无缝切换,这是技术发展造成的必然局面,而这种局面的形成本身也具有绝对性的不可抗力。作为记者不应当对这种局面产生抵抗行为,而是要认识到技术发展与时代演化在深层次上的必然逻辑趋势,正视这一事实并扭转自身原有的思维,从向上遵循转换至向下考量,以用户为出发点树立与全媒体时代相契合的工作意识。

其实,新媒体充分考量用户需求会获得更多的市场。传统媒体应当正面认识到这一关键点,在制作优质新闻内容的过程中审慎考量用户的实际需求,

坚持以用户为出发点，在保证新闻内容客观性的基础上，灵活吸收新媒体在形成新闻内容上的技术、制度、流程优势，通过开通沟通交互渠道，广泛吸收用户对新闻格式、内容、功能、表现形式等众多方面的反馈，应用大数据技术分析用户在不同层面上需求的具体权重，并按照这一权重逐步对新闻相关要素进行调整。实际工作时，传统媒体需要正视互联网及信息技术创造的技术优势，为新闻内容创造多样化、高度直观的呈现效果，丰富用户在浏览新闻时的体验，为用户提供多种个性化服务，满足全媒体时代用户对新闻的切实需求。

（三）内容为王的发展之道

全媒体时代的舆论环境发生深刻改变，过去传统媒体曾经掌控的"舆论主场"成为众多跨界者涌入的"舆论广场"。大量的信息随时随地都在产生并寻找着目标用户，越来越多的人群已习惯于通过手机、网站、"两微一端"等新兴媒体获取信息。

从某种角度来看，真正能决定新闻影响力及社会价值的往往不是媒体的权威性，也并非记者个人的身份与社会影响力，而是实打实的新闻内容。真正拥有高质量、高水准且能够为公众广泛接受的新闻，才能够在用户群体中建立广泛且统一的认可。因此，优化新闻采编课程设计，应以内容为王作为媒体的发展之道。这就意味着采编要深入一线，撰写稿件时要以公众的立场为出发点。围绕这些要求，教师要提升学生的各方面专业能力，积极拥抱新技术的发展与应用，在教学中表现出强烈的社会责任意识，以优质的内容实现记者这一身份在全媒体时代下的成功转型。

（四）以专业化要求重新适配职业定位

相比前沿信息技术成果的应用给行业格局造成的变革与发展，全媒体时代舆论生态的演化，则从行业业态的角度影响新闻记者这一职业。全媒体时代，每个个体在拥有基础性技术支持的前提下，均可在新闻传播者与发布者两种身份之间实行无缝切换，一旦引爆热点事件，短时间内就能够迅速兴起舆论巨浪。这与以往的社会舆论形成机制截然不同，也使得舆论生态表现出复杂、多样的特征。传统媒体时代，文本、摄影、出镜等工作是分别由不同记者担任的；进入全媒体时代后，行业对记者的综合能力提出更多要求，需要记者同时掌握多种技能，成为全能型的记者人才。这意味着记者不能仅仅依靠传统报道设备开展工作，而是要能够灵活应用多种智能终端、渠道及资源，从容面对突发事件，保质保量完成新闻采编发等一系列工作。

今天，所有媒体都应充分发挥融媒体报道的优势，全面借力全程媒体、全息媒体、全员媒体、全效媒体的功能，突破时空、技术、地理等维度局限，更好地进行矩阵式、全方位的内容生产和传播，让宣传报道更具亲和力和穿透力。

三、结语

当前，全媒体不断发展，出现全程媒体、全息媒体、全员媒体、全效媒体，信息无处不在、无所不及、无人不用，导致舆论生态、媒体格局、传播方式发生深刻变化。特别是新媒体迅速崛起，日益成为信息传播的主渠道主平台，新闻客户端和各类社交平台越来越成为人民群众特别是年轻人的第一信息源。

作为媒体行业发展的必然趋势，全媒体时代的到来确实为新闻采编课程带来了更为严峻的挑战，但这也是新闻行业深度自省、追逐蜕变的良好机遇。在舆论环境日益复杂的当下，更需要我们的课程牢记以用户的需求为出发点，将内容为王作为媒体的发展之道，实现自身的转型，为社会创造更多的价值。

高校应顺应媒体深度融合发展趋势，不断完善课程设置，加强跨学科人才培养，提升全媒体实战能力，把全媒型后备人才培养要求落实到共建新闻学院的教材编写、课程安排、课题研究、校外实践等各环节。

参考文献

[1] 张莉莉. 全媒体时代中电视记者的转型路径探析 [J]. 传媒论坛，2021，4 (3)：34-35.

[2] 史玉明. 全媒体时代新闻记者的转型分析 [J]. 记者观察，2019 (26)：16.

[3] 陈舒. 融媒体时代编辑记者的转型路径 [J]. 新闻研刊，2020，11

（8）：112–113.

[4] 陈莹.电视记者在全媒体时代的转型发展路径研究 [J].卫星电视与宽带多媒体，2022（8）：114–115.

[5] 廖文友.全媒体时代：传统媒体记者如何应对挑战与转型 [J].中国传媒科技，2021（5）：72–74.

[6] 张晓雨.全媒体时代新闻记者转型路径探析 [J].环球首映，2021（9）：165–166.

基于产品思维导向的品牌
传播课程教学改革研究

人文与传播学院副教授　孟阳

自进入信息化时代以来，新媒体技术的发展对企业品牌推广与传播的过程起到一定的影响。这需要广告设计人员能够紧紧抓住企业的核心优势，设计出新颖独特的广告作品，提高企业品牌的知名度。高校作为高质量人才培养的阵地，应该加快推进品牌传播课程的改革，提升学生的专业素质能力，培养能够主动契合新时代社会需求的复合型人才。本文基于产品思维导向，对品牌传播课程教学改革进行研究，旨在能够为高校教师推进教学改革、提高人才培养质量提供一定的参考和借鉴价值。

品牌作为企业形象的独特标志，具有强大的潜在价值，品牌的知名度对于企业的市场占有率和企业的利润率都具有重要的影响。在商品化的市场中，品牌扮演着重要的角色，品牌作为差异化的标志，吸引着注意力资源构成了现代化商业图景。品牌效应不仅影响着消费者的生活，也吸引着消费者、生产者的关注和研究者的讨论，成为热门话题。而品牌的核心优势主要来源于企业所树立的品牌形象、信誉以及消费者对于品牌的认可度。

广告是企业品牌传播重要的组成部分。广告能够传递企业信息和企业形象，也能够向消费者展示企业产品的独特优势，进一步提高消费者对于企业品牌的信赖程度，增强企业在同类产品中的竞争优势，对于激发用户的购买行为、促进企业的长远发展具有重要意义。

一、品牌传播课程现状介绍

品牌传播的本质是竞争，品牌传播通过塑造企业的专业形象，从而保证企业的长远发展。品牌传播课程具有较强的实验性和特色。这门课程结合了独特的市场需求，是一门跨学科、兼具理论教学深度与实践广度的课程。这门课程系统阐述品牌建设与传播的相关理论，是媒体进行有意义的探索品牌传播活动并结合中国特色市场的品牌实践课程。同时课程强调"中国品牌""课程思政""产品思维"和"文化自信"等与品牌相关的内容。这可以帮助学生充分理解品牌理论在媒体上进行的实践，并引导他们进一步创新思维。

基于课程建设与教学，本文对品牌传播课程的实践现状及存在的问题进行了分析，思考品牌传播课程教学改革的可能性，以期达到教学目的和有效提高学生的理论水平与实践能力。品牌传播课程的知识点涵盖范围广泛，包括品牌理论、品牌定位、品牌推广、品牌传播、品牌运营和品牌管理等。品牌传播课程建设的目标是结合产品思维，提高课程的先进性和应用性，改变教学滞后于市场的现象，培育市场急需的广告学复合人才。

二、基于产品思维导向的品牌传播课程教学改革的理论基础

（一）增强自我效能感

班杜拉的动机理论提出，个体行为受到自我效能感的影响，也就是个体的影响能自主判断他是否有能力完成任务。一个人经历的成功或失败有可能影响自我效能感。教师在教导学生的过程中要注重挫折感对学生信心形成的影响。课程的合理性对学生学习经验的积累具有一定的影响。学生在学习过程中的失败经历会减少他们的自我效能感。作为一门跨学科的课程，品牌传播课程的学习不可能一蹴而就，教学应该为学生提供丰富的学习资源，促进其自我效能感和积极性的提高。

（二）促进正强化

动机强化理论认为，动机是一种由外部刺激引起的强化过程。强化分为正强化和负强化。相比之下，正强化比负强化更有效果。传统课堂的正强化一般是通过赞美、标记、评论等来进行。高校的教学对象比较复杂，教学活动具有实践性、主动性，并对创造性有一定要求。程序化教学理论包括合理拆解课程模块、设置多个目标等内容，并将目标与适当的正强化因素联系起来，以有效调动大学生的积极性。

品牌传播教学以小组教学为基础，结合品牌定位、品牌设计、品牌传播、品牌危机等内容，并合理设置任务和奖励，引导学生以小组为单位完成任务。在教学过程中，教师要将每个环节的结果及时反馈给学生，并给予他们一定的正强化。

（三）激发认知内动机

激发学生的认知动力，帮助他们理解课程的价值是有效提高学习效率的途径之一。教师要善于抓住学生的闪光点，充分利用他们的自身优势，引导他们发现自己的兴趣爱好。同时，教师要不断优化教学方法。广告学专业学生思维灵活且具有鲜明的个性特征。如果教师在教学过程中只是填鸭式灌输理论知识，容易引起学生思想上的抗拒。教师要及时更新讲授内容，丰富课程资源，摒弃与市场不相适应的案例，并结合与学生密切相关的信息引导他们进行创作和思考。以抖音、微信公众号、小红书等为代表的平台，已经成为学生表达自己独特观点的阵地。教师可以引导学生在这些平台创建个人账号并分享作品，帮助他们探索理论与实践结合的路径。

三、基于产品思维导向的品牌传播课程新媒体化教学改革方向

今天，中国制造向中国创造转变、中国速度向中国质量转变、中国产品向中国品牌转变，这对高素质的品牌传播人才需求不断扩大。品牌传播课程作为广告学专业中一门重要的专业课程，应该满足社会和企业对于高质量品牌传播人才的实际需求，指导学生能够设计出高质量、符合企业发展实际的

品牌设计作品，提高学生的就业竞争力。

（一）依托新媒体技术强化学生的实践训练

品牌传播课程具有较强的实践性。在产品思维导向之下，高校应该积极利用新媒体技术为学生提供更多的实训实践机会，帮助学生能够将品牌课程的理论知识很好地运用到实践当中。第一，高校应该积极与企业建立良好的合作机制，将企业的品牌设计项目引入课堂教学之中，让学生能够紧跟市场需求，提升学生的品牌设计能力，强化学生的就业竞争力。第二，高校可以联合相关单位共同举办企业品牌形象设计大赛，鼓励学生参加各种形式的品牌设计活动，丰富学生的品牌设计经验，提高学生的综合技能。第三，在企业品牌设计的过程中，设计者必须对企业的品牌发展历史、产品的核心优势、目标受众群体以及品牌宣传渠道进行多方面了解，这样才能够设计出优秀的品牌作品。高校教师可以引导学生以当地企业为例，展开实地调研活动，根据调研信息进行品牌宣传设计，并积极邀请企业的品牌设计人员为学生开展具有针对性的实践指导，提高他们的实践操作能力。

（二）构建新媒体在线教学资源平台

当下，新媒体技术的应用逐渐渗透到高校的教学实践中，不仅能够有效增强课堂的趣味性，对于激发学生的创新设计思维、满足学生的多样化学习需求也具有一定的作用。在产品思维导向之下，高校应该及时为学生更新品牌设计案例，开阔学生的品牌设计视野。一方面，高校教师要积极将现有的教学资源进行整合，主动将慕课等平台的品牌设计案例、广告设计经典案例引入课堂，拓宽在线教学资源平台的资源储备。另一方面，高校教师可以将学生的品牌设计作品和教师的授课视频上传到平台上，与其他高校实现共享共建，有助于学生利用课余时间进行学习，为其品牌设计积累经验。并且，利用新媒体平台，高校教师应该主动强化学生对于文案创作、海报设计、活动设计等其他课程的学习，提高学生的品牌设计综合能力。

四、基于产品思维导向的品牌传播课程考核评价机制改革思路

在产品思维导向下，品牌传播课程的考核评价机制应该主动遵循"理论考核+实践考核"的基本思路，丰富考核评价的内容，创新考核评价的方式，对学生展开综合性的评价。

（一）丰富考核评价的内容

高校教师要丰富品牌传播课程的考核评价内容。以往教师确定的考核内容主要由平时成绩和课堂表现两方面构成。考核内容较为单一，无法对学生进行多方位的评价，也无法对学生起到监督和促进作用。在产品思维导向下，高校教师要丰富对学生考核评价的内容，加强课堂评价与市场需求之间的紧密联系，将市场对于品牌设计人才的最新要求作为对学生考核评价的重要参考标准之一。

第一，高校教师要主动将学生的综合能力纳入课程考核指标中。学生在进行品牌设计的过程中，要拥有较强的调研分析能力、团结协作能力、创新设计能力以及知识的综合运用能力。并且，学生要能够根据企业选择的不同工具设计形式和风格各异的作品。高校教师可以根据课堂教学目标进行综合考虑，对学生具有的综合素质和能力作出评定。第二，进行品牌设计、制定品牌宣传策略的目标是帮助企业树立良好的品牌形象、增强企业营销活动的宣传效果以及品牌影响力，所以，高校教师也应该多方位观察学生在品牌设计中的表现，以及学生所设计的作品是否具有可行性和创新性，是否能够为企业带来一定的利润价值，是否能够取得良好的宣传效果，并将这些纳入对学生的综合考核评定之中。第三，学生在品牌设计的过程中，要与小组成员建立良好的合作关系，大家集思广益，努力设计出符合企业实际情况且宣传效果良好的品牌设计作品。教师应该将小组项目实践的成果、学生参加各项设计竞赛的成绩等纳入对学生的综合考核评定之中。

（二）创新考核评价的方式

除常规的期中、期末考核方式外，教师可以结合多媒体技术创新考核

评价方式。当下，企业充分利用抖音、微信公众号、小红书等平台宣传企业形象，教师可以引导学生利用这些平台的品牌信息传播模式以及多元化的传播渠道，让他们自主设计不同风格的作品，并将宣传效果作为对学生进行考核评价的重要指标之一。此外，在产品思维导向下，教师可以使用项目教学法对学生进行考核评定。具体来说，教师可以将学生分成不同的小组并分配不同的项目任务，并由教师组织项目评价，验收项目成果，从多个角度对学生的自主探索能力、审美设计能力以及合作探究能力进行评价。

教师可以利用线上教学平台建立网络评价体系，对学生的网络学习进行量化赋值，将其作为评价考核的依据，并能够收到实时的反馈效果。教师要及时了解学生的学习状态，进行客观分析，针对学生在品牌设计课程中的薄弱环节制定个性化的解决方案，督促学生持续不断改进，强化学习效果。

（三）多元化的评价主体

为确保教学评价的全面性和综合性，高校应该丰富教学评价的主体。高校要加强校企合作，主动邀请企业品牌宣传策划人员参与到实践课程评价中，对学生在实训实习期间的表现和综合能力进行评价。教师将学生纳入评价主体中来，让小组成员之间进行互评，将其结果作为学生考核评价的重要参考。高校教师还可以引导学生进行自我评价，要注重学生的专业能力、精神品质、感悟收获等方面的内容评价，明确学生未来发展的目标，但不是让学生之间进行横向对比。

五、结语

综上所述，信息化时代为品牌传播课程的实践探索提供了机遇和挑战。教师应充分调动学生的积极性，帮助学生将理论与实践相结合，使其充分理解课程内容，提高教学效果。同时，教师应加强课程教学与社会实践之间的紧密联系，提升学生的创新设计能力和综合素质，帮助学生设计出符合社会发展、新颖独特的品牌作品，提升人才培养质量。

参考文献

［1］张馨月. 借助多媒体促进教学考核评价机制改革的探究［J］. 新闻研究导刊, 2023, 14 (21): 170-172.

［2］张恩民, 张建. 新媒体环境下中小企业品牌策略研究［J］. 产业创新研究, 2023 (20): 149-151.

［3］刘伟. 项目教学法在品牌管理课程中的创新应用分析［J］. 创新创业理论研究与实践, 2022, 5 (14): 181-184.

［4］赵文杰, 吴海滨, 冯侨华. 基于"互联网+"的混合式教学考核评价机制探究［J］. 黑龙江教育 (高教研究与评估), 2020 (6): 46-48.

［5］马妍. 项目教学中个人与团队考核评价机制初探［J］. 亚太教育, 2015 (15): 290.

行业场景模拟中的企业形象设计
课程的创新性教学实践研究

人文与传播学院副教授　杨雅霓

一、引言

　　随着信息化技术和经济全球化的快速发展，产教融合已经成为推动高等教育和产业发展的方向。产教融合是指教育机构与产业界在人才培养、科学研究和技术服务等领域开展的各种合作活动。产教融合是产业与职业教育之间的国家制度完善、政策配套、多元主体协商共治、产教协同规划、校企共同承担育人责任、人才育用衔接、规范而深入的产教深度合作的理想状态。规范而深入的产教融合、校企合作是职业教育取得成功的国际经验，是高质量培养大批技术技能人才的必由之路，也是依赖技术技能积累和人才驱动的行业企业保持竞争力所必需的。

　　企业形象设计课程的创新性教学实践对于培养学生的实际应用能力和创新能力具有一定的意义。它需要结合当今企业形象设计领域最新的发展趋势和实践案例，使学生在教学中能够深入了解行业发展的现状，并通过实际操作将理论知识转化为实际技能。在过去的教育教学中，企业形象设计课程往往是以传统的理论教学为主，缺乏与实际产业需求的结合。随着产教融合理念的深入推进，高校需要重新审视企业形象设计课程的教学内容和方式。同时，教育部提出的"双一流"建设和产业发展的需求也为企业形象设计教学实践提出新的机遇和挑战。因此，通过对产教融合背景下企业形象设计课程的创新性教学实践进行研究，探讨如何更好地将理论与实践相结合，为学生提供更加符合产业需求的教育教学内容为教育教学实践提供建设性的参考建议。

　　本文将从产教融合背景下企业形象设计课程的教学实践出发，分析现有教学模式存在的问题和不足，探讨如何通过创新性教学实践来提升教学效果，提出对教学改革的建议和展望。通过调查研究和实践探索，笔者希望能够为企业形象设计课程的教学提供一些新的思路和方法，推动教育教学的创新与发展。通过与企业合作开展真实案例的项目实践，学生可以更好地了解产业特点，并能够根据企业需求进行具体设计。由于企业形象设计涉及品牌定位、视觉传达、市场营销等复杂内容，需要学生具备综合能力，因此教学应注重实践性教学，鼓励学生参与实际项目，提升解决问题的能力。

二、产教融合背景探究

在产教融合背景下，企业形象设计课程的现状表现在教学模式的传统化和与行业需求存在一定程度脱节的情况。

优化配置教学资源，注重资源的实效性和前瞻性。以课程资源数字化为例，高校可以采用教案共享平台和线上互动教学系统，集成课程内容、教学计划以及企业案例数据库。每个教学单元的设计力求实现与企业实际项目的对接，强化学生的项目管理能力与团队协作技巧。

实验教学环节在教学改革中占据重要地位。高校设立仿真企业环境实验室，通过模拟市场变化和竞争策略，让学生在模拟的商业环境中亲身体验并完成企业形象设计项目。实验教学的评估机制依据学生在项目中的表现，综合考量设计创意、实施过程、团队配合和项目结果，从而培养学生的综合设计能力和应变能力。

采用上述教学模式的课程，学生在完成度、主动性和创新性等维度上均有显著提升。与业界回馈对比，更新后的课程更能匹配企业的实际职位需求，学生的就业率和企业满意度均有所提升。

三、教学实践创新性探索

（一）创新教学方法分析

在产教融合背景下，企业形象设计课程作为高校专业教学的关键环节，其创新性教学实践研究致力于更紧密地连接行业发展和学生实际能力提升。笔者针对该课程的教学方法进行分析和研判，采取一系列具体措施以更新传统教学模式。对课程目标进行明确界定，旨在提升学生在企业形象设计实务中的专业能力与创新思维。接着，笔者基于对行业需求的深入研究，设计涵盖关键能力培养的课程大纲。

在分析设计流程阶段，结合高校学生会形象设计流程图（图1），笔者采取动态市场分析与案例研究的方法，进一步强化理论与实践相结合的教学效果。并行开展学生调研和专家咨询环节，使课程教学内容具有一定的前瞻性和现实指导意义。

在评估功能性和实用性后，对于能够明显提升教学效率和质量的工具，笔者及时将其纳入教学过程。而对于那些没有被证明有效的工具，笔者选择继续使用经过验证的现有工具，确保教学实践的稳定性和连续性。

在全新的教学实施过程中，笔者特别重视学生和行业反馈的信息收集，通过各种渠道持续跟踪学生的学习成果和行业对学生实践能力的评价。基于这些信息，笔者对课程进行定期的评估与修正，确保教学效果与预期目标的一致性，并通过这种循环迭代的方式，不断提升企业形象设计课程的品质。

此外，校企共建"双主体"课程教学模式有利于将企业资源充分用于教学活动中，让学生有机会在真实的企业环境下直观学习和实践。这种模式不仅能够提高学生对企业形象设计的理解和应用能力，也有助于学生未来更好地进入职场（图2）。

通过以上一系列综合性举措的实施，企业形象设计课程的教学实践呈现出一定的创

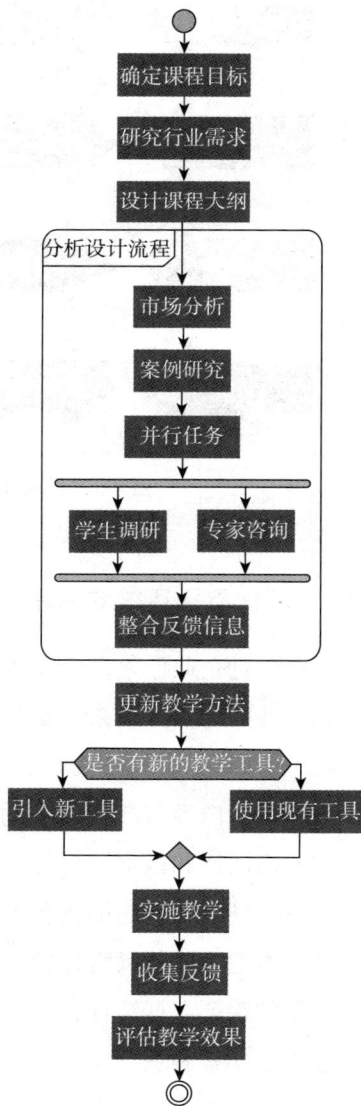

图1 高校学生会形象设计流程图

新性与效果，有力推动了教学质量的全面提升，对专业人才培养起到积极的作用。

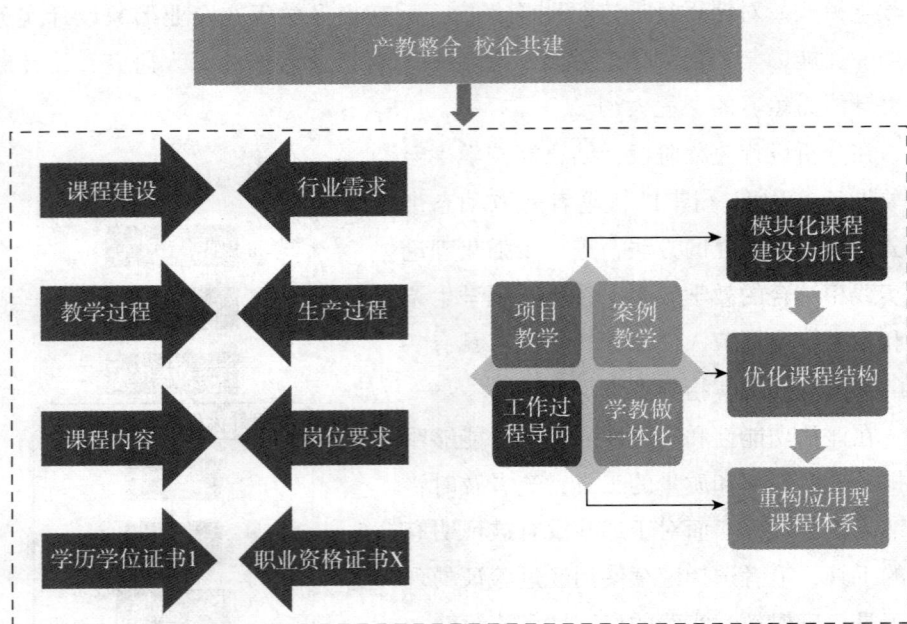

图 2　产教融合、校企共建"双主体"课程教学模式

（二）教学实践效果评估

在进行企业形象设计课程的创新性教学实践研究中，笔者采用一系列定量和定性的评估方法来衡量教学实践的效果，构建一套综合评估体系，其中"教学成效评估表"作为核心工具之一，用以搜集数据和反馈信息。该体系不仅反映教学内容与产业需求的紧密结合度，还凸显教学方法的创新性、教学资源的广泛性和教学过程的互动性等多个维度。

具体到教学方法的创新性，笔者实施一系列教学策略，包括案例分析法以及与本地企业的紧密合作，这些策略的有效性通过学生的参与度和满意度提升得到验证。据统计，教学方法创新性的评分达到 4.1 分，其中有 42% 的学生表示非常满意，反映学习者对教学活动全新设计的肯定。

在实现企业形象设计与实际产业需求接轨方面，笔者建立一系列校企合作模式。通过增加企业在课堂互动中的参与，以及为学生提供赴企业实习的机会，进一步加深了校企之间的合作。来自教学成效评估表的数据显示，校企合作深度得到了稳健的 4.0 分评价，40% 的学生表示非常满意。

最关键的显著性教学成效体现在课程通过率上。在实践中，笔者采取一系列质量控制措施，确保教学品质和学习成果。课程通过率达到了显著的 4.8 分评价，55% 的学生群体感到非常满意，这一数据表明教学质量得到广泛认可。

综合来看，教学满意度总评达到了 4.4 分，这反映出课程设计、资源配置、教学互动和成效等多个方面的满意度。这一成果不仅得益于严谨的教学计划和方法的实施，还归功于教学团队对学生需求的细心洞察和对产业动态的敏锐把握。通过对收集的数据进行分析，笔者得以更加深入地理解经过创新的教学实践对于提升企业形象设计教育质量的贡献，进而为今后的教学实践提供宝贵的参考和指导。（表1）

表 1   教学设计安排及教学设计综合性、设计性、创新实践学生满意度

选项	不满意		不太满意		一般		比较满意		满意	
	人数	占比%	人数	占比%	人数	占比%	人数	占比%	人数	占比%
教学设计安排	0	0	2	3	13	22	30	50	15	35
教学设计综合性、设计性、创新性实践	0	0	2	3	13	22	28	47	17	28

四、课程实施案例分析

（一）课程改革案例介绍

在企业形象设计课程的创新性教学实践研究中，笔者提出并测试一组教学策略，旨在提高课程教学质量和学生的参与度。课程设计采用模块化结构，以增强学生的学习体验和理解力。具体而言，课程包括五个主题模块，每个模块聚焦不同的概念和技能，如品牌定位、视觉元素设计、多媒体运用等。在执行过程中，笔者利用混合教学模式，结合线上课程平台和实体课堂交互。每个模块都设定明确的学习目标，通过小组讨论、案例分析、实践操作等多种形式，增强学生的创造性思维和解决问题的能力。

针对学习效果的量化评估，笔者采集学生在不同教学阶段的数据，包括学习成绩、项目作品质量、课程反馈等。研究样本涵盖100名学生，这些学生分别来自广告学专业和新媒体专业。课程实施前后的对比研究显示，综合应用项目导向学习（Project-Based Learning，PBL）和案例教学法可显著提升学生综合运用能力。研究期间，教师和学者提供持续的支持和反馈，确保教学质量的稳定性和可持续性。

为了进一步增强课程的针对性和实践性，笔者与行业专家合作，定期进行专题讲座和工作坊。通过真实案例分析，学生能够直接接触到当前市场和企业面临的具体挑战。此外，课程加入创意竞赛和企业项目，激励学生将所学理论知识转化为实际操作技能，评判标准既考查学生理论知识掌握程度，也注重学生团队协作和创新思维能力的表现。

通过以上一系列创新性教学实践的整合，课程教学在学生的职业技能提升、创新思维培养以及理论与实践相结合等方面取得进展。实证研究表明，课程的系统化和模块化设计对于学生理解和应用企业形象设计的概念有重要意义。持续的教学改进和评估保证本研究的学术质量和严谨性，其理论和实证贡献也被认为能推动产教融合背景下企业形象设计教育的发展。

（二）案例教学成效分析

在设计实施该课程实验前，笔者自行开发一套教学质量评估系统，该系统能对学生的学习成果进行定量和定性的评估。教学成效分析主要依赖于此系统，通过收集相关数据，结合统计分析工具进行深入挖掘与解读。实验班级分为控制组和实验组，每组30人，实验组接受融合现代企业文化理念的创新教学方法，而控制组则采用传统授课模式。实验周期为一学期，期间收集包括课程作业成绩、课程设计作品、实时观察记录以及问卷调查等多种数据形式。采用的教学方法包括案例分析、角色扮演和企业实战模拟等，旨在提升学生的综合设计能力和解决实际问题的能力。通过角色扮演，学生不仅能够身临其境地理解企业文化与品牌形象的联系，而且能够在实战演练中锻炼团队合作及沟通技巧。分析结果显示，经过一学期的课程实践，实验组学生在创意思维、实际操作技能及团队协作方面的能力均显著优于控制组。

具体来讲，实验组学生的课程平均成绩较控制组高出15分（满分100

分），课程设计作品评价也明显提高，其中优秀率达到 45%，远高于控制组的 15%。除了定量数据之外，利用定性研究工具对观察记录和问卷反馈进行分析，发现实验组在创新意识培养、批判性思维和学习动机等方面的提升更为显著。在问卷调查中，超过 90% 的实验组学生表示该教学模式增强了他们对企业形象设计的认识，且更有信心在未来工作中运用所学知识与技能。

通过这项研究，不仅证实创新教学实践在提升教学质量上的有效性，还为今后如何在产教融合背景下持续优化课程设计和教学方法提供实证基础。进一步分析揭示，学生的融入度与教学成效呈正相关，暗示未来教学改革应更注重提升学生的参与度和互动性。此外，研究还指出，持续的反馈和评价机制是确保教学实践质量和持续改进的关键因素。总而言之，本研究强调理论与实践相结合的重要性，并对教育改革者和设计教育工作者提出切实可行的建议。

五、结论

在产教融合背景下，企业形象设计课程的创新性教学实践研究得出以下结论：第一，通过产教融合模式，学校与企业之间建立良好的合作关系，为学生提供较多实践机会和真实案例。第二，企业形象设计课程的创新性教学实践，帮助学生更好地掌握行业前沿的设计理念和技术方法，提高学生的实际操作能力和创新意识。此外，课程的教学内容更加贴近企业的实际需求，培养学生适应社会的能力和综合素质。学生在企业的实习实践过程中取得一定的经验，能够提升自身的职业素养和综合能力。第三，在企业形象设计课程的创新性教学实践中，学校和企业都受益良多，形成良性循环机制。综上所述，通过产教融合模式，企业形象设计课程的创新性教学实践为学生的职业发展和社会需求提供有力支撑，是一种可持续发展的教育模式。

参考文献

[1] 纪向宏，陈蕴智. 产教融合背景下的"商品包装设计"课程教学改革与实践 [J]. 数字印刷，2021（4）：72-78.

[2] Xiang Y. Research on the Innovative Development of Music Culture of Chengde Manchu under the Background of "Integration of Industry and Education" [J]. Education Teaching Forum, 2019 (14): 118-119.

[3] 周军超, 来升, 田建平. 产教融合背景下的汽车设计教学改革实践与探索 [J]. 机械管理开发, 2021, 36 (10): 292-293.

[4] 杨鹤. 产教融合背景下程序设计类课程教学改革初探 [J]. 南方农机, 2020, 51 (7): 186.

[5] 尹程. 产教融合背景下工业设计专业"产品 CMF 设计"课程教改初探 [J]. 南方农机, 2021, 52 (24): 182-184.

[6] 齐立稳. 产教融合背景下"品牌设计+"教学探索与实践 [J]. 艺术与设计 (理论), 2021, 2 (12): 138-140.

[7] 祁长兴. 产教融合背景下程序设计类课程的教学改革实践 [J]. 沈阳师范大学学报 (自然科学版), 2021, 39 (6): 549-552.

以学科交叉提升国际视野为路径的语言类课程构建模式探索

人文与传播学院讲师　张浩

一、绪论

在全球化的大潮中，信息技术的快速发展不仅重塑全球经济的版图，也深刻地影响教育领域，尤其是语言教育。这种影响促使跨文化交流变得日益频繁，语言教育的重要性不断上升。在这一背景下，新文科教育理念应运而生，它强调跨学科融合、实践创新和国际视野的拓展，目的是培养具有全球竞争力的复合型人才。汉语言文学不仅仅是一种语言和文学形态，也是中华优秀传统文化的重要组成部分。在新文科教育背景下，研究如何通过产学合作模式来培养具有国际视野和跨文化交流能力的汉语言文学专业人才，显得尤为重要。

在新文科教育理念的推动下，本文对汉语言文学专业的产学合作模式进行探讨。这一探讨旨在回应全球化时代对语言教育的新要求，尤其是在信息技术不断进步和跨文化交流日益频繁的今天，汉语言文学教育的转型变得尤为迫切。本文不仅有助于丰富新文科教育的理论内涵，而且对于促进汉语言文学专业教学方法的创新、提升学生的跨文化交际能力具有一定的实践价值。通过构建与新文科理念相适应的产学合作模式，本文旨在为汉语言文学教育的未来发展提供新的思路和策略。这不仅能够促进汉语言文学专业的转型，还能够为培养具有国际视野和跨文化交流能力的汉语言文学专业人才提供支持，传承和弘扬中华优秀传统文化，加深不同文化间的相互尊重和理解。

二、新文科建设的背景与意义

（一）全球化与科技快速发展的挑战

在新文科建设背景下，汉语言文学专业面临将传统文化与现代科技相结合的机遇。比如，数字化文献的整理与研究，不仅要求学生掌握传统的文献学方法，还需熟悉数据库管理与文本挖掘技术。网络文学的兴起，要求汉语言文学专业学生能够运用现代信息技术进行文学作品的分析与批评。这意味着学生不仅要掌握扎实的文学理论知识，还要能够运用现代信息技术手段，进行相关的研究。

（二）新文科建设鼓励国际交流与合作

新文科建设鼓励学生参与国际交流与合作，提升其跨文化交际能力。北京大学中文系在新文科建设中发挥一定的示范作用。该校通过改革，加强对人才培养的理想信念、全面素质和创新能力的教育。具体来说，北京大学中文系开展"国际青年学者论坛"，该论坛不仅为学生提供与海外学者交流的平台，而且拓宽学生的全球视野。此外，北京大学中文系还注重利用大数据和人工智能技术，推动数字人文学科的发展，这些技术的应用在教学和研究中起到积极的作用，提高学术研究的效率和质量。

（三）新文科建设对汉语言文学专业的影响

新文科建设为汉语言文学专业的发展提供新的活力和动力。通过课程内容的更新、教学方法的改革和校企合作的推进，汉语言文学专业逐步形成适应时代要求的教育模式。未来的研究应进一步关注新文科建设在汉语言文学专业中的实施效果，以及如何更好地结合传统与现代、本土与全球的教育资源。

三、汉语言文学专业的发展定位

（一）国际视野与跨文化交流能力的培养

在全球化背景下，汉语言文学专业的发展需要更加注重国际视野的拓展和跨文化交流能力的培养。国际化已成为高等教育发展的重要趋势。汉语言文学专业学生应通过学习世界文学经典、参与国际学术会议和交流项目，增强对不同文化背景下文学现象的理解和分析能力。北京大学中文系积极响应新文科建设的号召，通过一系列创新举措强化学生的国际视野和跨文化交流能力。该系开设的"世界文学与文化"课程，通过引入国际学者讲座、国际研讨会等形式，为学生提供与世界文学前沿接轨的机会。据北京大学中文系发布的教学成果报告，参与该课程的学生在国际学术期刊上发表论文的比例提高了15%，学生的国际会议参与度提升了20%。此外，该系还与海外多所知名大学建立交换生项目，每年有超过30%的学生有机会赴海外学习，这一比例在国内中文系中处于领先地位。

（二）课程与教学方法的创新

为了适应新时代高等教育改革的要求，汉语言文学专业的课程设置和教学方法亟须创新。创新教学方法能够激发学生的学习兴趣和创造力。汉语言文学专业可以通过引入多媒体教学、案例分析、项目研究等多样化教学手段，提高学生的批判性思维和创新能力。南京大学文学院实施的"文学经典与创意写作"课程，便是教学方法创新的典型案例。该课程采用项目驱动和翻转课堂的教学模式，要求学生在课前通过网络平台自学文学理论知识，课堂上则通过小组讨论、角色扮演等形式，深入探讨文学作品的内涵和创作技巧。南京大学文学院的教学改革报告显示，采用这种教学模式后，学生的课堂参与度提高了50%，学生的批综合能力得到显著提升。此外，该课程还鼓励学生将创意写作与数字媒体相结合，通过创作网络文学、微电影等形式，拓宽学生的创作视野，提升学生的实践能力。

（三）专业建设与发展案例分析

复旦大学中文系通过与国内外众多高等教育机构和研究组织的紧密合作，致力于专业建设的持续发展，成功培育众多具有广阔国际视野和创新思维的汉语言文学专业人才。该系不仅重视中华优秀传统文化的传承，也着力于现代科技的应用，开发包括"中国古代文学数字博物馆"在内的多种数字化教学资源，丰富学生的学习资源和实践平台。

在校企合作方面，复旦大学中文系同样走在前列，与多家知名企业建立紧密的合作关系。通过"中国古代文学数字博物馆"项目，该系利用数字化技术生动展示中国古代文学的深厚底蕴，为学生提供实践数字人文技术的宝贵机会。据复旦大学中文系的校企合作报告，参与该项目的学生在数字文献整理、文本挖掘等关键领域的能力得到显著提升，其就业率较未参与该项目的学生高出 25%。

此外，复旦大学中文系还与企业合作开发网络文学创作课程，使学生在参与网络文学创作的同时，不仅能够提升自身的写作技巧，还能够学习市场分析和用户研究等实用技能，增强学生的职业竞争力和市场适应性。这些举措充分体现复旦大学中文系在新文科建设背景下，对汉语言文学专业教育创新和人才培养的深刻理解和积极探索。

通过上述分析，我们可以看到，汉语言文学专业在新文科建设背景下的发展定位应当聚焦国际视野的拓宽、跨文化交流能力的培养、课程与教学方法的创新以及专业建设的持续推进。这些措施有助于汉语言文学专业适应时代发展的需求，培养出更多高素质的复合型人才。

四、课程设置与教学改革

（一）课程体系改革的策略

在新文科建设背景下，汉语言文学专业经历一场课程体系的革新。这场革新主要包括整合传统文学与现代技术，开阔学生的国际化视野，以期培养具有跨学科知识结构和全球竞争力的人才。高校可以借助文史哲大类培养平台，强化文史哲课程交叉融合，为学生打好基础。同时，学校鼓励学生在全校范围内跨学科、跨年级选修课程，达到学贯中西，具有全球视野；汇通古今，了解国家的历史、现在与未来；文理融合，在跨学科中成长。鼓励学生选修合适的研究生课程，实现"本硕博贯通"。

（二）文理交叉融合的实施

在新文科教育的推动下，汉语言文学专业正积极探索文理交叉融合的新路径，以打破传统学科界限，实现资源共享和知识互补。南京大学文学院在这方面取得一定成绩。该院通过开设"文学与认知科学"等交叉课程，将文学与心理学、认知科学等学科进行深度融合，不仅促进学生对知识的掌握，也培养他们从多学科视角分析问题的能力。这些课程采用案例教学和研究性学习的方法，激发学生的学习兴趣和探究精神。根据文学院的教学质量报告，学生对这些交叉课程的满意度较高，认为这些课程拓宽了他们的知识视野，深化了他们的研究能力。

（三）教学质量与学生实践能力的提升

教学质量和学生实践能力的提升是教学改革的主要目标之一。复旦大学中文系在这方面采取了一系列措施，以提高教学质量和学生的实践能力。通过采用"翻转课堂"和"项目式学习"等现代教学模式，中文系成功地提高学生的主动学习能力和批判性思维能力。学生通过线上自学和线下研讨相结合的方式，更加深入地理解和掌握课程内容。此外，中文系还与多家文化机构和企业建立紧密的校企合作关系，为学生提供丰富的实习和实践机会。这种合作不仅提升学生的实践技能，也为他们的职业发展打下坚实的基础。实践教学报告表明，参与校企合作项目的学生在毕业后的就业率显著高于未参与者，就业质量也得到提升。

汉语言文学专业的课程设置与教学改革应紧密结合新文科建设的要求，通过改革课程体系、实施文理交叉融合、提升教学质量和学生实践能力，培养能够适应新时代需求的高素质复合型人才。这些改革措施有助于学生在全球化和信息化背景下，具备更强的跨学科知识结构、国际视野和创新能力。

五、人才培养理念的转变

（一）从专业化教育向通识教育的转型

今天，汉语言文学专业从专业化教育向通识教育的转型趋势明显。在这一转型过程中，传统的专业壁垒被逐渐打破，学科间的界限变得模糊，而跨学科的综合素养和能力培养成为新的教育目标。这种转型不仅是对知识结构的重塑，更是对学生综合能力培养的全面升级。它要求学生不仅掌握扎实的专业知识，还要具备广阔的视野、批判性思维和创新能力，以适应未来社会的要求。

北京大学中文系作为这场教育转型的先行者，通过引入"文学与哲学"、"文学与心理学"等跨学科课程，为学生提供一个全新的学习平台。这些课程不仅拓宽学生的知识视野，还提升学生的综合素质。互动式教学方法的运用，鼓励学生从不同学科视角分析问题，有效拓宽学生看问题的角度。

（二）复合型人才的培养目标

随着社会的发展和市场的变化，用人单位对人才的需求也在发生着深刻的变化。新文科建设倡导培养具备多学科知识背景和实践技能的复合型人才，以适应未来社会的要求。复旦大学中文系在人才培养方面进行了创新实践，特别是在与文化产业的合作方面取得了显著成效。中文系与多家文化企业建立校企合作关系，为学生提供实践平台，增强了学生的实际操作能力和市场适应能力。通过参与校企合作项目，学生能够将理论知识应用于实际工作中，提升了自身的职业竞争力。中文系的实践教学报告显示，参与项目学生的就业率比未参与者高出30%，且就业质量也有显著提升。这些成果展示了校企合作在人才培养中的重要作用和潜力。

（三）人才培养模式的创新实践

当下，人才培养模式正经历全方位的革新。它不仅仅局限于知识的传授，更重视能力的培养和个性的发展。它强调以学生为中心，倡导自主学习、合作学习和探究学习，以培养学生的批判性思维、创新能力和终身学习能力。南京大学文学院正是在这一教育理念的指导下，实施"文化传承与创新人才培养计划"，旨在塑造具有深厚文化底蕴和创新精神的新时代人才。

南京大学文学院的"文化传承与创新人才培养计划"是一个全面而系统的教育项目。该计划以文化遗产保护项目和文学创作竞赛等实践活动为载体，让学生参与其中并感受文化的魅力，激发创新的灵感。通过这些活动，学生不仅能够学习到丰富的文化知识，还能够锻炼自己的实践能力和团队协作能力。文学院的教学质量报告显示，学生对此类课程的满意度高达95%，认为这些课程拓宽了他们的知识视野和研究深度。此外，文学院还注重培养学生的国际视野，通过与国际知名大学的交流合作项目，为学生提供参与国际学术研究的机会，增强学生的跨文化交流能力。

总之。在新文科建设背景下，汉语言文学专业的人才培养理念正在发生深刻的变化。从专业化教育向通识教育的转型、复合型人才的培养目标以及人才培养模式的创新实践，都是对传统教育模式的重要补充和完善。这些变化有助于学生更好地适应未来社会的需求，成为具有国际视野和创新精神的高素质人才。

六、产学合作模式的探索与评估

(一) 产学合作的重要性与必要性

在全球化和信息化的大潮中，产学合作模式作为高等教育改革的一个方面，具有一定的重要性。这种合作不仅促进学术界与产业界的深度交流与融合，而且为学生提供将理论知识应用于实际工作的场景，提升他们的职业技能和市场竞争力。此外，产学合作还推动高校科研成果向产业创新的转化，为区域经济发展注入新的活力。

(二) 校企合作与协同育人模式

校企合作是产学合作模式的主要实践形式，它通过建立校企之间的长期合作伙伴关系，共同参与到人才培养的过程中。协同育人模式进一步强化校企双方在人才培养中的共同责任。在这种模式下，高校与企业共同设计课程体系，开发教学内容，实施教学活动，力求教学内容与企业实际需求的紧密结合。比如，高校开设"企业课堂"，将企业实际案例引入课堂，有效提升学生的实践能力和创新思维。

(三) 产教融合"3+1"教学改革的实效评估

产教融合"3+1"教学改革是指在本科生 3 年在校学习的基础上，通过深化产教融合，校企协同，组织学生到企业进行为期 1 年的实习实践实战，实施"理论教学+实习实训+企业实战"的教学模式，在校外真实企业环境中开展实践课程教学、毕业实习、行业调研、毕业论文（设计）真题真做。

产教融合"3+1"教学改革是一种创新的教育模式，它将学生的专业学习与企业实践紧密结合，旨在实现更优的教育成效。在实施策略上，高校和企业需共同制订合作计划，明确合作目标和保障措施。这种模式要求高校调整课程安排，为学生提供灵活的学习时间，同时企业需提供实习岗位和实训机会，并指派经验丰富的导师进行指导。效果评估方面，通过问卷调查、访谈、案例分析等方法，多方面收集反馈信息，客观评价模式的实施效果。

(四) 产学合作中的挑战与对策

产学合作虽具有一定优势，但在实施过程中也面临诸多挑战。校企双方在合作中的利益协调是关键问题，双方的目标差异可能导致合作中的矛盾和冲突。为应对这些挑战，校企双方需建立基于互信的合作关系，明确合作目标，完善合作机制，建立健全有效的沟通协调机制。

（五）产学合作的未来发展趋势

随着新文科建设的深入推进，产学合作模式的未来发展将更加多样化、国际化、信息化。高校和企业应根据各自的优势和需求，积极参与国际交流与合作，引进国际先进的教育理念和产业技术，选择适合的合作模式和内容。未来的研究应进一步关注产学合作模式的发展趋势，实施效果和优化策略，以促进产学合作模式的持续创新和发展。

七、跨学科课程建设的深化与创新

（一）跨学科课程建设的必要性

在新文科教育的推动下，海南地方本科高校汉语言文学专业的课程改革必须超越传统文学研究的范畴，融入跨学科的视角。跨学科课程的建设不仅能够打破学科间的壁垒，而且通过整合语言学、历史学、哲学、认知学、神经学等不同领域的知识与方法，促进学生对文学作品的深层次理解。这种课程设计丰富学生的知识结构，培养他们综合运用多学科知识分析和解决问题的能力，为学生在全球化背景下的多元文化环境中提供更强的适应力和竞争力。

（二）地方本科高校的实践与探索

海南地方本科高校依托深厚的地域文化底蕴和学术资源，积极构建与汉语言文学专业特性相契合的跨学科课程体系。通过与地方政府、文化机构及企业的紧密合作，地方高校可开发一系列创新课程，这些课程不仅紧密结合地方文化特色，而且强化学生的文化传承意识和实践应用能力。

比如，海南地方高校可根据实际情况开设"海南地方文学与文化研究"课程，让学生探究本地区丰富的文学遗产和文化传统，同时培养他们对地方文化的传承和创新能力。此外，通过与文化企业和创意产业的合作，地方高校为学生提供参与文化项目策划、文学创作与数字出版等实践活动的机会，这些实践不仅帮助学生加深对专业知识的理解，也锻炼他们的创新能力和实际操作技能。

海南地方本科高校还可利用国家为海南省量身打造的国际教育创新岛等政策，通过组织学术讲座、研讨会和文化节等活动，为学生提供与国内外学者、作家和文化产业从业者交流的平台，拓宽学生的学术视野和文化认知。这些活动不仅丰富校园文化生活，也激发学生对汉语言文学专业的学习热情。

（三）跨学科课程内容与人才培养模式的创新

海南地方本科高校需要不断更新课程内容，引入数字人文、文学与认知科学等新兴领域，以适应社会对人才的多元化需求。在人才培养模式上，高校应当注重培养学生的批判性思维、创新能力和跨文化交流能力，这些能力对于学生未来在全球化背景下的职业生涯至关重要。同时，海南地方本科高校应探索多样化的人才培养模式，如项目驱动学习、翻转课堂、国际交流等，以激发学生的学习兴趣，提高他们的主动学习能力和终身学习能力。

八、总结与建议

（一）研究总结

本文探讨新文科建设背景下汉语言文学专业产学合作模式的创新与实践。文章剖析新文科建设的背景与意义，阐述全球化和信息化对高等教育带来的机遇与挑战。接着，从汉语言文学专业的发展定位、课程设置与教学改革、人才培养理念的转变等方面进行分析，凸显产学合作在培养具有国际视野和创新能力的复合型人才中的核心作用。通过对产学合作模式、教育技术应用、社会服务与文化传承、跨学科课程建设等方面的探讨，本文展望新文科建设背景下汉语言文学专业产学合作模式的发展前景。

（二）未来研究方向的建议

在新文科建设背景下，汉语言文学专业产学合作模式的研究前景广阔。未来的研究应聚焦以下几个方向。

产学合作模式的深化研究。未来的研究需深入分析不同类型企业和高校合作的具体模式，探讨这些模式在不同地区的适应性和有效性，以推动产学合作模式的持续优化和发展。

跨学科课程的深入探讨。作为新文科教育的重要组成部分，跨学科课程的设置和教学效果对人才培养至关重要。未来的研究应更加关注跨学科课程对学生能力培养的影响，探索如何进一步优化课程结构和教学方法。

教育技术与教学方法的创新。随着教育技术的飞速发展，未来的研究应关注如何将人工智能、大数据等新技术更好地融入教学过程，提高教学效果，尤其是在汉语言文学专业教学中的应用。

国际化人才培养模式的探索。在全球化背景下，培养具有国际视野的人才成为教育改革的重要课题之一。未来的研究应探索国际化人才培养的有效途径，以及如何通过教育国际化提升汉语言文学专业的全球影响力。

九、结论

新文科建设背景下的汉语言文学专业产学合作模式研究，不仅为海南地方本科高校高等教育改革提供理论支持和实践探索，也为汉语言文学专业发展和人才培养模式的改革提供参考。在实践中，高校应进一步认识到产学合作在促进教育创新、提高教育质量、培养高素质人才方面的重要性。未来的研究应继续深化对产学合作模式的探索，不断推进教育改革，为培养适应新时代需求的汉语言文学复合型人才贡献力量。

参考文献

[1] 李伟昉. 汉语言文学研究 [J]. 河南大学学报，2010，3（1）：1-10.

[2] 王宁. 国际比较文学的新格局与中国的贡献 [C] //新文科视野下中国语言文学学科建设高峰论坛. 上海：华东师范大学，2021.

[3] 陈大康. "新文科"建设的"道"与"技" [C] //新文科视野下中国语言文学学科建设高峰论坛. 上海：华东师范大学，2021.

[4] 吴俊. 学科目录设置与"新文科"的发展 [C] //新文科视野下中国语言文学学科建设高峰论坛. 上海：华东师范大学，2021.

[5] 张华. 顾之川，肖家芸. 争鸣"教学品质"三人谈 [J]. 语文学习，2010（6）：9-13.

[6] 杜晓勤. 北京大学"新文科"建设的努力和经验 [C] //新文科视野下中国语言文学学科建设高峰论坛. 上海：华东师范大学，2021.

[7] 刘延吉.基于产学合作、赛教融合的软件工程专业应用型人才培养模式构建研究 [J].电脑知识与技术,2022,18 (23):129-130,135.

[8] 王倩.产教融合背景下汉语言文学专业学生职业生涯规划的调查——以青岛恒星科技学院为例 [J].文教资料,2020 (29):134-135,50.

[9] 彭湘琳.汉语言专业推进产学教育合作新模式研究 [J].产业科技创新,2019 (19):125-126.

[10] 王向荣.产教融合下师范生培养策略研究 ——以汉语言文学专业为例 [J].绥化学院学报,2024,44 (8):111-113.

[11] 莫函蓓.基于产教融合的汉语言文学专业应用型人才培养路径探究 [J].广西广播电视大学学报,2023,34 (2):78-81.

基于新文科理念的中国
现当代文学课程改革探究

人文与传播学院助教　曾加

新文科建设的核心要义是立足新时代，回应新需求，促进文科教育的融合化、时代化、中国化和国际化，引领人文社科新发展，服务人的现代化新目标。这对文学教育的思政引领、跨学科融合、需求导向等方面提出新的要求。目前，中国现当代文学课程作为文学教育的重要组成部分，一定程度上呈现出教学思维、教学内容和教学方法上的局限与问题。因此，结合新文科建设的时代需求，相关单位和个人应从教学目标、教学方法、教学内容和教学评价四个维度进行课程改革，以期达到新文科建设的要求。

一、新文科视野下文学教育的"变"与"不变"

中国特色社会主义进入新时代，我国高校传统的文科教育正面临着前所未有的发展机遇。2018 年 8 月，在全国教育大会召开之前，中央提出高等教育要努力发展新工科、新医科、新农科、新文科，"新文科"这一概念正式提出，旨在主动应对新技术革命和产业变革，建设教育强国，引领新时代文科教育改革新方向。2019 年，教育部、中央政法委、科技部等 13 个部门联合启动"六卓越一拔尖"计划 2.0，学界对于"新文科"建设的讨论如火如荼地展开。于是，高校的文学教育必将在"变"与"不变"中实现革新与发展。

（一）价值观念之变——思政引领

新文科概念的提出，不仅激发文学教育方法的革新和人才培养模式的转变，也在价值观念层面引发深刻的改变。"通过知识融合、价值重塑、话语中国化和确立新使命，让价值与科学在新的结合方式中生成新价值，为课程思政的价值引领和价值塑造拓展了场域和深度。"① 文学教育的价值观念之变，尤其体现在思政教育的深度融合与实践应用上。

思政教育是新文科建设背景下文学教育的重要组成部分。它关注的不仅是学生知识层面的积累，更重要的是对学生世界观、人生观、价值观的塑造与引导。于是，思政教育被赋予新的内容和使命，即通过文学教育的平台，培养学生的文化自信、批判性思维以及社会主义核心价值观的践行能力。

新文科倡导的跨学科融合为思政教育与文学教育的结合提供新的契机。文学作为人类情感与思想的载体，其内在蕴含的价值观念与思政教育的目标不谋而合。通过文学作品的深入研读，学生不仅能够领略文学艺术的魅力，而且能够在教师的引导下，理解和吸收作品中传递的正面价值观念。

在新文科建设的实践中，思政教育的融入并非简单的说教，而是一种润物细无声的引导。这要求教师在文学教学中，巧妙地结合作品的时代背景、作者的创作意图以及作品所反映的社会现实，引导学生进行深入思考。例如，在讲授巴金的"激流三部曲"时，教师可以引导学生探讨作品反映的封建社会的矛盾与冲突，引发学生对传统与现代、封建与民主等价值观念的思考。因此，思政教育的融入，对于学生的全面发展具有不可替代的作用。它不仅能够提升学生的人文素养，还能够培养学生的批判性思维、独立思考能力和社会责任感。在新文科建设背景下，这种教育模式有助于学生形成健全的人格，培育出具有创新精神和社会责任感的新时代人才。

新文科背景下的文学教育的价值观念之变，是对传统文学教育的一次深刻反思与创新。它要求我们重新审视文学教育的目的与意义，探索文学与思政教育的有机结合，培养出符合时代需求的复合型、应用型人才。这一变革，不仅是教育内容与方法的革新，更是对教育价值与使命的重新定义。

---

① 杨国栋，马晓雪.新文科视域下课程思政与知识传授融合的基本逻辑与实现路径 [J].高校教育管理，2022（5）：96-105.

（二）研究方法之变——跨学科间的交叉与融合

"在新型科技的推动下实现专业重组和学科交叉，是新文科的突出特征。"① 这一特征，意味着传统的文学研究方法必须进行更新和优化。新文科是将现代信息技术融入哲学、文学、语言等传统文科的课程中，开展文理交叉，为学生提供综合性的跨学科学习，达到知识扩展和创新思维的培养。其中，非常重要的一个方面就是跨学科的交叉与融合，这不仅拓宽文学研究的领域，也为文学教育注入新的活力。

在传统的文学教育中，对于文学作品的研究方法主要集中在主题、人物、叙事技巧、文学史意义等方面。跨学科研究方法的引入，文学与历史、哲学、艺术、社会学等学科达成深层次的融合与互动。通过跨学科的研究视角，文学教育能够更全面地探讨文学作品背后的社会文化现象，更深入地理解文学作品的内在价值和意义。

此外，新文科倡导的跨学科研究方法还强调技术与人文的结合。随着数字技术的发展，数字人文学等新兴领域为文学研究提供新的工具和平台。通过数字化手段，研究者可以更加便捷地获取和分析大量文献资料，运用数据挖掘和文本分析等技术揭示文学作品的新维度。这种技术与人文的结合，不仅提高文学研究的效率和精度，也为文学教育开阔新的视野。

因此，新文科视野下文学教育的研究方法之变，是一次深刻的学术革新。它通过跨学科的交叉与融合，不仅拓宽文学研究的视野，也为文学教育的发展提供新的可能性。这种变革要求学生不仅掌握扎实的文学专业知识，还需具备跨学科的知识结构和思维方式，以适应快速变化的社会需求，培养出具有创新精神和实践能力的新时代人才。

（三）需求导向之变——培养复合型、应用型人才

在新文科建设背景下，文学教育正经历着需求导向的变革，变革的目的在于培养能够适应快速变化社会的复合型、应用型人才。随着经济全球化、

---

① 中华人民共和国教育部高等教育司. 中国高等教育的质量革命启动实施"六卓越一拔尖"计划 2. 0 有关情况［EB/OL］. 2019-04-29/2024-07-01. http：//www. moe. gov. cn/fbh/live/2019/50601/sfcl/201904/t20190429_ 379943. html.

产业数字化的不断发展，社会对人才的需求呈现出结构多样化、素质综合化的特点，传统的单一学科背景的人才已难以满足社会发展的需求。因此，新文科建设强调满足社会需求，通过跨学科的培养模式，塑造具备多学科知识、多种技能和创新能力的复合型人才。

传统的文学教育往往偏重文学理论知识的讲授与学习，忽视将这些知识应用到实践中的能力培养。在新文科的教育理念中，文学不仅是纯粹的艺术形式，更是社会实践的组成部分。因此，文学教育应当注重培养学生的应用能力，这有助于他们在不同的领域运用所学的文学知识和技能，包括培养学生的文学创作能力、文学批评能力、文化传播能力等，使他们能够在文化产业、教育、媒体、公共管理等领域发挥专业作用。

因此，新文科视野下文学教育的需求导向之变，旨在通过跨学科教育、实践与理论结合、提升创新能力，培养出适应社会发展需求的复合型、应用型人才。这种变革不仅能够提升学生的综合素质和能力，也有助于推动文学教育的创新和发展，为新时代培养出更多优秀的人才。

（四）思想深度之不变——文学经典的精神力量

新文科的"新"一直是学界讨论的焦点，在关于"新"的阐述上，一个误区在于只关注"新"之变而忽视了"新"之"不变"，将新文科解释为运用人工智能、大数据等新技术与传统文科的结合，这是一种窄化新文科的解读，仅是一种形式上的"新"。新文科建设的深刻内涵在于其精神力量，人文科学就是研究人的观念、精神、情感和价值，这些都是传统文科与新文科共通的母题，也是新文科"变"中的"不变"。

因此，在新文科的浪潮中，尽管文学教育的面貌和方法发生了诸多变革，但文学经典的精神力量和思想深度始终是文学教育中不可或缺的要素。文学经典作为人类文化宝库中的瑰宝，承载着跨越时代的价值观念和思想深度，它们是人类智慧的结晶，是思想和情感的永恒表达。

文学经典所蕴含的精神力量，是作品中所体现的对真善美的追求、对人性的深刻洞察、对社会现实的批判和反思，以及对未来世界的展望。这些精神力量能够激发读者的思考，引导他们形成正确的人生观和价值观。在新文科背景下，文学教育应当重视培养学生的批判性思维和独立思考能力，使他们能够从文学作品中汲取精神养分，形成自己的思想和见解。

在新文科视野下，文学教育之变是时代的要求，而文学经典的精神力量和思想深度则是文学教育的关键。无论教育模式如何变革，文学经典的价值和意义都不会改变。文学教育应当坚持传承与创新相结合，不断探索新的方法和途径，培养学生的文学素养和人文精神，使他们能够在快速变化的世界中，保持思想的深度，坚持精神的力量。

二、中国现当代文学课程的现状与问题

中国现当代文学作为连接过去与未来的桥梁，不仅承载着丰富的历史文化信息，也映照着社会发展的脉络。然而，现行的教学思维、教学内容和教学方法在一定程度上未能充分适应新时代的要求，存在着诸多亟待解决的问题。这些问题不仅影响文学教育的质量，也制约学生综合素质的培养。

（一）中学教学思维的视野局限

中国现当代文学课程作为汉语言文学专业的核心课程，承载着传承文化、培养审美、塑造思维的任务。在实际教学过程中，受到中学教学思维影响，这一课程领域面临着一系列挑战和问题，其中最为突出的便是视野的局限性。

首先，中学教学思维往往强调标准化和应试化，"唯课件论思维在中文学科课堂中已经屡见不鲜。课件浓缩了大量知识点且易于应付考试，这使得作品原著的阅读变得无关紧要。这种倾向在高校文学课程中仍然存在，限制了学生思维的广度和深度。"① 在中学教育体系中，学生习惯以应试为导向的学习模式，这种模式强调对知识点的记忆和重复，而非对知识的深入理解和批判性思考。当学生进入大学，面对现当代文学课程时，这种固化的思维模式往往难以适应高等教育对创新思维和独立思考的要求。

其次，中学教学思维的另一个局限是过分强调文学知识的线性传授，忽视文学的多维性和复杂性。中国现当代文学讲述中国文学的现代化过程，而这个过程并不是一个根据既定时间、不断前进和发展的整体过程，而是将其

---

① 沈杏培，吕珺. 走出中学思维：新文科视域下中国现当代文学课程建设新论［J］. 语文教学通讯·D刊（学术刊），2024（1）：9-12.

作为一个具有多个突破点和切入点的坐标图。正因为此，诸如张爱玲、钱钟书、沈从文等不符合其所处时代"主流意识"的作家才能在 20 世纪 80 年代后重新被文学史所接纳。或者说，整个中国文学史就是一个动态的、非线性的、众声喧哗的历史。在中学阶段，文学教育往往以时间线为轴，强调文学作品的历史地位和作者生平，对作品本身的深度解读和文化价值探讨不足。这种教学方式导致学生对文学的认识停留在表面，缺乏对文学作品多方位、深层次意义的挖掘和理解。

最后，中学教学思维的局限还体现在对学生个性化和批判性思维培养的忽视。在中学教育中，学生往往被鼓励遵循统一的标准和答案，这在一定程度上抑制了学生独立思考和表达个性化见解的能力。在大学现当代文学课程中，这种能力恰恰是至关重要的。整个中国现代文学史的评价标准并不是一成不变的，之前文学史中的"标准答案"在今天可能会变为"错误答案"，如前文说张爱玲等作家都曾在几十年的时间里被文学史拒之门外。因此，学生能够从不同角度审视文学作品，提出自己的见解和解读，这是文学教育的主要目标之一。

（二）教学内容与教材的单一

在中国现当代文学的教学过程中，一个显著的问题是教学内容与教材的单一性。这种单一性不仅限制学生对文学多样性的了解，也影响他们批判性思维和创新能力的培养。

教学内容的单一性主要表现在对文学作品的选择上。在许多高校的课程设置中，现当代文学作品的选择往往集中在一些被广泛认可的经典作家的经典作品上，如鲁迅、郭沫若、茅盾、巴金、老舍、曹禺的经典作品，忽视其他同样具有重要价值和意义的文本。同样在文学体裁的选择上，重点偏向于小说和诗歌，对于散文的介绍篇幅明显过少，且大多是一些概述性质的内容。散文在古代曾一度是文坛的正宗，是中国文学的文体之母。"一个时期以来，人们之所以对大学的中国语言文学学科培养的中文人才的综合素质和能力评价不高，其中一个很重要的原因就是在中国现当代文学史课程的教学中轻视或者砍去了散文这一文体。"① 这种选择上的偏颇,使得学生对现当代文学的认识停留在一个非常有限的范围内,缺乏对文学多样性的全面了解。

与教学内容的单一性相伴随的是教材的单一性。在一些高校中,使用的教材往往是几十年一贯制,缺乏更新和丰富。这些教材在内容上往往偏重于对文学作品的静态分析,忽视文学作品与社会、历史、文化等跨学科动态因素的互动关系。此外,教材的单一性也表现在对理论的介绍上,往往只介绍几种主流的文学理论,忽视其他具有启发性的理论视角。

教学内容与教材的单一性对学生的影响是多方面的。首先,它限制学生的文学视野,使他们无法全面地了解和接触到现当代文学的丰富性和复杂性。其次,这种单一性也影响学生的批判性思维能力的培养,因为他们很少有机会接触到不同的观点和理论,难以形成自己独立的见解。最后,教材的单一性在一定程度上阻碍教师的教学创新,因为缺乏新的教学资源和启发,教师很难在教学方法和内容上进行创新和突破。

(三)灌输式教学方法的弊端

在中国现当代文学的教学实践中,传统的灌输式教学方法仍然占据主导地位。这种方法以教师为中心,强调知识的单向传递,忽视学生的主动参与和批判性思维的培养,从而引发一系列问题。

灌输式教学方法的一个主要弊端是忽视学生的主体性。在这种教学模式下,学生常常被视为知识的被动接受者,而非知识的探索者和创造者。这种做法限制学生表达自己观点和想法的机会,导致他们在学习过程中缺乏主动性和创造性。

在灌输式教学中,课堂互动和实践活动往往较少,学生缺乏将理论知识应用于实际的机会。这种缺乏实践的教学方法不利于学生深入理解文学知识,也不利于他们将所学知识与现实社会联系起来。

同时,由于灌输式教学方法侧重于教师的讲授,很少考虑学生的兴趣和需求,导致教学内容与学生实际兴趣脱节。这种脱节减少学生的学习动力,影响教学效果。

---

① 唐小祥. 新文科视域下"中国现当代文学史"课程的教学改革与创新 [J]. 内蒙古电大学刊, 2024(1):66-70.

在新文科视野下，将学生置于教学的中心，可以为学生创造一个更加开放、互动和实践性强的教学环境，从而提高教学质量，有助于培养复合型和应用型的人才。

三、新文科视域下中国现当代文学课程改革的策略与路径

新文科视域下的中国现当代文学课程改革，旨在满足社会需求，培养具有复合型、应用型人才。针对中国现当代课程的现状与问题，在新文科建设的视野下提出改革的策略和路径，满足中国现当代课程在新文科建设下的要求，构建一个更加开放、灵活且富有成效的文学教育体系。

（一）课程目标的励志维新

"新文科建设必须与时代脉搏同频共振，才能在融入时代潮流中获得持续发展的动力，进而引领时代进步。"① 基于此，中国现当代文学的课程目标应当进一步优化，培养具有创新精神和社会责任感的新时代人才。

课程目标的改革需要强化价值引领。在全球化和信息化的今天，学生面临着复杂的社会现象和多元的价值观念。因此，课程目标需要明确思政教育的价值导向，帮助学生建立正确的世界观、人生观和价值观。通过文学作品的深入研读，学生能够理解不同文化背景下的价值观，形成自己的价值判断。

以往中国现当代文学的课程目标主要是提高学生文学作品的审美鉴赏能力以及对于文学史的史学思维能力。按照新文科建设要求，中国现当代文学课程的教学实践要摆脱中学式的教学思维方式，从单一的知识能力目标转变为全面育人。这意味着课程不仅要传授文学知识，还要培养学生的人文素养、审美情趣和批判性思维。全面育人目标确立后，教师可以帮助学生在学习中获得更丰富的精神滋养，形成更为健全的人格。

在新文科视域下，中国现当代文学课程目标还需要融入创新教育的理念并结合时代的需求。今天，社会对人才的需求不断变化，这意味着课程不仅要传授现有的知识，还要结合现代技术激发学生的创新思维，培养他们的创

新能力。因此课程目标需要紧跟时代步伐，适应社会需求，为学生提供与时代发展相适应的知识和技能。

（二） 教学方法的融通致新

在新文科的教育理念下，融通致新，意味着要打破传统教学的局限，实现教学方法的多元化与综合性，以适应新时代人才培养的要求。

一方面，新文科倡导的是一种跨界融合的教学模式，中国现当代文学课程应当与历史、哲学、艺术、社会学等学科相互渗透，形成跨学科的教学体系。通过跨学科的课程设计，学生不仅能从不同角度解读中国现当代文学作品，深化对作品的理解，还能拓宽跨学科的知识视野，使知识运用不再局限于对文学作品的分析上，而是顺应新时代发展的要求，面对高度复杂的社会问题形成全面的、多方位的观点。

另一方面，数字化时代的到来对于文科传统教学方法造成冲击，在教学方法中融入新技术是新文科建设的必要条件。中国现当代文学专业的教学方法也应当与时俱进，充分利用网络平台、虚拟现实（VR）、增强现实（AR）等技术手段，为学生创造更加生动、直观的学习体验。

此外，教师应积极推动人文学科与自然学科的交叉对话，帮助学生在学科对话中启迪智慧、激发力量、砥砺品格。其实，这种对话不仅仅是学科间的对话，也可以在师生之间、学生之间的定期开展。在现当代文学课程教学中，研讨会、角色扮演等多种形式可以帮助学生深入思考，提高学生的参与度和学习兴趣。这种互动式教学有助于培养学生的批判性思维和创新能力。

（三） 教学内容的温故知新

"五四"新文学以鲜明的启蒙精神和批判意识重塑中国文学的现代精神。在中华民族的历史长河中，流淌着生生不息的中华优秀传统文化，这些都是中华民族的内在精神力量。前文中可以看出，中国现当代文学课程呈现出重小说、诗歌轻散文的问题，因此，课程改革需要温故而知新。

在具体的教学内容改革中，中国现当代文学课程除了重视经典小说、诗歌的教学外，还需要对现当代文学中的散文进行深入解读。通过将散文放置在当下的社会文化语境中，学生能够更深刻地理解散文这一中国文学的文体之母的现实意义和历史价值。

在全球化的今天，文学教学不应局限于本土文化，而应引入多元文化视角。通过比较不同文化背景下的文学作品，学生可以拓宽视野，理解不同文化中的文学表达和思想内涵，促进跨文化交流与理解。

(四) 教学评价的优评促新

在新文科的教育理念下，对教学评价体系进行改革是实现教学目标和提升教学质量的关键。文科相比于理科，往往难以将成果量化，因此对于教学评价的改革尤为重要。

传统的中国现当代文学课程评价体系和教学评价体系呈现出重结果轻过程的表现，期末笔试成绩占评价体系的比重过重，导致教师与学生都局限在中学教学思维中，以灌输式讲授和应试教育为主。因此，对于教学评价的改革首先需要建立一个多元化的评价体系。这种体系不仅包括传统的笔试，还应涵盖学生的课堂表现、参与度、团队合作能力、创新思维和实践能力等多个维度。通过这种多元化的评价方式，可以更全面地考查学生的学习成果，促进学生综合素质的提升。

而过程性评价是优评促教的重要组成部分。通过对学生学习过程中的各个环节进行评价，如课堂讨论、小组作业、项目研究等，教师可以及时了解学生的学习进展和存在的问题，从而给予更具针对性的指导和帮助。过程性评价有助于培养学生的自主学习能力和解决问题的能力。

此外，高校还需引入同伴评价和自我评价，这是激发学生主动参与学习的有效手段。在教学评价中引入这两种评价方式，可以让学生在评价他人和自我反思的过程中，提高自己的批判性思维和自我认知能力。同时，这也有助于建立一个更加开放和互动的学习环境。

最后，新一代信息技术的发展为教学评价提供了新的手段和工具。教学评价应注重线上与线下的结合，通过在线测试、电子作业提交、学习管理系统等技术手段，教师可以更加便捷地进行教学评价，也为学生提供更加灵活和个性化的学习体验。

四、结论

随着新文科理念的深入人心，中国现当代文学课程改革已成为文学教育改革的重要组成部分。本文在审视现当代文学课程的现状与问题的基础上，从新文科建设的四个维度提出一系列切实可行的改革策略与路径，旨在推动课程改革符合时代要求，更好地服务于人才培养和学科发展。在课程目标上，新文科理念下的中国现当代文学课程在继承传统文化的同时，注重培养学生的创新精神和社会责任感；在教学方法上，通过跨学科融合、技术与教学的结合，为学生提供更为丰富和互动的学习体验以及跨学科视野；在教学内容上，不仅要求对经典作品进行现代解读，也强调了多元文化视角的引入和时代热点的结合；在教学评价上，通过建立多元化评价体系、强化过程性评价、引入同伴与自我评价等手段，促进评价方式的全面革新。通过这些改革策略的实施，以期能够培养出具有国际视野、创新能力和社会责任感的新时代文学人才。这些人才将能够深刻理解文学的内涵，敏锐洞察社会的变化，并以创造性的思维和实践能力，为中华文化的发展和社会进步作出贡献。

参考文献

［1］中华人民共和国教育部高等教育司. 中国高等教育的质量革命启动实施"六卓越一拔尖"计划2.0有关情况［EB/OL］. 2019-04-29/2024-07-01. http：//www. moe. gov. cn/fbh/live/2019/50601/sfcl/201904/t20190429_ 379943. html.

［2］杨国栋，马晓雪. 新文科视域下课程思政与知识传授融合的基本逻辑与实现路径［J］. 高校教育管理，2022（5）：96-105.

［3］沈杏培，吕珺. 走出中学思维：新文科视域下中国现当代文学课程建设新论［J］. 语文教学通讯，2024（1）：9-12.

［4］唐小祥. 新文科视域下"中国现当代文学史"课程的教学改革与创新［J］. 内蒙古电大学刊，2024（1）：66-70.

［5］龚旗煌. 新文科建设的四个"新"维度［J］. 中国高等教育，2021（1）：15-17.

数字时代新文科建设背景下
文学理论课的创新探索 *

人文与传播学院助教　王椿升

今天，数字化已经深入影响到社会的各个层面，教育领域也不例外。"电子技术、微电子技术和数字技术的迅猛发展"不仅重塑了社会面貌，也深刻影响了文化形态。在这样的背景下，文学理论课程面临着前所未有的机遇与挑战。

"新文科"概念的提出，正是为了应对这一时代变革。它倡导学科交叉与融合，强调知识的创新与实践应用，为我们重新审视和构建文学理论教学提供新的视角。

文学理论课作为语言文学学科的重要组成部分，长期以来以其理论性强、内容深奥、教学方式相对单一等特点为人所知。传统教学模式在当今快速变化的教育环境中暴露出一些问题，如学生学习兴趣和参与度不高、教学资源更新滞后等，这些问题呼唤着教学方法的改革与创新。

随着信息技术的快速发展和数字化工具的广泛应用，教育者有机会利用现代科技手段改进教学内容和教学方式，提升教学效果和学生的学习体验。数字时代带来的不仅仅是技术的变革，更是思维方式和学习模式的深刻转变。学生成长于信息爆炸的环境中，他们习惯于通过多媒体获取信息，善于利用各种数字工具进行学习和交流。于是，传统的以教师为中心、单向传授知识的教学模式已经无法完全满足学生的需求。

如何利用数字工具和资源激发学生的学习兴趣，增强教学互动，成为文

* 本文系三亚学院中青年教师专项培养项目（教学类）"文学概论课互动式教学的探索创新"（项目编号：SYJPZQ2024050）阶段性成果。

学理论课程改革的关键课题。本文将围绕教学内容的更新、教学方法的革新以及评估体系的改革，寻找提升教学效果和学生学习体验的有效创新路径，为未来的教育改革提供理论和实践探索。

一、文学理论课的传统教学模式及其困境

文学理论课程，作为语言文学学科的基石，长久以来以其深邃的理论探讨和严谨的学术态度，培养了一代又一代的文学研究者。然而，在数字化的浪潮中，这些传统的教学模式逐渐显露出其局限性。

（一）教学方法单一

传统的文学理论课通常以教师讲授为主、学生听讲为辅，课堂教学内容主要包括文学史、文学流派、文学理论等知识的传授。教师通过讲授和解读经典文本，引导学生理解文学作品的内涵和价值。课堂上，教师主要依靠黑板、粉笔以及讲义进行教学，学生则通过听讲、笔记和课后复习来掌握知识。

这种教学方法具有系统性和条理性，能够较全面地传授文学理论知识。然而，它也存在一些明显的不足之处：教学方法较为单一，师生之间的互动较少，学生的主动学习能力和批判性思维能力难以得到充分培养；传统教学模式强调记忆和理解，忽视学生文学鉴赏和创作中的实践能力。

（二）教材更新速度慢与教学资源有限

传统文学理论课程主要依赖纸质教材和文献资料，这些教材大多以经典文学理论和文学史为主要内容，涵盖各个时期和流派的重要文学作品和理论知识。教材编写通常以学术性和系统性为原则，注重知识的严谨性和完整性。

然而，传统教材也面临着一些问题：教材更新速度较慢，难以及时反映文学研究的新成果和新观点；教材内容相对固定，缺乏多样性和灵活性，难以满足不同学生的学习需求；教材在呈现形式上较为单一，缺乏多媒体元素，难以充分调动学生的学习兴趣。

（三）学生学习兴趣和参与度降低

在数字时代，学生的学习方式和习惯发生显著变化。他们更习惯通过互联网获取信息，利用多媒体工具进行学习和交流。而传统的文学理论课教学模式较为单一，主要依靠教师的口头讲授和学生的被动听讲，缺乏互动性和趣味性，难以激发学生的学习兴趣。

此外，传统教学模式过于注重知识的灌输，忽视学生在学习过程中的主动性和创造性。许多学生在这种教学模式下感到学习乏味，参与度不高，学习效果不理想。这不仅影响学生对文学理论课程的兴趣，也限制他们批判性思维和自主学习能力的培养。

（四）教学效果评估存在明显的局限性

传统文学理论课的教学效果评估主要依靠期末考试和论文等形式。这些评估方法主要考查学生对知识的记忆和理解能力，较少关注学生文学鉴赏和创作中的应用能力。这样的评估方式存在明显的局限性：传统的考试和论文评估方式无法全面反映学生的综合素质和实际能力，学生在文学作品分析中的创新思维、批判思维和表达能力，难以通过一次考试或一篇论文得以全面展现；传统评估方式过于注重结果，忽视学习过程中学生的进步和努力，容易导致学生为应付考试而忽视真正的学习和理解。

传统的文学理论课教学模式虽然在知识传授上具有一定的优势，但在激发学生兴趣、提高参与度和全面评估学生能力方面存在明显的不足。随着数字时代的到来，如何通过教学改革和创新，克服传统模式的挑战，提高文学理论课的教学效果，成为亟待解决的重要课题。

二、数字时代与新文科：更新与跨界

当下，我们处在一个由数字技术引领的时代，一个由知识与创新交织的时代。在这里，数字化不仅是一种技术革命，更是一种文化和教育的转型。它以前所未有的速度和规模，重塑着我们的社会结构，改变着我们的生活方式，也在重新定义着文科教育的未来。

（一）数字时代的风云变幻

数字时代，即我们当下所处的信息时代，以信息技术的迅猛发展和广泛应用为标志。科技发展过程中的历史积累迎来指数级的集中爆发，使得社会层面的生产方式在发生着急遽的变化，也使得个体层面的生活方式与传统加速告别。以互联网、移动通讯、人工智能、大数据等技术为动力，深刻的社会变革和文化转型正在发生。在变化的谜团中，机遇与挑战并重，"快"与"简"难舍难分，"多"与"杂"互成矛盾。

数字化环境极大地扩展文学作品的传播渠道和受众范围。微信公众号、微博、小红书等新媒体平台，为文学作品的即时分享和广泛传播提供了便利，也为文学理论的教学提供丰富的案例和研究对象。在线教育平台（如慕课、智慧树等）为学生提供大量文学课程资源，为教学内容的呈现和学生的学习方式提供较多选择。然而，文学作品在快速传播的同时也带来文学作品质量参差不齐的问题，对文学理论教学提出新的挑战。教师需要在教学中引导学生进行有效的信息筛选和知识整合，以应对信息泛滥和知识碎片化的风险。

数字技术的发展改变学生的学习习惯和认知方式。在多媒体和互联网的环境下成长起来的学生，更习惯于图像、声音等直观的信息传递方式，这对传统的以文字为中心的文学理论教学模式提出改革的要求。教师需要探索如何将文学理论的抽象概念和复杂思想，通过数字化手段转化为学生易于理解和接受的形式，如通过多媒体工具展示文学作品的背景、作者生平和文学流派的发展等，使教学更具吸引力和直观性。

数字时代的交互性和网络化特征，为文学理论教学提供新的互动平台和交流方式。通过在线讨论、虚拟课堂、社交平台等方式，教师和学生可以进行更加灵活和深入的交流，促进教学互动和知识共享。数字工具的应用不仅提高教学的互动性和灵活性，还助于个性化学习和精准教学。例如，人工智能和大数据技术可以分析学生的学习行为和效果，为每个学生量身定制个性化的学习方案，提高学习效率和质量。

实际上，数字时代带来的影响或问题远不止如此，它对于教师素养提出相当高的要求：教师一方面要时刻保持高效、及时且清醒的学习状态，以适应技术变革和知识大众化浪潮；另一方面要未雨绸缪，有效应对知识的网络化普及以及人工智能的发展给自身带来的职业风险与挑战。

（二） 新文科建设的拨云见日

在数字化浪潮的推动下，新文科建设应运而生。这不仅是对全球化新科技革命和新经济发展的积极回应，也是新形势下对传统学科建设和人才培养模式的反思。教育部新文科建设工作会议 2020 年发布的《新文科建设宣言》指出："推动融合发展是新文科建设的必然选择。"新文科的核心理念在于突破学科边界，促进学科间的交叉融合，以培养具有全球视野、创新能力和实践技能的复合型人才。

传统文科教育主要关注文学、历史、哲学等人文学科的知识传授和理论学习，而新文科则强调知识的应用和实践，倡导跨学科的融合，特别是人文与科技的结合。新文科的教育目标是培养具备跨学科知识、数字技能和创新能力的人才，使其能够在复杂多变的社会环境中，运用文学理论解决实际问题。

国内外一些高校已经在文学理论课程中引入新文科理念，取得了积极的效果。例如，北京大学的数字人文理论与方法课程，通过跨学科的教学方式，让学生理解文学与科技的互动关系，培养其跨学科的思维能力；斯坦福大学的数字人文课程，将计算机技术与文学研究相结合，学生可以利用数据分析工具研究文学作品的主题、风格和影响力。

更重要的是，新文科文学理论课程作为人文学科的重要组成部分，承载着传递文化价值、培养审美情感和提升批判性思维的使命。在新文科建设的背景下，文学理论课程的价值得到新的诠释。它不再局限于对经典文本的解读和文学史的梳理，而是更加注重文学与现实生活的联系，强调文学在当代社会中的实践意义和文化批判功能。

通过这样的课程改革，我们作为教育者期望学生能够在学习文学理论的同时，培养出对现实社会问题的敏感度和批判精神，以及将理论知识应用于实践的能力。这不仅有助于学生形成独立思考的习惯，也能够使他们在未来的社会生活中发挥更大的作用。

跨学科、破传统、强人才，归根到底，新文科建设是一场教育回归运动，回归到实现人的全面发展的教育原点上来。人文学科有其丰富的历史积淀，但也容易成为积重难返的历史包袱，使得知识"神圣化""内卷化"，偏离以人为本的初衷。因此，新文科建设的提出与推进，与人文社会科学面临的形势变化密切相关，其发展呈现出的"对策化、跨界化、技术化、国际化"的趋势，正是能够为避免陷入泥淖的人文教育注入新的活力。

三、文学理论课程创新的实践路径

面对学生多样化的学习需求和全球化的知识背景，传统的教学模式已经难以满足当前教育的发展趋势。因此，探索文学理论课程的创新实践路径，不仅是对教育模式的一次革新，更是对未来人才培养的重要投资。

（一）数字化教学资源的利用

数字时代为文学理论课程提供了丰富的数字化教学资源，如在线教育平台提供了大量的开放教育资源（OER）。这些资源包括免费的电子书、学术论文、讲座视频等，教师可以将其作为补充材料引入课堂。同时，学生可以利用这些资源进行自主学习，拓宽知识面。现如今，许多高校甚至政府教育部门都在尝试打造开放的教育资源学习平台。例如，高等教育出版社旗下的慕课、哈佛大学和麻省理工学院联手创建的开放课程平台 edX 等，方便学生随时随地进行学习。

数字化资源的利用也包括数字化教材和教学资源库的建立，为文学理论课程提供便捷的教学工具。教师可以将传统教材数字化，加入多媒体元素和互动内容，提升教材的趣味性和实用性。例如，通过将文学作品的原文、作者的生平介绍、文学评论和相关视频资料整合到一个数字平台中，学生可以更全面、更直观地了解文学作品的背景和意义。

教学资源库的建设不仅包括教材的数字化，还包括教学案例和课件的共享。教师可以将自己设计的教学案例和课件上传到资源库中，供其他教师参考和使用。这种资源共享机制不仅提高教学资源的利用率，还促进教师之间的交流与合作。国内外许多高校已经开始建立自己的数字化教学资源库，积累了一定的教学经验和案例。

这样一来，数字化的教学创新不仅局限于课堂上多媒体工具的使用，还能够使教学资源在课堂之外得到有效的利用，而且更加强调资源的积累、共享与接力，使师生真正享受数字时代的红利。

（二）数字人文转型与跨学科合作

数字技术的进步为文学理论课程提供新的教学方法和研究手段。通过引入计算语言学、大数据分析、人工智能等技术，教师可以带领学生开展数字人文研究。例如，利用文本挖掘、数据分析或生成式大模型技术，分析大体量文学作品的主题、风格和语义变化，探索文学发展的趋势和规律。学生在学习文学理论的同时，也能掌握基本的数字技术，提高跨学科的综合素养和研究能力。

与此同时，文学理论的教学内容也需要不断更新，以反映时代特征和社会变迁。例如，网络文学、数字叙事等新兴文学形式，以及它们背后的文化逻辑和审美特点，应当被纳入文学理论的教学视野。教学内容还应当拓展到跨文化交流、媒介融合、人工智能文学创作等前沿领域，培养学生的问题意识、跨界视野和创新思维。

项目式学习（Project-Based Learning）恰好符合教学方法和教学内容革新的双重要求，可以通过有现实针对性的实际项目让学生应用数字技术和文学理论知识，培养其解决问题的能力。教师可以设计一些基于数字技术的文学研究项目，如数字档案馆建设、文学作品数据库开发、人工智能文学创作的标注与评估等，让学生在实践中学习，在学习中实践；还可以与其他学科专业或社会机构合作，开展跨学科的教学和研究项目，为学生提供广阔的学习和发展空间。

（三）教育环境的个性化与智能化

大数据和人工智能技术的发展，使得个性化学习和智能化辅助成为可能。通过分析学生的学习行为和数据，教师可以了解每个学生的学习进度和薄弱环节，制定有针对性的教学方案。这种技术驱动的个性化学习模式在文学理论课程中具有广阔的应用前景。

通过大数据技术收集和分析学生在学习平台上的行为数据，如学习时间、浏览记录、测验成绩等，建立学习管理系统（LMS），教师可以全面了解每个学生的学习习惯和知识掌握情况。例如，美国 Instructure 公司推出的开源学习管理系统 Canvas，可以追踪学生的学习路径，生成学习报告，帮助教师识别出哪些学生在某些章节上遇到了困难。

这些数据不仅可以用于教学评估，还可以为学生提供个性化的学习建议。基于数据分析的结果，系统可以自动推荐适合的学习资源和练习题，帮助学生有针对性地复习和巩固知识。在学生完成一个章节后，教师可以提供定制化的复习计划，并在必要时提醒学生进行复习。这种个性化的学习路径大大提高了学生的学习效率，使每个学生都能按照最适合自己的节奏进行学习。

人工智能技术在教育领域的应用不断深入，特别是在个性化学习和智能化辅助方面取得显著的进展。

智能导师系统可以模拟教师的教学行为，提供个性化的指导和帮助。例如，基于自然语言处理（NLP）技术的智能导师可以理解学生的提问，提供详细的解答和解释。这种系统不仅能够回答文学理论中的具体问题，还可以根据学生的反馈调整讲解方式，确保学生真正理解所学内容。

自适应学习系统根据学生的实时表现动态调整教学内容和难度。例如，如果学生在某个知识点上表现出色，系统会自动提高难度，挑战学生的能力；如果学生在某个知识点上遇到困难，系统会提供额外的解释和练习，帮助学生克服学习障碍。这种自适应的教学模式确保每个学生都能在适合自己的难度水平上学习，从而最大化学习效果。

人工智能技术还可以辅助教师进行作业批改和学习评估。智能评估系统能够自动批改学生的作业，提供详细的反馈，帮助学生及时了解自己的学习情况。例如，一些人工智能系统可以对学生的作文进行语法检查、结构分析和内容评价，并提供改进建议。通过这种方式，教师可以大大减轻批改作业的负担，节省时间用于其他教学活动。

（四）课程内容的本土化与国际化

文学理论课程的本土化与国际化一直是课程改革的重要议题之一，也是新文科建设培养复合型人才的题中之义。数字时代巨量的开放资源，正是推进文学理论课程本土化与国际化的契机。"对中国文学理论的教学离不开世界性的视野，需要挖掘更多的教学形式和内容"，同时也要"积极构建一种面向世界的、具有中国特色的文化话语体系"。

本土化意味着将文学理论深深植根于本民族的文化土壤之中，强调对本土文学作品的深入研究，强调对本民族文学传统的继承与发展。这不仅涉及对中国传统文学批评方式的深入理解，也包括对现代中国文学现象的批判性分析。例如，围绕《红楼梦》《西游记》等经典名著展开教学，教师通过解读这些作品中的人物形象、叙事结构和文化符号，使学生了解中华优秀传统文化的精髓。此外，教师还需要结合当代中国社会的实际情况，将现代文学作品和现当代文学理论纳入课程内容。例如，教师通过分析当代作家莫言、余华等人的作品，探讨当代中国社会的变迁与文学表达之间的关系，使学生能够在现实语境中理解文学的社会功能和文化价值。

而国际化则要求文学理论课程超越地域界限，融入全球文学理论的多元视角，这不仅包括对西方文学理论的学习和理解，也涵盖对非西方文学理论的探索和比较。国际化的教学旨在培养学生的跨文化理解能力，使其能够在全球化的语境中进行有效的文学交流和对话。通过国际化的教学，学生能够接触到多元的文学观点和批评工具，在比较和反思中形成更为全面和深入的文学理解。为了实现这一目标，文学理论课程应当引入欧美、拉美、非洲等地的文学作品和理论，使学生能够在多元文化的背景下进行比较和分析。在实际教学中，教师可以通过选取世界文学名著，如莎士比亚的《哈姆雷特》、陀思妥耶夫斯基的《罪与罚》、加西亚·马尔克斯的《百年孤独》等，带领学生探索不同文化中的文学表达和艺术手法。同时，教师通过介绍西方的文学理论，如形式主义、结构主义、后现代主义等，使学生能够从不同的理论视角理解和分析文学作品。

（五）评价体系的多元化与过程化

传统的文学理论课程评价体系通常以期末考试为主，侧重对学生理论知识的掌握情况进行评估。然而，这种单一的评价方式难以全面反映学生的实际能力和综合素质。新的评价体系应当引入多元化的评估手段，包括论文和报告、课堂参与和讨论、项目和实践、在线测评和自测等。通过撰写学术论文和研究报告，可以评估学生的分析能力、批判性思维和写作水平；通过观察学生在课堂讨论中的表现，可以评估他们的参与度、表达能力和团队合作精神；通过项目式学习和实践活动，可以评估学生的实际操作能力和应用能力。例如，学生可以参与文学作品的数字化项目、文化交流活动，或通过创作多媒体作品展示他们对文学理论的理解。通过在线测评和自测，学生可以及时了解自己的学习进度和薄弱环节，调整和改进学习策略。

过程化的评价体系注重对学生学习过程的全程跟踪和评估，而不仅仅是终结性的结果评估。这种评价方式能够更全面地反映学生的学习状态和进步情况，帮助教师及时调整教学策略，给予学生针对性的指导。学生可以通过定期撰写学习日志和反思笔记，记录自己的学习过程、收获和困惑，教师则通过这些记录了解学生的学习动态，发现共性问题，进行针对性辅导。过程化评价在学期中进行多次阶段性评估而非仅依靠期末考试，它包括单元测试、小组项目汇报、课堂展示等，帮助学生巩固知识，检测学习效果。教师应及时对学生的学习成果和表现进行反馈，指出优点和不足，并提供改进建议，这些反馈可以通过面对面交流、书面评语、在线点评等多种方式进行。

此外，教师还应鼓励学生进行同伴评价和自我评价，培养他们的批判性思维和反思能力。通过同伴评价，学生可以相互学习，共同进步；通过自我评价，学生可以认识到自己的优势和不足，明确努力方向。建立学生的电子档案和成长记录，全面记录他们的学习成果、项目参与、课堂表现等，不仅可以帮助教师进行全面评估，还可以作为学生展示其学习经历和能力的重要资料。过程化评价通过这些手段，帮助学生在学习过程中不断调整和提升，最终实现更好的学习效果。

四、结论与展望

数字时代，新文科建设背景下的文学理论课程创新不仅是对传统教学模式的变革，更是适应时代发展、培养时代人才的迫切需求。信息技术的迅速发展为文学理论课程带来丰富的数字化资源和工具，使教学内容和形式更加多样和灵活。

"新文科建设的实质在于文科教育的创新发展"，"创新"正是一切课程改革探索工作的支点。尽管数字化为文学理论教学带来新的可能，但在现实中，许多课程依然沿用传统的教学模式，在传统的教学理念下开展教学，未能充分挖掘数字资源的潜力。有学者指出，"新媒介带来的不只是'表层景象'的改变，还包括与其同步变化的'结构框架'"。这说明，仅仅将数字技术看作是手段是不够的，仅仅将时代需求看作是局部改良是不够的，仅仅将文学理论课的改革创新看作是自身独立的更新再造是不够的，我们需要对现有的文学理论课程进行深刻的、体系化的、多方考量的反思和创新，以适应新文科建设的需求。

　　未来，文学理论课程的数字化转型将继续深化，教师需要不断提升自身的数字素养和跨学科知识，以应对不断变化的教育环境。教育体系和政策的改革也将在这一过程中发挥重要作用，通过完善相关政策，推动教育资源的均衡配置，加强师资培训和教育技术的研发与应用，将为文学理论课程的创新提供坚实保障。

　　总之，数字时代为文学理论课程带来了前所未有的机遇与挑战。通过持续的创新和探索，文学理论课程将在新文科建设背景下焕发出新的生机与活力，以期培养出具有全球视野、创新能力和实践技能的复合型人才。未来，随着技术的发展和教育理念的进步，文学理论课程必将在数字化和全球化的浪潮中，成为培养新时代优秀人才的载体。

参考文献

［1］张丽青. 信息时代文学理论课的调整与建构 ［J］. 内蒙古电大学刊，2015（4）：54-56.

［2］教育部.《新文科建设宣言》正式发布 ［EB/OL］.（2020-11-03）［2024-06-11］ https：//news. eol. cn/yaowen/202011/t20201103_ 2029763. shtml.

［3］李凤亮. 新文科：定义·定位·定向 ［J］. 探索与争鸣，2020，（1）：5-7.

［4］周飞. 新文科视域下高校"文学概论"课程探索 ［J］. 黑龙江教育（理论与实践），2023，（9）：52-54.

［5］吴岩. 积势蓄势谋势 识变应变求变——全面推进新文科建设 ［J］. 新文科教育研究，2021，1（1）：5-11，141.

［6］杜智芳. 新媒介语境下一流课程教学的新路径与新方法——以文学概论课程为例 ［J］. 齐鲁师范学院学报，2023，38（6）：29-36.

外国文学课程数字化教学资源的建设研究

人文与传播学院助教 张耀春

在数字化迅猛发展的今天，新文科教育理念的实施为高等教育的文科建设带来深刻变革。新文科建设鼓励跨学科教育，强调对学生创新能力和批判性思维的培养，致力于培养具有跨界融合能力的复合型人才。如何在新文科教育理念的指导下，对外国文学课程进行教学改革，成为当前教育领域的热点问题。

在数字技术高速发展的今天，数字化教学资源在教育领域的作用越来越显著。数字化教学资源以其内容丰富、更新迅速、交互性强等特点，为教育教学提供新的思路和手段。对于外国文学课程而言，数字化教学资源不仅能够满足新文科教育跨学科融合和个性化学习的需求，还能激发起学生的学习热情，从而提升教育效果。因此，在新文科建设背景下，高校充分开发利用外国文学课程数字化教学资源十分关键。

一、新文科背景下外国文学课程具备的特点及面临的挑战

（一）新文科背景下外国文学课程具备的特点

1. 跨学科融合趋势

科技进步、时代演变以及人类社会的多样性，共同塑造各个时期在文学现象、情感表达、价值判断和审美趣味等方面的显著差异。其实，尽管存在着显著的差异，但在本质上，所有国家的文学具有相通性，需要突破中国文学和外国文学的界限，甚至需要打破文学的学科设置。在大学本科的文学教

育中，高校要将掌握新颖的文学知识、培养文学思维能力置于优先地位。

2. 文学与文化、时代的紧密联系

从某种意义上讲，传统的外国文学解读方式不适应教育者和学习者的现实需求，因为其忽略对文学作品文化内涵的深入理解。在强调"回到原文"的同时，还要"跳出原文"，使学生通过作家的形象化呈现，认识外国文学发展的情况，明了其中体现的民族精神、价值观念和行为方式，尤其是其思维方式和价值主张与中国人的差异。

一方面，新文科建设担负着提升综合国力、坚定文化自信、培养时代新人、建设高等教育强国、推动文科教育融合发展等重大使命，承担着构建中国特色哲学社会科学体系、推进文科专业数字化改造、主动服务国家软实力提升和文化繁荣发展等时代任务。另一方面，新文科建设并不否定传统文科，而是将新时代人才培养与学科发展紧密融合，以跨界、跨学科之间的整合来丰富和变革文科的教育范式，在本质上是对传统文科知识生产体系和课程结构的一次修正，强调学科交叉与跨界融合带来的知识生产体系的重构与优化

3. 强调培养学生的创新能力和批判性思维

第一，在当前倡导新学科建设的背景下，我们需要重视通过传授学科基础知识来培育思维能力，即"提出问题"和"解决问题"的技能。当前，学生在受教育过程中接触到的均为体系化的知识与结论，使得他们在面对问题时往往缺乏主动思考的意愿。有些人尽管愿意思考，但由于接触其他领域知识的机会较少，再加上长期形成的思维习惯，根本不会思考问题。因此，在高等教育领域，培养学生具备"思维能力"与"思考技巧"的素质成为迫切需要。第二，在思维技能的训练上，要特别强调"提出问题"的部分。若没有"提出问题"的能力，那么"分析问题"和"解决问题"就是一句空话。只有持续提出疑问的能力，才能"诊断问题"与"应对问题"。[①] 第三，在教学过程中，学生是主体。在"教"与"学"的辩证关系中，连接点和发力点正是学生。教育者需在教学过程中激发并加强学生的自主意识，充分运用和调节学生的自我能力，肯定学生的个人价值。"外国文学课程应根据学生成长规律，创新课程教学模式，推进现代信息技术在课程中的应用，激发学生学

---

① 刘建军. 新文科"还是"新学科"？——兼论新文科视域下的外国文学教学改革［J］. 当代外语研究，2021（3）：21-28，2.

习兴趣"①，引导学生深入思考，助力学生成长。

(二) 外国文学课程面临的挑战

1. 传统教学资源无法满足新文科教育需求

在当前的技术环境下，数字化时代的超文本和超媒体对于外国文学课堂教学具有一定影响，表现在以下三个方面：第一，快速且较为全面地获取相关数字化文本信息。全球范围内，作家创作的文学作品、手稿、书信、研究专著、学术及学位论文等，可以通过网络平台实现跨地域资源共享。第二，快速获取必要的声音、影像等多媒体信息。众多文学作品经过改编，转化为戏剧、电影等形式，进而通过技术手段转化为电子资料，如录像、与作者及作品相关的图片等。第三，在网络平台上实现信息互动。互联网的使用已经超越获取信息的初衷，演变为信息发布的平台，从而实现学习者之间的实时互动、交流与讨论。

2. 学生学习方式的变革对教学方法的挑战

数字化资源有着不可比拟的优点：信息密度高，容量庞大，并且可实现无损循环利用；数字资源能够通过网络实现远程传播；数字资源集成了图像、文本、声音和图像等多种形式，并可借助计算机进行各类编辑与组合；数字资源不受时间和空间限制，可以随时随地传播。总的来说，数字信息丰富、多样、有趣、形象、查找快捷，以及年轻群体在网络信息查找与运用方面拥有的天然优势，相较之下，传统教育模式面临巨大挑战。因此，如何在有限的课时中引导学生对互联网上广泛存在的海量信息进行选择与接收，以及如何高效利用互联网数字资源，已成为高等教育教师亟须解决的问题。②

3. 数字化教学资源建设的紧迫性

大学阶段是学生能力成长的重要时期，大学的课堂教学不但应该让学生掌握大量知识，更要帮助学生习得学习能力。我国高等教育在一定程度上存在知识本位的倾向，但对这方面重视和投入均不足，导致一部分大学生仅满足于对知识的粗略了解和机械记忆，缺少运用知识解决问题的高阶思维活动，

---

① 孙洛丹. 新文科背景下高校外国文学课程教学探索 [J]. 吉林省教育学院学报，2022，38
(4)：137-140.

② 李琪. 数字化时代《外国文学作品选》课程教学模式新探 [J]. 黑龙江教育（综合版）2017
(6)：44-45.

缺乏质疑与批判精神，学习能力发展缓慢。指导大学生进行深入学习是提升他们学习能力的重要途径。实现这一转变的关键在于打通数字化学习资源开发与学习者应用的衔接渠道，从引导学生深入理解、应用课程内容的角度，通过穿插必要的互动环节或功能，对现有数字化学习资源进行二次开发，从而更好地引导学生完成深度学习，支持学生高阶思维的发展。

二、新文科背景下外国文学课程数字化教学资源建设的理论基础

（一）构建数字化教育资源

构建数字化教育资源是提升教学环境和教学品质的前提。这一过程涉及以自主探索、共享资源为核心的多媒体教学课件、网络课程、课程素材库等内容的构建。有效开发与运用外国文学数字化教育资源，可以提高课堂的直观性与生动性，激发学生多种感官维度参与，提升他们的外语能力，有助于构建一个集知识性与趣味性于一体的文学学习环境，提升其文学素养，实现外国文学课程教学目标，彰显外国文学教学的知识性和人文性。因此，在信息化时代背景下，对外国文学课程进行教学改革，应当着眼于数字化教学资源的构建。

（二）数字化学习资源设计原则

数字化学习资源的设计应当遵守互动性和个性化等原则。互动性原则要求外国数字化资源有很强的互动性，可以引起学生的学习热情。个性化原则要求依据学生的需求和特征，提供有针对性的教育资源。外国文学领域将数字化资源应用于教育实践，遵循建构主义教育理念。建构主义心理学家皮亚杰曾指出："没有一个行为模式（即便是理智的）不会有情感因素作为动机"。① 因此，激发学生的学习热情并培育其学习能力，构成数字化资源辅助外国文学教学实现课程目标的预期效果。

在数字化时代背景下，教育者应充分认识到信息的便利化。填鸭式教学方法可能导致大学生产生反感，进而影响其学习积极性。实际授课可以由一

---

① 皮亚杰，英海尔德. 儿童心理学［M］. 吴福元，译. 北京：商务印书馆. 1980.

位助教来引导学生在课堂上朗读教材，并监督学生完成课后作业。在外国文学教育所遭遇的挑战面前，秉持人文精神，挖掘教师独有的、网络技术无法实现的人文能量，成为解决问题的关键所在。

三、新文科背景下外国文学课程数字化教学资源建设的实践探索

（一）数字化教学资源的内容设计

数字化教学资源的内容设计应涵盖文学作品、作家介绍、文化背景等方面。数字化资源在外国文学教育中的应用具有坚实的基础：一是大量的外国文学经典作品被改编为影视剧；二是丰富的历史文物以及多种风格的音乐、绘画等图像资源，为利用数字化资源进行外国文学课程教学提供了有力支撑。①

在教学手段方面，相比于传统黑板式教学，数字化资源有多重优势：第一，实现对教学内容的直观呈现。教师可以利用教学内容相关的图像、影像等媒体元素，从视觉角度为学生提供直观的教学资料，明确阐述文学发展历程，并形象化地展示某些难以理解的知识点。第二，利用多媒体教学工具，全面规划课程内容，凸显关键点，节省教师大量的书写时间，提高教学密度。在网络教学中，教师可以给学生提供超文本和超媒体结构组织的知识资源库，针对学生的需求，强化知识探索与理解，弥补课堂上有限的信息接收。第三，数字化资源为学生提供更广阔的自主学习空间。借助网络平台进行的外国文学教育，使得用户能够摆脱时间与空间的约束，实现自主学习。学生可以参考网络课程中给出的课程大纲、学习要求和指导，阅读书籍，查找资料；在面对疑惑时，师生还可以借助网络平台进行实时且跨地域的交流，从而拓宽学习领域。所以，把数字化资源和外国文学课程内容融合，整合图像、文字、声音等多媒体内容，体现出独特的教学优势。

（二）数字化教学资源的技术实现

在数字化教学资源的技术实现过程中，选择恰当的数字化平台与技术工

---

① 马继明、张晶香. 外国文学教学中信息技术的应用 [J]. 中国科教创新导刊，2007 (16)：15.

具至关重要。一方面，教师可以选择现有的网络教育平台或自主开发教学平台；另一方面，可以运用多媒体技术、虚拟现实技术、大数据分析技术等手段开发利用相关教学资源。此外，教师还需着重关注资源库的维护，以保障数字化资料的丰富程度及更新频率。对于外国文学教育而言，资源数字化的关键在于各类智能型多媒体数据库的构建。

（三）数字化教学资源在教学中的应用

在教学过程中，对数字化教学资源的运用应着重于创新和实践。在数字化背景下，外国文学课程改革要求教师在思想上走在时代前沿，重新塑造教师的角色。换句话说，教师也要做好学生，运用互联网技术提升自身素质。

具体来说，教师需要将影视剧、讲座等影视音频资料融入传统的教学内容，把课堂形式变得趣味十足，并且落实和深化教学大纲的要求，拓展学生的文学知识领域，丰富他们的审美趣味，增强学生对外国文学文化的了解，使其热爱学习、鉴赏、分析外国文学作品。

教师运用多媒体课件进行教学，通过外国文学中的名著阅读、诗歌朗诵等多样化方式逐步实现教学目标。同时，教师可以考虑革新考核方法，如借助机考、口试、个性化写作等多种手段，精准把握并评估学生对已掌握知识的理解程度，通过考试的"分层"设计，使阅读与学习兴趣较强的学生各显神通。经验证明，充分运用各类现代化教学手段和数字化资源，合理且有针对性地革新考核方式，能够在教育成效上取得显著提升。学生对外国文学作品表现出较高的热情，在阅读这些作品时展现出更加积极的态度。这不仅使他们对相关文学作品及其创作者有更深入的理解，也对文学史的知识有更全面的掌握。

总之，丰富的数字化资源对教师的要求比过去更高：一方面，教师必须引导学生利用网络资源弥补传统教育模式的不足，学习外国文学艺术优势，提高课堂趣味性，激发学生的积极性和自主性，及时对现有的知识体系做出优化；另一方面，网络资源既丰富又可能存在误导性，教师需要具备广泛的知识储备，承担传授知识、解答疑惑的责任，并引导学生辨别真伪信息。

四、新文科背景下外国文学课程数字化教学资源建设的案例分析

（一）外国文学课程数字化教学资源建设案例

三亚学院为进一步推进信息技术与课程的有机结合，推动数字化课程建设成果实际应用于课堂教学，构建线上线下相结合的常态教学模式，借助芯位教育平台，实施线上课程资源的建设工作。可以说，数字化教学平台的实施促进信息技术与课程的深度融合，构筑线上与线下互补的教育模式，开辟智能教育新途径，形成教学互动的新模式。在此基础上，外国文学科目进行了课程思政数字化建设，择取外国文学史不同时期的代表作家作品，形成数字化课程视频的主要内容。该数字化课程共有七个专题视频，每个视频时长约 10~15 分钟，内容依次是：

专题 1：人与自然的较量——荷马《奥德赛》。

专题 2：人的勇气与坚韧——丹尼尔·笛福《鲁滨逊漂流记》。

专题 3：社会责任与道德抉择——易卜生《人民公敌》。

专题 4：人的独立与尊严——夏洛蒂·勃朗特《简爱》。

专题 5：无产阶级新人的成长历程——高尔基 自传三部曲。

专题 6：人的理想与信念——罗曼·罗兰《约翰·克利斯朵夫》。

专题 7：人的责任与担当——阿尔贝·加缪《鼠疫》。

外国文学课程思政数字化建设的原则如下：①融价值观引导于知识传授和能力培养之中，课程思政润物细无声；②在文学视角之外引入社会历史与政治视角解读；③引入中外文学对比，坚定文化自信。采取的教学方法与手段包括：①以课堂讲授和讨论为主。教师侧重于文学史的梳理与文学文本的解析，通过讲授，使学生对重点作家作品形成整体的认知；通过讨论交流，引导学生积极思考，培养他们的批判思维和分析能力。②充分利用多媒体资源，利用经典影视片段丰富课堂。很多外国文学经典作品被改编成电影，在课堂教学中，利用影视剧中的经典片段，可以增强课堂感染力，加深学生对作品的直观认识，优化课堂教学效果。成果包括课程大纲一部、课程教案 1套、教学课件 1 套、教学配套视频 6 个、典型教学案例 4 份。

（二）新文科背景下外国文学课程数字化教学资源建设的启示

外国文学课程思政数字化建设让学生走进外国文学作品，深入理解重点作家作品的文学价值和思想价值，提高文学审美水平，感受文学作品的艺术魅力。通过了解作家的艺术追求和作品中人物的正面选择，学生从文学中获得道德教诲，有利于形成正确的世界观、人生观和价值观。通过将文学作品与历史背景相结合的分析方式，学生认识到文学作品与社会现实之间的相互影响，提升对社会现状的关注度以及自身在社会中承担责任的意识。

五、结论

（一）外国文学课程数字化教学资源建设存在的问题

1. 技术难题

在数字化教学资源建设过程中，技术难题是首要挑战。包括但不限于数据格式的转换、资源平台的稳定性、跨平台兼容性等问题，这些都直接影响教学资源的有效利用和用户体验。此外，随着技术的快速发展，新兴的数字技术在教育教学中的应用日益广泛，但如何将这些先进技术有效整合到外国文学课程数字化教学资源中，仍然是一个亟待解决的问题。

2. 资源匮乏

目前，外国文学课程数字化教学资源在数量和质量上都存在一定的不足。许多经典的外国文学作品尚未有高质量的数字化版本，且相关的辅助教学资源（如音频、视频、图片等）也较为匮乏。另外，由于版权、语言等问题，一些优秀的外国文学教学资源难以被引进或共享，进一步加剧资源匮乏的现状。

3. 教师技能

教师作为教学资源的主要使用者，其信息素养和数字化教学能力直接影响到教学资源的有效利用。然而，当前许多教师缺乏相关的技术知识和应用能力，难以充分利用数字化教学资源进行教学创新。此外，部分教师对于数字化教学资源建设的重视程度不够，缺乏主动参与和建设的积极性。

（二）解决方案与建议

1. 加强技术研发

高校应加大技术研发力度，解决数据格式转换、平台稳定性等技术难题，提高教学资源的利用率和用户体验；积极探索新兴数字技术在外国文学课程数字化教学资源建设中的应用，为教学创新提供更多可能性。

2. 优化资源建设策略

高校应加大对外国文学经典作品的数字化力度，提高数字化版本的质量和数量；加强与国内外相关机构的合作与交流，引进和共享优秀的外国文学教学资源；鼓励教师和学生参与教学资源建设，通过自主创作、翻译、改编等方式丰富教学资源库。

3. 提升教师信息素养

加强教师培训，提高教师的信息素养和数字化教学能力；鼓励教师积极探索数字化教学资源在教学中的应用模式和方法，促进教学创新；建立激励机制，引导教师主动参与数字化教学资源建设，提高建设积极性。

通过本文的研究，我们期望能够为新文科建设背景下外国文学课程的教学改革提供有益的参考和借鉴，推动外国文学课程数字化教学资源建设的深入发展，提高外国文学课程的教学质量和效果，培养更多具有跨文化素养和人文素养的优秀人才。

参考文献

[1] 黄启兵、田晓明. "新文科"的来源、特性及建设路径 [J]. 苏州大学学报（教育科学版），2020，8（2）：75-83.

[2] 刘建军. 新文科"还是"新学科"？——兼论新文科视域下的外国文学教学改革 [J]. 当代外语研究，2021（3）：21-28.

[3] 孙洛丹. 新文科背景下高校外国文学课程教学探索 [J]. 吉林省教育学院学报，2022，38（4）：137-140.

[4] 李琪. 数字化时代《外国文学作品选》课程教学模式新探 [J]. 黑龙江教育（综合版），2017（6）：44-45.

[5] 皮亚杰，英海尔德. 儿童心理学 [M]. 吴福元，译. 黑龙江教育（综

合版）北京：商务印书馆. 1980.

　　［6］马继明、张晶香. 外国文学教学口信息技术的应用 ［J］. 中国科教创新导刊，2007（16）：15.

剧本写作课程与海南自贸港
形象建构的产教融合联动

人文与传播学院助教　陈文强

在全球化和数字化浪潮的推动下，文化产业领域正经历深刻变革。海南自贸港作为中国对外开放的新高地，其形象建构关系到自贸港未来经济社会的发展。如何通过高等教育与本地产业的深度融合，培养出能够既能适应这一变革，又能深刻理解和传播海南自贸港文化的故事写作人才成为一个亟待解决的问题。

当前，高校剧本写作课程教学侧重于故事写作技术的传授，在一定程度上忽视与地方经济和文化产业相融合的实践教学。为了满足产教融合对应用型人才培育的需求，剧本写作课程主要通过创新课程内容和优化培养策略的方式，让学生逐渐适应新媒体技术的演进和本地市场变化。该课程通过与行业媒体合作、参与剧本创作竞赛和微电影大赛等多种学习实践方式，将学生所学理论运用到创作实践之中，从而提升学生的故事创作技巧。

同时，海南自贸港的建设为剧本写作课程教学工作提供丰富的写作素材和实践平台。在产教融合的人才培养理念之下，高校期望学生通过剧本写作课程的学习和实践，为故事创作教育提供新的思路和方法。

总的来说，在产教融合的教育理念指导下，剧本写作课程不仅需要培育学生的创新思维和跨界协作能力，而且通过叙事化的表达方式服务海南自贸港的形象建设。

一、产教融合下的剧本写作课程设计

应用型高校作为我国高等教育与职业教育融合的产物，通过对高等教育与相应产业实践来培养服务地方经济的应用型人才。相对于学术型人才，应用型本科人才应当具备鲜明的应用性研究能力与技术知识和技能。与就业为导向的技能型人才相比，应用型本科人才应当具备更加综合、深厚的专业理论知识和良好的文化素养，需要具备更强劲的基础教育与后续发展动力与能力。在这一大前提下，应用型本科高校需要培养出具备应用研究能力与实践技术能力的综合型人才，以适应当今社会经济发展日新月异、产业结构不断升级、人才需求多样化的社会现状。

剧本写作课程作为网络与新媒体的一门专业核心课程，正是基于产教融合的前提展开课程设计。通过课堂知识、影视产业及自贸港形象建构的知识的融会贯通，学生的实践能力和就业竞争力不断提高，逐步成为适应短视频市场需求的影视人才。随着"以目标为导向，以学生为中心"的成果导向教育（Outcome Based Education，OBE）育人理念的逐渐确立，在剧本类课程目标的教学设定上，各高校也逐渐从此前侧重对剧本理论的讲授转变为侧重对学生剧本实践创作能力的培育。于是，课程目标随着教学理念、行业发展要求及时更新，培养目标设定、课程内容定位、培养手段及评价标准需要随着行业人才需求、新媒体技术的革新而不断进行调整，以践行"以目标为导向，以学生为中心"成果导向的教育理念。

（一）培养目标确定

剧本写作课程结合海南自贸港的文化和经济特色进行故事创作，主要侧重培养学生的故事创作能力。在课程的前期设计阶段，内容安排包括剧本写作的基础理论知识，如戏剧结构、人物塑造、情节构建等，同时重视学生运用具体写作技巧进行创作实践，如人物小传写作、故事梗概写作和故事改编等实践活动。通过影视理论讲解、多元化主题创作实践以及创作复盘等环节，让学生在创作实践中深入掌握和应用所学知识。

剧本写作在课程设计上紧密结合网络与新媒体行业的发展趋势和本地市

场需求，通过不断优化教学内容来培养学生的故事创新思维和跨界创作能力，使学生能够适应市场的不断变化。

剧本写作课程以产教融合为指导理念，培养能够对地方经济产生积极影响的人才。其教学内容根据本地经济需求进行反向设计，包括剧本创作的基础技能，如角色开发、情节构建、故事改写、对话编写等，同时融入与海南自贸港紧密相关的特定主题，结合旅游、文化多样性和经济高质量发展等内容展示海南自贸港形象。

（二）课程内容定位

随着人工智能技术日渐成熟，移动智能终端的普及，各类短视频、微影像异军突起，网剧、自制剧层出不穷，影像呈现形式和影像市场需求都有所变化。新媒体短剧作为网络剧集与网文 IP 影视融合的艺术形态，已迅速成为文化产品创新的热点。爱奇艺、芒果 TV 等长视频平台的积极参与，制作播出了《念念无明》《虚颜》《风月变》等一系列爆款作品。与传统影视作品相比，新媒体短剧在制作门槛、成本控制以及题材选择上展现出其独特性。它们不仅是传统影视内容在新媒体平台上的延伸，更是融合传统叙事艺术与新媒体用户的快节奏、碎片化、强刺激性的信息消费习惯下的故事产品。

这种短剧产品的流行趋势，为网络与新媒体专业中剧本写作课程的内容定位提供重要的启示。剧本写作课程的设置需紧密结合新媒体专业的特性，培养学生创作出既适合新媒体平台播放，又能满足新媒体用户接受习惯的影视作品。因此，剧本写作课程在设计初期，就与传统戏剧与影视类课程在教学内容上有所区分，更加注重新媒体平台的传播特性和受众需求。课程内容融入网络与新媒体的专业特色，并吸收传统影视剧本写作的创作技巧，应用于网络微电影、网络短剧及游戏剧本等新媒体故事产品的创作，打造出符合时长短、投资小、节奏快、题材广等新媒体特点的剧作产品。

（三）培养手段更新

在产教融合的理念指导下，在剧本写作课程的教学实践中，培养模式的优化成为培养应用型新媒体人才的必要之举。课程通过"双师"型教师队伍、项目制教学以及采用"以赛代练"等多元化教学方法来提升学生的故事创作技能。剧本写作课程在人才培养策略上的优化主要体现在以下两个方面：一方面，课程积极与传媒公司开展项目合作，由企业方提出具体的内容需求。教师组织学生团队完成创意研讨、人物塑造和作品结构设计等基本工作流程。在完成剧本的初步创作之后，与企业方进行故事产品内容的精细化修改及后续制作。这种以实际项目成果为导向的评价体系，能够有效弥合教育行业与传媒行业间的认知差距。另一方面，课程注重与国内故事创作比赛的深度结合，教师鼓励学生根据参赛要求完成作品创作。这种以赛代练的教学模式，不仅能够检验和提高学生的专业能力，而且有助于学生与行业保持持续的互动和联系，促进教学成果向实际应用转化。

（四）课程改革实践

剧本写作作为影视制作流程的首要环节，依赖于语言文字构思并展现故事的全貌。与中期拍摄和后期剪辑等环节相比，剧本写作课程在教学过程中缺少即时的视觉反馈，可能会影响学生持续写作的动力。

为了解决这些问题，剧本写作课程应与数字摄影摄像、视听语言和数字视频编辑等视觉呈现类课程建立知识联动。通过让学生全程参与影视作品的剧本创作、拍摄制作以及后期编辑等多个阶段，可以帮助学生产出影视作品。这种跨课程的整合不仅有助于学生深入理解影视制作的全流程，还能激发他们持续创作的热情。

为了平衡剧本写作课程中的理论知识比重，教师将市场上受欢迎的一些流量型故事产品纳入课程教学，提高学生的学习兴趣。比如，教师将新媒体短剧、剧本游戏和创意微剧本等故事产品作为课堂案例分析的对象，引导学生进行相关故事产品的创作。通过这种方式，学生能够将理论知识应用于实践，创作出具有一定市场吸引力的故事产品，实现课程教学目标与市场需求的紧密结合。

二、海南自贸港形象建构及困境

中共中央、国务院在 2020 年 6 月发布的《海南自由贸易港建设总体方案》指出，在海南建设自由贸易港，是贯彻新发展理念，推动高质量发展，建设现代化经济体系的战略选择。海南自由贸易港建设必将成为引领我国新时代对外开放的鲜明旗帜和重要开放门户。

（一）海南自贸港形象建构中的多元传播策略与全民参与

自贸港建设的推进，促使海南国际传播中心和海南广电国际传播融媒体中心等主流媒体承担起宣传自贸港的使命。这些机构通过在抖音、快手等多个社交平台建立账号矩阵，从政策普及、文化 IP 塑造、本地生活展示等多个维度，全面展开海南自贸港的形象构建与传播工作，在这一过程中，产生如《自贸佳》《海南这一年：劳拉带你"云"看自贸港》《劳拉来了》《外国人在海南》等一系列优秀的影视作品。这些作品通过主流媒体的视角，向全球受众讲述自贸港的好故事。

主流媒体在海南自贸港的形象建构中扮演着不可或缺的角色，在制作团队的专业性和题材挖掘的深度上拥有显著优势。同时，在新媒体迅猛发展的当下，主流媒体在题材的广泛覆盖上面临着一定挑战，难以完全满足受众信息多样化的需求。因此，除了主流媒体之外，自贸港形象建构还需要鼓励更多的组织和个人参与到自贸港故事的创作中来。

为满足国内外受众的信息多样化需求，自贸港形象建构需要全民参与自贸港故事的生产。事实上，海南自贸港国际传播短视频的创作者包括海南本地人、外来居民、旅游探店博主和普通游客，逐步形成全民参与的创作模式。这不仅将传播话语权由官方下沉至民间，激发用户的创作热情，也促成更加生动丰富的内容呈现。这些作品通过呈现海南日常生活分享、美食制作、旅游探险、幽默搞笑等内容来展现海南文化的魅力，打破海内外受众对海南的刻板印象，建构起一个具有文化潜力、更为开放的海南自贸港形象。

（二）海南自贸港形象建构的内容生产困境

在网络视频平台，海南自贸港的多维面貌得以精彩展现，内容覆盖本土美食探索、旅游地标打卡、城市发展进程、地方文化特色以及政策深度解读等主题。海南日报、海南发布等主流媒体的短视频账号，发布一系列内容丰富、形式多样的海南自贸港的短视频，具体包括宣传短片、剧情短片和新闻访谈等类型。这些视频的制作有一定的质量保证，但由于在一定程度上忽视用户的真实感受与体验，其传播影响力受到制约。例如，海南日报视频号推出的短剧系列，在社交平台互动数据上表现一般；关于海南文化政策和经济政策解读的视频产品,其受众反响也相对较弱。

与此形成鲜明对比的是,一些自媒体博主通过聚焦本土美食、海岛旅游体验和农村生活记录等内容,以更加贴近民众生活的方式,吸引了大量受众的关注。这些自媒体产品在点赞、转发和评论等数据上的表现,明显优于主流媒体,显示自媒体创作者在传播海南自贸港形象方面的优势和潜力。

主流媒体在海南自贸港的影响力和传播效果上存在一定的局限性,鲜有出现爆款级产品。这种情况表明主流媒体在自贸港形象建构方面存在品牌形象定位的模糊、宣传力度不足以及缺乏创新且有效的传播策略等问题,亟须通过策略创新和传播手段的多样化加以解决。

三、剧本写作在海南自贸港中形象建构实践

在海南自贸港的形象塑造过程中,以讲述海南故事和挖掘海南文化为宣传策略,历史底蕴、城市发展、自然景观、特色美食以及日常生活等元素被巧妙地融入日常内容创作之中。通过纪录片、宣传片、vlog、微电影以及微短剧等多样化的形式呈现内容。在创作主体上,政府扮演着主导角色,以权威视角出发,试图以"说服"的方式向受众传达信息。这种策略在传播效果上显得较为生硬,需要进一步探索更加贴近民众、更能引发共鸣的叙事手法。城市形象传播过去往往被地方政府的政绩宣传替代,将政府为城市发展所制定的工作举措,作为城市对内对外传播的主要内容,忽略城市本身给公众的感受和体验,使城市形象推介陷入政府主导下的"自说自话"境地,无法获得受众的认同,很难形成预期的传播影响。

(一) 叙事性作品在自贸港形象塑造中的作用

剧本作为影视作品的核心内容,对文化产业的繁荣兴盛发挥着一定的作用。以《去有风的地方》为例,该剧播出后,大量观众被剧中的取景地大理吸引,很多人随着剧情的发展自发前往大理的取景地打卡。通过在社交平台上打卡,观众实现个体情感与故事作品的深度共鸣。《去有风的地方》在剧情的呈现上巧妙地将大理的地方形象以影视剧软植入的方式呈现出来,避免硬性广告的说服,有效激发受众的情感共鸣。

电视剧《繁花》播出后，不仅掀起收视狂潮，还引发受众热烈的讨论。电视剧《繁花》反复提及黄河路、进贤路、和平饭店等上海地标，加上导演运用精致的视听语言通过画面呈现出来，为城市形象的构建和城市文化书写提供一种新的视角。这种"提炼标签"的叙事手法使得观众在观看故事的同时，不自觉地将剧中排骨年糕、定制西装、黄河路等城市元素与现实生活联系起来，加深他们对上海这座城市文化与历史的认识和情感关联。

广受好评的影视作品《我的阿勒泰》自播出以来，新疆再次成为公众关注的焦点地区。该片导演巧妙运用镜头捕捉阿勒泰地区壮丽的自然景观，同时将女性角色的独立精神与少年温柔爱情故事融入自然美景之中。随着故事的展开，观众对新疆特有的文化和自然风光产生更深的向往。

影视剧的魅力在于为现实中的人们营造丰富的想象空间。人们在通过影视作品获得别样审美感受的同时，对时代和所处的城市空间有更深刻的文化体悟和多元的情感体验，进而获得更强的文化认同感。在海南自贸港形象构建的宣传策略中，挖掘海南文化潜力应是关键所在。通过精心编织的故事情节，受众能够感受到海南文化的多样性和独特魅力，进而在心中构建起一个生动、立体的自贸港形象。

（二）海南自贸港形象塑造与叙事化传播策略

剧本写作课程自设计之初即被明确定位为一门以实践为主的课程，课程的开设恰逢海南自贸港形象塑造的关键时期，因此课程内容的设置特别强调与海南自贸港相关的实践训练。这包括人物小传的撰写、故事背景的精心挑选、故事主题的深入挖掘，以及将海南的传统题材巧妙改编，使之融入课堂教学的各个方面。通过这种叙事化的表达方式，课程以故事作品的方式不断深化海南自贸港的形象，同时对海南的文化标签进行深入的挖掘和阐释，创作出既具有地域特色又深受广大受众喜爱的影视作品。

第一，海南自贸港故事的叙事化表达，不断内化海南自贸港形象。一个城市的形象进入人们的头脑，不是以抽象的方式一次性完成的，而是基于一系列关于这个城市的人物、故事并结合自己的经验、感受，动态累积而成的。叙事对于一个城市形象传播而言，既是基础的信息内容支撑，又是有效的呈现和记忆方式。叙事作品与以往基于政府工作的城市发展形象宣传不同，它不是数字和工作术语堆砌的报告，而是以生活在这个城市的不同个体的经历为基础。

在海南自贸港的形象塑造过程中，目前主要依赖官方制作的宣传片和纪录片。这类宣传片内容广泛，覆盖海南自贸港的方方面面，且得益于官方背景，此类作品被赋予一定的权威性。作为展示性的广告，这种做法是合理的。然而，若从深化城市形象认知的角度来看，这种宣传方式未能在受众心中形成深层次的体验和感受，在一定程度上限制了海南自贸港形象构建的深度和广度。

随着《去有风的地方》《繁花》《我的阿勒泰》等影视作品的火爆出圈，这些作品成了"影视+文旅"融合的典型范本。在这些成功范本的启示下，海南自贸港的形象构建不应局限于官方宣传片等传统形式，而应拓展至包含叙事性和娱乐性元素等多元化故事作品创作。通过精心设计的故事角色、环环相扣的情节设定等叙事技巧，塑造观众对海南自贸港的认知框架。此外，情感作为电影创制过程中一种重要的艺术创作要素，能够帮助不同观众跨越阶层、文化之间的鸿沟，快速建立联结。

第二，在故事创作过程中，地域文化符号的提炼与串联在自贸港形象构建上有着至关重要的作用。一般说来，在故事人物设定上，作者可以通过赋予人物多样的标签以增强其立体感和真实性，海南自贸港在形象构建时也可以采用此类方法——通过提炼后的文化标签进行串联叠加以形成多维形象。这些地域文化标签定义自贸港的多维形象，同时确保影视宣传作品能向受众传达一个统一且稳定的形象特征。

城市符号彰显一座城市的文化和灵魂，是城市宣传的重要元素。对城市符号的正确选择可以让受众直观感受到符号背后蕴含的城市特色，体现宣传者想要传递的文化内涵，为城市形象建构起到良好的效果。电视剧《繁花》成功地将上海的地标性建筑、方言特色、城市精神、商业文化和开放气质等地域元素融入故事讲述之中，通过这些文化标签的串联，有效地传递上海的城市形象。海南自贸港可借鉴此策略，利用其独特的热带雨林和海岛风光等自然资源，结合非物质文化遗产、少数民族文化、本土民俗风情以及政策优势，构建一个多维度的叙事框架。

第三，自贸港故事内容的定制应采用产品化的形式。在塑造海南自贸港形象的过程中，多元文化、经济发展和社会风貌等重要议题是不可忽视的重要内容。传统意义上，以严肃形式呈现这些议题的做法，往往会引起受众的抵触，导致作品在传播效果上的不尽如人意。近年来，海南警方在普法教育视频内容的创作上取得突破，截至 2024 年 10 月，其在抖音平台上的 3 条置顶视频分别获得了 119 万、781 万和 487 万的高点赞量。这些视频通过创新叙事手法，将原本严肃的法律话题转化为引人入胜、风趣幽默的内容，既保持普法教育的初衷，又根据目标受众的特点进行叙事方式的创新，极大地提升了作品的话题性和互动性。这要求宣传主体需要在"故事产品"的逻辑上进行故事生产。在故事生产之前，宣传主体必须明确故事产品的受众及定位，且根据目标受众的喜好，采用其喜闻乐见的形式定制故事产品，最后通过分析故事产品的"消费"数据，对产品生产全流程进行数据复盘，从而建立起一套成熟的内容生产理论体系。

四、结语

本文在产教融合的理论框架下探讨剧本写作课程如何通过故事产品产出的方式进行海南自贸港形象构建。在课程定位方面，本文通过戏剧与影视知识、热点影视产品及自贸港形象建构的相互融合，提高学生的实践能力和就业竞争力，培养出适应本地文化市场需要的影视人才。在自贸港形象构建方面，本文通过强化海南自贸港故事的叙事化表达、提炼海南自贸港文化标签、产品制作思维进行故事产品生产等策略打造具有广泛影响力的爆款故事产品。这不仅能够弥补主流媒体在自贸港宣传中存在的定位不明确和形象传播不足的问题，而且能够通过故事的力量，增强海南自贸港在国内外受众心中的认知度和吸引力。

参考文献

[1] 方菁华. 产教融合对应用型本科人才培养的价值及其实现路径研究 [D]. 广州：广东技术师范大学，2022.

[2] 赵轩. 基于"金课"建设的课程改革探究——以影视剧本创作课程为例 [J]. 西部广播电视，2024，45（1）：76-79.

[3] 陈良杰，王晖余，陈凯姿. 海南：打造展示中国风范、中国气派、中

国形象的靓丽名片 ［N］.新华每日电讯，2022-07-31（4）.

［4］刘磊，李诗雨，邓稳根.海南自贸港短视频国际传播策略研究 ［J］.传媒，2024，（8）：57-59.

［5］曹劲松.城市形象传播的基本原则 ［J］.现代传播（中国传媒大学学报），2012，34（12）：47-49.

［6］曹荣荣.电视剧《繁花》：城市的文化记忆书写 ［J］.视听，2024，（5）：3.

［7］张燕潇.价值与反思：新主流电影的共情传播 ［J］.电影文学，2024（11）：55-59.

［8］汪乐桐，刘英杰.共同想象的崩裂：上海疫情中的符号运用与城市形象建构 ［J］.传媒论坛，2022，5（17）：36-41.

新媒体语境中华语媒体语言
传播课程的创新探索

人文与传播学院助教　贾钧舒

随着新媒体技术的迅猛发展，华语媒体的语言传播方式发生了深刻变革，为传统媒体语言教学方式带来新的挑战与机遇。本文旨在探讨在新媒体视域下，如何创新华语媒体语言传播课程以适应时代需求，提升学生的语言运用能力、媒体素养及跨文化交流能力。通过分析新媒体环境的特点，结合当前华语媒体语言传播课程存在的问题，本文提出一系列创新策略，以期为高校华语媒体语言传播课程的改革提供参考。

一、新媒体视域下华语媒体语言的特点

新媒体技术的普及，社交平台、短视频平台、直播等不仅改变了信息传播的方式和速度，也深刻影响语言的使用和传播。华语媒体作为中华文化的重要载体，在新媒体时代面临着语言创新和文化传播的双重任务。

目前，华语媒体语言传播课程依然偏重理论教学和语篇内容分析，滞后于新媒体环境下语言能力与素养并重的培养目标，在课程设置、教学内容、教学方式和教学评价体系等方面应进行改革。

华语媒体语言在文体上，一方面保持传统叙事风格，注重用较少的、浅显的、通俗易懂的概念和形象来讲述一个故事或解释一个文化现象；另一方面，随着时代的进步，也在注入创新和变化，尝试使用越来越多的新词、新语和新叙事方式。

特点一：华语媒体语言形式的多样化

随着新媒体的兴起，华语媒体语言呈现出多样化的特征，不仅包含传统的书面语和口语表达方式，还吸收网络语言、流行语等多种语言元素。这种多样化的特征使得华语媒体语言更加生动活泼，更具表现力。

第一，各种新词新语大量涌现。在新媒体环境下，华语媒体产生大量新词语。它们可由仿拟构词、新制结合构词、转译或译制构词构成，如"互联网+""直播带货""元宇宙"等。这些新词语增强语言生动性的同时，容纳来自多语言方言区域、不同民族文化现场的语言表达。

第二，词缀系统的拓展。在新媒体环境下，华语的词缀系统得到扩展，如"-门""-吧""零-"等词缀的加入，使得词汇构成更加灵活多样。同时，一些英语构词方式也被直接借用到汉语中，如"非（non-）""反（anti-）""次（sub-）"等，进一步增强了汉语的构词能力。

第三，口语化趋势和个性化表达的出现。新媒体平台上的华语媒体语言越来越倾向口语化表达，这种风格更加贴近受众的日常生活，增强语言的亲和力和感染力。人们在新闻报道、网络评论中频繁使用网络流行语、俚语等表达，使得新闻作品更加生动有趣。

新媒体时代，每个人都可以成为信息的传播者，华语媒体语言呈现出强烈的个性化特征。不同个体或群体根据自己的喜好、文化背景等，创造出独具特色的语言表达方式。

特点二：华语媒体语言的文化交融与共生

华语媒体语言在跨文化传播与融合中扮演着至关重要的角色。数据显示，海外华文媒体分布在几十个国家和地区，总数超过一千家，包括报纸、杂志、广播电台、电视台和网站等多种形态，已成为国际舆论不可或缺的组成部分。随着中国国际地位的提升，华语媒体在国际社会中的影响力也在不断增强，成为展示中国形象、传播中华文化的重要窗口。

随着全球化的深入发展，不同国家和地区之间的文化交流日益频繁，大量外来词涌入华语媒体语言。外来词在汉语中时常会发生本土化的变化，与汉语的习惯表达方式保持一致。例如，"Talk Show"被音译为"脱口秀"，"Fans"被意译为"粉丝"等。这种本土化改造不仅充实汉语媒介语言词汇，也有助于不同种文化的交融与沟通。

除了语言层面的媒体表达方式外，华语媒体还有模仿并吸收外语媒体表达方式或修辞形式的现象，其特色包括汉语媒体采用缩略用词、网络用词和汉语化外国故事、逻辑的汉语叙事等。例如，采用英文缩写或网络流行语来表达特定的含义，或者运用特定的叙事结构和逻辑讲述华语故事，都能让受众感受到不同文化的交融与共生。

特点三：华语媒体语言的文化继承与发展

随着社会的发展，华语媒体在新媒体环境中积极创造和引入新词汇，以满足受众对新鲜、有趣表达方式的需求。这些新词汇往往融合多元文化的元素，既保留华语的风格特点，又吸收其他语言的表达方式。

语言是文化的载体，传承语言就是传承文化。华语媒体要精心构建对外话语体系，发挥好新兴媒体作用，增强对外话语的创造力、感召力、公信力，讲好中国故事，传播好中国声音，阐释好中国特色。同时，华语媒体还要善于在语言使用上古为今用、在实践中推陈出新，成为优秀传统文化弘扬者、伟大时代精神开拓者。

从华语媒体语言文化发展的视角来看，新媒体语境下的媒介呈现出灵活多样的特点，媒介工作者可以通过短视频、网络直播等方式吸引受众，增加传播黏性。新媒体平台打破地域和文化的界限，使得不同文化背景的受众能够频繁交流互动。华语媒体应加强同全球各地的文化交流，共同推动文化繁荣发展、文化遗产保护、文明交流互鉴，践行全球文明倡议，为推动构建人类命运共同体注入深厚持久的文化力量。

二、传统华语媒体语言传播课程的局限

局限一：教学内容缺乏时代特点

传统华语媒体语言传播课程的教材往往侧重经典理论和传统案例，对新媒体环境下出现的新现象、新趋势关注不足。随着互联网的迅猛发展，新媒体平台层出不穷，传播方式和手段日新月异，但教材内容的更新速度往往跟不上这些变化。

对于播音与主持艺术专业的学生来说，目前教学内容偏重理论知识，忽视实践操作的重要性。他们实习或走上工作岗位后，在面对实际传播任务时，往往感到无从下手，缺乏解决实际问题的能力。

局限二：教学方法的单一性与学生主体性的缺失

教师在教授华语媒体语言课程，尤其是面对播音与主持艺术专业的学生时，往往采用单向讲授的方式。也就是说，教师作为知识的传递者，在课堂上占据主导地位，学生则被动地接受信息。这种方式虽然能够确保理论知识的系统性传授，但容易忽视学生在学习过程中的主体性和主动性。无论是课上还是课后，学生缺乏参与感，对接受到的知识感觉枯燥乏味，进而影响学习效果。

互动作为教学的重要手段有助于激发学生的学习欲望，但是传统的单向讲授难以形成师生频繁有效的互动。课堂上，学生很少有机会提问、表达以及进行小组讨论，这不利于培养学生逻辑思维和批判思维能力。

局限三：缺乏实践机会

对于播音与主持艺术专业的学生来说，实践是提升技能、积累经验的重要途径之一。由于教学资源等条件限制，该专业的学生难以获得实践机会，缺乏实践经验。

为了弥补实践机会的不足，华语媒体语言课程设计通常会采用模拟演练或案例分析等方式进行实践教学。这些方式虽然能够在一定程度上帮助学生了解工作流程和应对策略，但与实际传播环境相比仍存在较大的差距。模拟演练往往缺乏真实感和紧张感，难以让学生体验到实际工作中的压力和挑战。案例分析可能理想化或片面化，无法全面反映现实问题的复杂性和多样性。

三、新媒体视域下华语媒体语言传播课程的创新策略

华语媒体语言传播课程的创新策略本着"融合创新、实践导向、时代引领"的理念，以期形成一个多元化、综合化、国际化的课程体系。

策略一：融合创新——课程案例引入新媒体语言现象

随着互联网的飞速发展，大量网言网语已经渗透实际语言的使用中，华语媒体语言传播课程应该顺应时代要求、关注时代变化，深入回答和解决现实问题。

首先，更新课堂课件中的案例部分，加入新鲜的网络词语、表情包、缩略语、符号等内容，分析其价值和意义，帮助学生成为语言流变的感知者、

接受者和使用者。

其次，教师可以在教学中组织相关案例教学，因材施教，选择合适的新媒体文本（微博帖文、微信公众号文章、短视频剧本等），让学生找出其用语特点、修辞手法、表达方式，帮助学生真正搞懂新媒体语言的特点；同时，引导学生加强分析能力和鉴别分析能力培养，以期提高华语媒体语言的教学效率。

最后，教师积极组织学生进行小组讨论或课堂辩论，鼓励学生就案例中的新媒体语言现象发表观点和看法，引导学生将所学知识应用于实践中，如创作新媒体作品、撰写评论文章或进行社会调查等。通过实践活动，教师进一步检验学生的学习成果和创新能力，激发学生的学习兴趣和思维活力。在学生讨论过程中，教师可以适时引导和点评，帮助学生理清思路、深化理解。

策略二：实践导向——实践环节的创新

在新媒体视域下，华语媒体语言传播课程的实践导向策略尤为重要，它不仅能够帮助学生将理论知识转化为实际操作能力，还能在实践中培养他们的创新思维和解决问题的能力。

高校可与新媒体机构、传媒公司、广告公司建立紧密的合作关系，为学生提供实习和实训基地。一是鼓励学生在企业轮换多个实习岗位，帮助他们了解新媒体的运用情况以及行业信息。二是帮助学生开展相关的（创新创业）项目，从策划、择选、申请、筹款、招募团队等环节指导他们从 0 到 1。三是在学校开展相关的义工社会实践项目。学校开发与华语媒体语言传播相关的服务平台，带领学生尝试华语媒体语言传播项目的同时，引导学生较好地将课堂上讲授的知识与方法运用到社会实践之中。

教师还可以在课堂上通过国际新闻发布会、国际访谈节目、国际社交平台运营等案例授课形式，帮助学生学以致用；也可以主办国际新媒体大赛、国际新闻播报会、双语辩论赛等活动，给学生展示的舞台，激发他们的积极性，打磨他们的团队合作精神。比如，针对播音与主持艺术等专业，开展双语新闻播报、双语采访现场、师生合作话剧等训练，帮助学生感受媒体工作的现场氛围，并进行职业能力和职业道德素养的训练。

在课程评价体系中引入大数据技术，对学生的学习行为、学习成绩等数据进行分析，关注学生实际发挥的作用和付出的努力。通过观察、记录、反馈等方式进行持续评价，能够及时发现学生的问题和不足，帮助他们及时改进和提高，为个性化教学提供依据。

策略三：时代引领——融合多媒体教学资源

课前，教师要求学生通过观看视频、阅读材料等方式进行预习，了解华语媒体课程内容和背景知识，在课堂上设置时间来显示他们的预览结果，并引导学生分享小组的讨论内容。这种方式不仅能提高课堂效率和互动性，还能激发学生的学习兴趣和思考能力。

在课堂教学中，课程设计可以选择新媒体软件自带的视频或音频素材，如新闻类、访谈类、纪录片类等。这些音视频素材通俗生动，能激活学生的视听器官，也能帮助学生更好地理解华语媒体语言应用。教师可以要求学生学习一些知名媒体人如何运用语言讲述新闻报道，然后编写新闻作品，提高学生的知识运用能力。教师还可以帮助学生使用语音识别、在线翻译等新型应用教辅软件，使学生及时发现自己的表述错误并纠正，增强实战性。

四、结论与展望

新媒体技术的发展改变华语媒体语言的传播方式和手段，使媒体语言传播更快、更广。教师要充分考虑新媒体语言的这一特点，设计授课，使教学活动更符合不同的交流环境。比如，教师在授课过程中引入新媒体相关的课程内容或语言知识，引导学生广泛开展实习实训活动，使媒体语言传播课的教学活动变得更加生动有趣，可以激发学生学习的兴趣，培养学生的动手能力和专业技能，提升学生的综合素养和职业素质。

参考文献

[1] 陈晨. (2015). 传递"中国故事"弘扬中国文化——浅谈跨文化传播语境下华文媒体的文化传播功能. [C] // 国务院侨务办公室，贵州省人民政府，中国新闻社. 华文媒体 200 年——薪火传承与时代担当（第八届世界华文传媒论坛论文集），悉尼：澳大利亚南海文化传媒，2015.

[2] 尹琨. 华语电视海外传播如何从"走出去"到"扎下去"[N]. 中国新闻出版广电报，2022-05-31（3）.

[3] 郭熙. (2023). 海外华语传承的历史经验与国际中文在地化传播 [J]. 云南师范大学学报 (哲学社会科学版), 2023, 55 (1): 46-55.

[4] 郭敏, 张地珂. 创新中国语言文化国际传播路径 [M]. 中国社会科学报, 2023-11-10 (8).

[5] 李平, 尹超. 人工智能背景下大学生通识课程的教学探索与实践创新 [J/OL]. (2024-04-04) [2024-10-2]. http: //kns. cnki. net/kcms/detail/11. 1815. O6. 20240904. 1112. 018. html.